Jean Louis Sponsel

Sandrarts Teutsche Academie

Jean Louis Sponsel

Sandrarts Teutsche Academie

ISBN/EAN: 9783741193651

Hergestellt in Europa, USA, Kanada, Australien, Japan

Cover: Foto ©Lupo / pixelio.de

Jean Louis Sponsel

Sandrarts Teutsche Academie

SANDRARTS

TEUTSCHE ACADEMIE

KRITISCH GESICHTET

VON

JEAN LOUIS SPONSEL

MIT EINEM LICHTDRUCKBILDNIS

DRESDEN

DRUCK UND VERLAG VON WILHELM HOFFMANN

1896

VORBEMERKUNG

Diese meine Erstlingsarbeit ist schon vor etwa
neun Jahren entstanden. Der Herausgeber der Neuen
Folge der „Quellenschriften für Kunstgeschichte und
Kunsttechnik des Mittelalters und der Neuzeit". Herr
Dr. A. Ilg in Wien, hatte sie am 13. Januar 1888 für
jene Sammlung angenommen und mir wiederholt in
bindendster Form deren Erscheinen im Beginn des
Jahres 1889 als III. Band der Neuen Folge der Quellenschriften zugesichert. Nach langem Hinhalten erklärte
mir aber schliesslich Herr Dr. Ilg am 6. Juli 1889.
dass er inzwischen schon den Druck des IV. Bandes
begonnen habe und dass „Sandrart also, im Falle.
dass es dazu kommt, erst im nächsten Jahre (1890)
frühestens an die Reihe gelangen kann". Aus Unmut
über die durch diese ungewöhnliche Auffassung betreffs eingegangener Verpflichtungen verlorene Zeit
liess ich die Schrift lange ungedruckt liegen. Erst
nachdem ich über Einzelheiten wiederholt um Auskunft angegangen und zum Herausgeben der Arbeit
aufgefordert worden war, entschloss ich mich, die
Schrift doch noch im Druck erscheinen zu lassen.
An dem Inhalt der Arbeit ist inzwischen nichts Wesent-
liches geändert worden.

ABKÜRZUNGEN

T. A. I, 1. 2. 3. = Teutsche Academie, Ausgabe von
  1675, Erster Theil, erstes, zweites, drittes
  Buch.

T. A. II. 1. 2. 3. = Teutsche Academie, Ausgabe von
  1675. Zweiter Theil, erstes, zweites, drittes
  Buch.

T. A. 2, I. II. III. = Teutsche Academie, zweiter Haupttheil, Ausgabe von 1679, erster, zweiter,
  dritter Theil.

A. P. = Teutsche Academie, latein. Ausgabe (Academia
  Picturae) von 1683.

INHALT

PAR SON TRES HVMBLE SERVITEVR R. COLLIN. M.DC.LXXIX.

Joachim von Sandrart

I.

Inhaltsangabe und Quellennachweis der deutschen Ausgabe der Teutschen Academie von 1675.

Bereits dem alten Josef Heller war es bekannt, dass Sandrart bei Abfassung seiner „Teutschen Academie" sowohl schriftliche Nachrichten als auch gedruckte Werke benutzte; er sprach auch schon im Jahre 1822 die Absicht aus, Sandrarts Quellen nachzuweisen. Er sagt in der Einleitung zu dem Neudruck des Neudörfferschen Manuskriptes[1]): „Ich werde einstens in einem der folgenden Hefte dieser Zeitschrift beweisen, welche handschriftliche und gedruckte Quellen er zu seinem damals sehr kostbaren Werke benutzte." Heller ist nicht dazu gekommen, diese seine Absicht auszuführen, doch hat er schon einige Quellen Sandrarts namhaft gemacht. In der eben genannten Schrift wies er darauf hin, dass in der Teutschen Academie das Neudörffersche Manuskript zum Teil wiedergegeben sei, und in seinem Buche über Dürer spricht er es aus, dass Sandrart die Biographieen des Vasari und des Mander grösstenteils ausgeschrieben habe.[2])

Wenn es nun auch seit den Zeiten Hellers bekannt war, dass der Inhalt der Teutschen Academie häufig auf frühere Quellen

---

[1]) Seite 3 der Beiträge zur Kunst- und Litteraturgeschichte. Nürnberg 1822, Heft I.

[2]) J. Heller. Das Leben und die Werke Albrecht Dürers. Bamberg 1827. Bd. II, 1. S. 1. — Bald nach dem Erscheinen der Teutschen Academie hatte übrigens schon Roger de Piles in seinem Abregé de la vie des peintres, 1699, S. 447 darauf hingewiesen, dass Sandrart den Vasari und Ridolfi für die Italiener, den Van Mander für die Niederländer ausgeschrieben habe, doch ist diese Angabe unbeachtet oder unbekannt geblieben. Auch ist de Piles' Ausführung nicht ganz zutreffend.

1

zurückgeführt werden kann, so wurde doch noch nicht der Versuch gemacht, eine genauere und vollständigere Bezeichnung des fremden Materials zu geben. So kam es, dass sogar noch in neuester Zeit verschiedenen Nachrichten Sandrarts quellenmässiger Wert beigelegt wurde, und dass er einerseits für fehlerhafte Angaben, die er fremden Werken entnommen hatte, verantwortlich gemacht wurde, während anderseits ihm die unverdiente Ehre erwiesen wurde, für richtige Angaben seiner Vorgänger als Quelle citiert zu werden. Und wenn ihn die Einen neben Vasari auf die gleiche Stufe stellten, so brachten Andere seinen Nachrichten von vorne herein Misstrauen entgegen und bezweifelten sogar die Angaben über seine eigenen Lebensschicksale.

Mit der Kritik von Sandrarts selbständigen Berichten und Urteilen haben sich seither die Kunstforscher im einzelnen befasst, wenn ihre Studien sie auf die Benutzung der Teutschen Academie hinwiesen, doch eine zusammenfassende Kritik derselben ist bis jetzt noch nicht gegeben worden und diese ist auch nur möglich, wenn vorher die fremden Bestandteile genau bezeichnet und umgrenzt worden sind, denn erst hiernach bekommt man einen klaren Ueberblick über das, was Sandrart selbst uns bietet. Es ist darum Aufgabe dieser Abhandlung, diejenigen Stellen der Teutschen Academie, welche fremden Ursprungs sind, zu bezeichnen. Soweit dieser Nachweis der Quellen Sandrarts von mir geführt werden konnte, wird er in dem folgenden Inhaltsverzeichnis der Teutschen Academie gegeben; gleichzeitig sind darin Sandrarts selbständige in die entlehnten Texte eingeflochtenen Angaben kenntlich gemacht.

Der Titel des ersten im Jahre 1675 erschienenen Theiles lautet: L'Academia Todesca della Architectura Scultura et Pictura: Oder Teutsche Academie der Edlen Bau- Bild- und Mahlerey-Künste: Darinn enthalten Ein gründlicher Unterricht, von dieser dreyer Künste Eigenschaft, Lehr-Sätzen und Geheimnissen, von den Bau-Steinen und fünferley Bau-Arten, von den Statuen und ihrer Zugehör, von der Erfind- und Zeichnung, von Maass und Proportion der Leiber, vom Fresco- Stein- Landschaft- Bild- und Historien-Mahlen, von Nachtstücken, vom Mahlen mit Oel und Wasser-Farben, von den Affecten und Gewändern, von der Perspectiv, und vom Mahl-Zimmer, auch von den Farben, deren Gebrauch, Ursprung, Natur und Bedeutung: Durch langen Fleiss und Erfahrung ergriffen, und Auf inständiges Erinnern hoher und vornehmer Personen, allen Kunst- und Tugend-Liebenden zu Ehren und Nutzen; Neben Aller Egyptischen, Griechischen, Römischen Italiänischen, Hoch- und Nieder-Teutschen, auch anderer Alten und Neuen Virtuosen, Leben und fürnehmsten Kunst-Werken, beschrieben, Auch Mit 38 Platten von der Architectur, 68 Alt-Römischen Statuen, ganz und halben Bildern, 74 Medaglionen, 180 Contrafacten, durch die Hand der bästen heutigen Künstlere gezieret, Durch Joachim von Sandrart auf Stockau, Hoch-Fürstl. Pfalz-Neuburgischen Raht. — Nürnberg, Bey Jacob von Sandrart, auch in Frankfurt, bey Matthaeus Merian, zu finden. Gedruckt bey Johann-Philipp Miltenberger. Anno Christi MDCLXXV.

Diesem Titel folgt ein Widmungsgedicht Sandrarts, sein Bildniss und das kaiserliche Privileg auf zehn Jahre mit dem Datum: „Wien den fünften Augusti Sechzehnhundert Fünf und Siebenzig." Der Vorrede geht ein gestochenes Titelblatt voraus mit den Worten: Der Teutschen Academie ersten Theils erstes Buch von der Architectur oder Bau-Kunst.

T. A. I, 1. Seite 1—6. Vorrede zum Edlen Leser, über die erste zwey Bücher dieser Teutschen Academie. Fast wörtliche Uebersetzung von Giorgio Vasari. Le vite de' più eccellenti pittori, scultori ed achitetti. 2. Ausgabe mit Holzschnittbildnissen: Proemio di tutta l'opera.

Zusätze: S. 5 a. Von den Worten: „Also hat auch — bis — ausrichten können." S. 5 b unten: „in Italien — über mich nehmen wollen." S. 6 a/b: „Demnach verhoffe ich" bis zum Schlusse der Vorrede. Es folgen die auf dem Titel angeführten „38 Platten von der Architectur".

T. A. I, 1. S. 7—26. „Der Teutschen Academie Ersten Theils Erstes Buch. Von der Architectur oder Baukunst." — S. 7—11. Das I. Capitel. „Von den Bau-Steinen." Uebersetzung nach Vasari I, cap. I. Delle diverse pietre, che servono a gli architetti per gli ornamenti, e per le statue alla scultura. Zusatz: S. 11 a. „Ich habe" etc. bis zum Schlusse.

T. A. I, 1. S. 12—17. Das II. Capitel. „Von den fünferley Bau-Arten." Der erste Absatz S. 12 a „Nachdem im — kürzlich gehandelt worden" ist Uebersetzung nach Vasari I, cap. II. Che cosa sia il lavoro di quadro semplice, e il lavoro di quadro intagliato. Der zweite Absatz S. 12 a—12 b „Ehe aber solches — Erklärung finden" ist Zusatz von Sandrart. Der dritte Absatz S. 12 b—13 a „Es ist auch — vor uns nehmen" ist Uebersetzung, und zwar

1*

von den Worten: „Wann die Columna — obere Form, ganz zier-
lich" nach L'Architettura di Andrea Palladio, divisa in quattro
libri. Venetia 1642. fol. lib. I. p. 15.' cap. XIII. Der folgende
Absatz ist von den Worten ab „Die Arbeit, so Rustica — bis —
von der sie noch den Namen führet" Uebersetzung nach Vasari I,
cap. III. De cinque ordini d'architettura, Rustico, Dorico, Jonico,
Corinto, Composto, e del lavoro Tedesco. Der fünfte Absatz
stammt ebenfalls aus einer fremden Quelle (Serlio?). — In den
nächsten Absätzen S. 13 b—14 a von den Worten „Im übrigen
ist hier — bis — sattsamer Bericht geschehen" giebt Sandrart
eine Erklärung der vier ersten Kupfertafeln im Anschluss an die
auf den Originalblättern des Abraham Bosse befindlichen
Notizen. — S. 14 a „Dieser folget die Dorische" bis „abnehmen
mögen" ist übersetzt nach Vasari I, cap. III. Forts. — Die dann
folgenden Sätze S. 14 a—14 b von „Nachdem wir aber heut"
bis zu „erleuchteten Verstandes anordnet", worin die (falsche)
Regel des Vitruv (I, 2, 5), dass bestimmten Gottheiten auch bestimmte Stile zukommen, auf die den christlichen Heiligen ge-
weihten Kirchen ausgedehnt wird, sind übersetzt nach Serlio.
Regole generali di Architettura. Venet. 1559. fol. libro IV. —
S. 14 b „Diese Art hat dem Gross-herzogen Cosmo" bis „diese
Säulen Diastilos" übersetzt nach Palladio I. p. 22. — S. 14 b—15 a
Erklärung der Kupfertafeln 5, 6, 7, 8, 9 nach den Originalblättern
des A. Bosse. — S. 15 a „Die Jonische Bauart — annoch erscheinet" übersetzt nach Serlio, Regole etc. libr. IV. c. VII. p. 36 b,
der erste Teil auch bei Vasari I, c. III. — S. 15 a „Es hat diese
Art — zwey Viertel hoch" übersetzt nach Palladio. L'Arch. I,
p. 28. c. XVI. — S. 15 a—15 b „In Austheilung — zu verfärtigen
seye" Erklärung der Kupfertafeln 10—15 incl. nach den Originalblättern des Bosse. — S. 15 b „Die vierte Art, Corinthiaca —
in Peloponneso, erfunden" übersetzt nach Vasari I, c. III. —
S. 15 b—16 a „Die Säule dieser Ordnung — Wandels gewesen"
übersetzt nach Serlio. Regole etc. libr. IV. — S. 16 a „Zwischen
der gemeinen — Dicke mitgenommen" übersetzt nach Palladio I,
p. 37. c. XVII. — S. 16 a „Es wird aber — unnötig seyn will"
Erklärung der Platten 16—19 incl. nach Bosse. — S. 16 a—16 b
„Die fünfte Art — zu vergleichen ist" übersetzt nach Vasari I,
c. III. Forts. — S. 16 b „Damit ich aber — ein halb Viertel"
übersetzt nach Palladio I, p. 14 unten. — S. 16 b „In der
zwanzigsten — drey und zwanzigste Figur", S. 17 a „Ferner zu

— Corinthia zu sehen" Erklärung der Tafeln 20—24 incl. nach
Bosse. — Der Schluss des Capitels ist dann wieder übersetzt nach
Vasari I. cap. III. — S. 17 a. Zusatz „auch Monstrose Groteschach-
tige Schnackereyen und Zierlichkeiten."
T. A. 1. 1. S. 17—19. Das III. Capitel. Von der Bau-
Richtigkeit. — Der erste Teil des Capitels S. 17—18 a oben, bis
zu den Worten „auf die Welt gebracht werden" ist übersetzt
nach Vasari I, cap. VII. Der Schluss des Capitels S. 18 b von
den Worten „Von den Mauren" bis zu den Worten „im Liecht
halten" ist übersetzt nach Palladio 1, cap. XI, p. 4. Diesem Capitel
ist ein Verzeichnis italienischer bautechnischer Ausdrücke angehängt und deren Verdeutschung beigefügt.
T. A. I, 1. S. 19—25. Das IV. Capitel. „Von verschiedenen
antichen Gebäuden." Der erste Teil dieses Capitels S. 19—20 b
bis zu den Worten „Ein mehrers hiervon zeiget diese vorgenante
Platte", giebt eine Anleitung zum Bau der Mauern und eine Erklärung der Platte XXV nach Serlio. Regole generali di
Architettura. 1559. lib. IV. Der zweite Teil des Capitels S. 20 b
bis 22 a oben „Unter denen vielfältigen ruhmwürdigen Antiquitaeten — des halben Palmo Länge, ist auf der Platten gestellet." Beschreibung in Rom befindlicher Säulen und Obelisken,
wohl nach Serlio. Regole lib. III. Der dritte Teil des Capitels
S. 22 a oben bis zum Schluss giebt eine Beschreibung aus-
gewählter antiker Tempel in Rom, übersetzt nach Palladio.
L'Architettura etc. libro IV. Die Beschreibung des „Tempel
Bacchi" S. 24 b und 25 a ist (nach Serlio) eingeschoben. — Von
Sandrart herrührende Zusätze in diesem Capitel sind die fol-
genden: S. 20 a. Zusatz betr. Pietro da Cortona. — S. 22 a/b.
„Dahero man damals — seyn geschätzet worden." — S. 23 b. bis
24 a. „Als ich A. 1629 mich in Rom — unbedecket gewesen."
— S. 24 a. „Zu Tivoli, unweit von Rom — auch in unserm Werk
in Kupfer erscheinet."
Es folgt ein Titelblatt für das zweite Buch, sowie
40 Platten mit Abbildungen antiker Skulpturen.
T. A. I, 2. S. 29—52. Der Teutschen Academie Ersten
Teils Zweytes Buch, Von der Scultura oder Bildhauer-
Kunst. S. 29—31. Das I. Capitel. „Bildhauerey-Kunst-Regeln",
übersetzt nach Vasari I, c. VIII. Che cosa sia la scultura, e come
siano fatte le sculture buone e che parti elle debbano avere per
essere tante perfette. — Zusätze: S. 30 a. „Es wird hiervon —

6

hierbey legen wollen." — S. 30 b. „wie auch in vielen modernen
— vom du Quesnoy zu erfahren ist." (Vasari's Beispiel des
Donatello ist ausgelassen.) — S. 30 b. „Weil die proportion —
genaue Acht gezogen habe."
T. A. I. 2. S. 31—32. Das II. Capitel. „Von den Bilderey-
Modellen" übersetzt nach Vasari 1. c. IX. „del fare i modelli etc."
T. A. I, 2. S. 32. Das III. Capitel. „Von den flachen Bildern"
übersetzt mit vielen Auslassungen nach Vasari I, cap. X. „De
bassi e de' mezzi riliovi."
T. A. I, 2. S. 33—41. Das IV. Capitel. „Von den berühmtesten antichen Statuen." Der erste Teil des Capitels S. 33—34 b
bis zu den Worten „welche aus den allerberühmtesten Statuen
abgezeichnet worden" enthält eine Erklärung der Kupfertafeln
b—dd, sowie S. 33 b eine Anekdote betr. Michel Angelo's Verehrung der Antike. Der zweite Teil S. 34 b — 39 a „Wir wollen
uns aber aufmachen — Die Schrifft zu den Füssen lautet also"
ist übersetzt nach Ulisse Aldrovandi. Le antichità della
citta di Roma 1556, in Roma. 8. — Der letzte Teil des Capitels
S. 39 a—41 „Heus tu qui" bis zum Schluss ist Zusatz von
Sandrart.
T. A. I, 2. S. 42—49. Das V. Capitel. „Von Medaglionen
und Schau-Münzen." Die Einleitung: „Es ist so rühm- als
nützlich — wehrt und köstlich achtet" ist übersetzt nach Charles
Patin. Relations historiques et curieuses de voyages en Allemagne,
Angleterre, Hollande, Boheme, Suisse etc. — ed. 2. Lyon 1676.
12°. IV. Relation p. 178. — Der dann folgende Teil bis zu den
Versen ist Zusatz von Sandrart. Der übrige Teil enthält Verse,
die sich auf die in den Platten 1—14 abgebildeten Bildnisse beziehen und für die sich eine Quelle nicht nachweisen liess. Der
Commentar Fabers zu Ursinus-Galle, Illustrium imagines,
Antv. 1598, ist nicht übersetzt, doch enthalten pl. 1—12 die Nachstiche nach diesem Werk.
T. A. I, 2. S. 49—52. Das VI. Capitel. Vom Kupfer-stechen
und der Etz-Kunst. Uebersetzung nach Abraham Bosse. Traité
des manieres de graver en taille douce sur l'airain par le
moyen des eaux fortes et des vernix durs et mols. 1645. Paris
1530. 12°.
Nach einem gestochenen Titelblatt folgt nun S. 55 und 56
die „Vorrede über das dritte Buch dieser Teutschen Academie."
Uebersetzung nach Carel van Mander. Het Schilderboeck.

ed. 2. Amst. 1618. 4". Theil I. Rym-dicht op den Grondt der Edel vry Schilderconst: waer in haer ghestalt, aerde ende wesen, de leerlustighe Jeught in verscheyden Deelen in Rym-dicht wort voor-ghedraghen. fol. I. Voor-reden op den grondt der edel vry Schilder-const.

Zusätze. S. 55 a: „wie der Cavalier Ridolfi fol. 7 in seiner Kunst-Beschreibung bezeuget." S. 55 b—56 b: „Auch von unsern Zeiten — vor Augen gestellet und geoffenbaret." S. 56 b. Der Schluss von den Worten ab „in Teutscher Sprach", sowie „massen ich mit der Prob erfahren."

T. A. I, 3. S. 57 und 58. „An die Kunst-liebende Jugend." Der erste Teil der Anrede bis zu den Worten S. 58 a: „wenn nur der milden Natur ernstlich nachgegangen wird" ist übersetzt nach Mander I. Voor-reden etc. Schluss. — Der zweite Teil der Anrede bis zum Schluss ist übersetzt nach Mander I, Rym-dicht op den grondt etc. Cap. I fol. 1 a: Exhortatie, oft Vermaninghe, au d'aenkomende Schilder-jeught.

Zusätze. S. 57 b: Manders Beispiele von Sandrart ergänzt. — S. 58 a: Der Abschnitt „von der Authoris Werken in dieser Kunst."

T. A. I, 3. S. 59—105. „Der Teutschen Academie Ersten Theils drittes Buch, Von der Pictura oder Mahlerey-Kunst." S. 59—62. Das I. Capitel. Von der Erfindung und Zeichnung, übersetzt nach Vasari, cap. XV, XVI (della Pittura cap. I, II). Cap. XV: „Che cosa sia disegno e come si famo e si conoscono le buone pitture e da che; e dell' invenzione delle storie. Cap. XVI: Degli schizzi disegni, cartoni, ed ordine di prospettive, e per quel, che si fanno etc.

Zusatz S. 61 a: „Hierzu ist allerdings — gründlich zu gelangen."

T. A. I, 3. S. 63 und 64. Das II. Capitel. Von den Farben. Uebersetzt nach Vasari I, Cap. XVIII: Come si debbino unire i colori a olio, a fresco, ò a tempera etc.

T. A. I, 3. S. 64 und 65. Das III. Capitel. Vom Fresco-Mahlen. Uebersetzt nach Vasari I, cap. XIX: Del dipingere in muro, come si fa, e perche si chiama lavorare in fresco. Der erste Teil des Capitels S. 64 bis „hässlich und schwarz werden". — Der zweite Teil des Capitels „Wer eine fürnehme Historie" bis zum Schluss ist übersetzt nach Vasari I, cap. XVI: Degli

schizzi disegni, cartoni ed ordine di prospettive, e per quel, che
si fanno, ed a quello che i Pittori sene servono.

Zusätze. S. 64 a: „sonderlich in Italien — zu feucht ist." —
S. 64 a: „oder gebranntem Kalch." — S. 64 b: „sich in Schwarz
verwandeln."

T. A. I, 3. S. 66 und 67. Das IV. Capitel. Vom Mahlen mit
Wasser- und Oelfarben, auch von Stein. Der erste Teil S. 66 a
bis zu „jeziger Zeit zu sehen ist" ist übersetzt nach Vasari I,
cap. XX: Del dipingere à tempera òvero a vovo su le tavole;
ò tele, e come si puo usare sul muro che sta secco. Der zweite
Teil S. 66 a—67 a: „Diese herrliche Kunst ist — Wissenschaft-
gründen" ist übersetzt nach Vasari I, cap. XXI. Del dipingere
a olio, in tavola, e su le tele. Der letzte Teil S. 66 a—67 a
„Es ist den Kunstmeistern" bis zum Schluss ist übersetzt nach
Vasari I, c. XXIV. Del dipingere in pietra a olio, e che pietre
siano buone.

Zusätze. S. 66 a: „Aber in Niederland hat sie wenig Bestand, wie gemeldet." — S. 66 b — 67 a: „Andere und zwar die
mehr Wissende — Wissenschaft gründen." — S. 67 a/b: „Noch
tauglicher — stark im Gebrauch."

T. A. I, 3. S. 67—69. Das V. Capitel. Von des Menschlichen Leibes Mass und Proportion. Der erste Teil des Capitels
bis S. 68 b „im dritten Jahr, den halben Teil ihrer Länge" ist
übersetzt nach Mander I, Den Grondt etc. cap. III, fol. 4 b/5 a.
„Analogie Proportie, oft maet der Lidtmaten eens Menschen
Beeldts." Der zweite Teil „Wir finden nicht allein im Leben"
bis zum Schluss ist von Sandrart selbständig behandelt

T. A. I, 3. S. 70 u. 71. Das VI. Capitel. Vom Landschaft-
Mahlen ist übersetzt nach Mander I, Den Grondt etc. cap. VIII,
fol. 14 a. Van het Landschap.

Zusatz. S. 71 b. „Ich selbst thäte solches" bis zum Schluss
des Capitels.

T. A. I, 3. S. 72 u. 73. Das VII. Capitel. Vom Wohl-Mahlen
ist übersetzt nach Mander I, Den Grondt etc. cap. XII, fol. 19 a.
Van wel schilderen, oft Coloreren; ferner nach Lionardo. Codex
Vaticanus 1270, Nr. 65, 65 a, 75, 80, 81.

T. A. I, 3. S. 74—76. Das VIII. Capitel. Vom Wol-Stand
eines Bildes, und dessen Verkürzung, übersetzt nach Mander I,
cap. IV, fol. 5 a. — S. 76 „Unsere Vorfahren" — bis Schluss übersetzt nach Vasari I, cap. XVII.

T. A. I. 3. S. 77 u. 78. Das IX. Capitel. Von den Affecten oder Gemüts-regungen, übersetzt nach Mander I, cap. VI, fol. 9 b. Utbeeldinghe der Affecten, passien, begeerlijekheden, en lijdens der Menschen.

T. A. I. 3. S. 79/80. Das X. Capitel. Vom Historien-Mahlen, übersetzt nach Mander I, cap. V. fol. 6 b. Van der Ordinanty ende Inventy der Historien.

T. A. I, 3. S. 80/81. Das XI. Capitel. Von dem Liecht und Mahlzimmer, auch Nacht-Stucken, übersetzt nach Mander I, cap. VII, fol. 12 a. Van de Reflecty, Reverberaty, teghen-glans oft weerschyn.

Zusätze. Seite 80 a/b betr. zu kleine „Mahlzimmer". S. 81 b. Beispiele für Nachtstücke. S. 81 b der Schluss: „Der gleichen Nacht Stucke sind auch hin und wieder" etc. (teils übersetzt nach Lion. Cod. Vatic. 1270, Nr. 85, 146).

T. A. I, 3. S. 82/83. Das XII. Capitel. Vom Gewand- und Tücher-Mahlen, übersetzt nach Mander I, cap. X, fol. 17 b. Van Laken oft Draperinghe, teils noch übersetzt nach Lion. Cod. Vat. 1270, Nr. 532, 537, 540, 543, 544.

Zusätze. S. 83 a. Manders Beispiele ergänzt. S. 83 a. Beispiele von antiken Gewandstatuen.

T. A. I, 3. S. 84/85. Das XIII. Capitel. Von Austheilung und Vereinigung der Farben, übersetzt nach Mander I, cap. XI, fol. 18 b. Van het Sorteren, en by een schicken der Verwen.

Zusatz. S. 85 b der Schluss von den Worten ab: „Diss ist eine sehr nötige Observanz."

T. A. I. 3. S. 86—88. Das XIV. Capitel. Von der Farben Ursprung, Natur und Bedeutung, übersetzt nach Mander I, cap. XIII, fol. 20 b. Van der Verwen oorsprong, natuere, eracht en werckinghe.

T. A. I, 3. S. 89—99. Das XV. Capitel. Von der Perspectiv-Kunst, (diesem Capitel sind vier Kupferplatten, sowie Holzschnitte im Text beigegeben). Obwohl S. 89 mehrere Schriftsteller über die Perspective angegeben sind, denen Sandrart folge, so war doch ein direkter Anschluss an diese nicht zu erweisen. Die Quelle ist vermutlich ein Werk von Bosse, dessen Schriften nicht vollzählig zugänglich waren. Zusätze: Die beiden Absätze der Einleitung und der Schlussabsatz.

T. A. I, 3. S. 100—103. Das XVI. Capitel. Von der Chineser Mahlerey, dem Form- oder Holz-Schneiden, und der schwarzen

Kunst in Kupfer. Es liess sich keine Quelle für den Inhalt dieses Capitels finden, das möglicherweise unabhängig von anderen Werken ist. Von den Malerregeln sind Nr. 12 = Lion. Cod. Vat. 1270 Nr. 49; Nr. 20 = Lion. Cod. Vat. 1270 Nr. 83. T. A. I. 3. S. 104/105. „Register der Autorum, so von diesen dreyen Künsten geschrieben." Dieses Verzeichnis ist von Sandrart selbst zusammengestellt.

Titel des zweiten Theils: Der Teutschen Academie zweyter Theil, Von der alt- und neuberühmten Egyptischen, Griechischen, Römischen, Italiänischen, Hoch- und Nieder Teutschen Bau- Bild- und Mahlerey-Künstlere Lob und Leben. Nürnberg, Gedruckt bey Johann-Philipp Miltenberger, Im Jahr 1675. T. A. II, 1. S. 1. Der Teutschen Academie. Zweyten Theils, Erstes Buch. Von der ur-alt-berühmten Egyptischen, Griechischen und Römischen Ersten Kunst-Mahlere Leben und Lob. T. A. II, 1. S. 1—10. Vorrede, übersetzt nach Vasari, Proemio delle vite. Zusätze: S. 10 b „und Kunstliebenden." S. 10 b der Schluss von den Worten ab: „Was von den andern Künsten." T. A. II, 1. S. 11—52. Der Teutschen Academie Zweiten Theils Erstes Buch, Von der ur-alt-berühmten Egyptischen, Griechischen und Römischen Ersten Kunst-Mahlere Leben und Lob. Die Einteilung der Biographieen in Capitel ist ohne Belang. Die meisten der beigegebenen Künstlerbildnisse sind Nachstiche. T. A. II, 1. cap. I—VII incl. S. 11—47, enthaltend die Biographieen der Künstler der Antike, übersetzt nach Mander II. Het leven de oude Antijke Schilders. Gleichzeitig ist noch eine andere Quelle benutzt, und Mander darnach ergänzt; die Biographieen von Phidias S. 15—17 und von Praxiteles sind ausschliesslich nach fremder Quelle bearbeitet. Dass der oft citierte Plinius, sowie die ebenfalls angezogenen Schriftsteller Pausanias, Plutarch, M. Varro, Valerius Maximus direkt benutzt seien, muss bezweifelt werden, als wahrscheinlicher dagegen gilt, dass von Sandrart ein späterer (italienischer?) Schriftsteller, der sich auf diese stützt, ausgeschrieben worden ist. (S. 15 b ist citiert: Angelus Roccha, lib. de Biblioth. Vatic. p. 256.) Nicht benutzt ist Franciscus Junius „de pictura veterum". Die Reihenfolge der Biographieen des Mander ist von Sandrart willkürlich geändert, so besonders in cap. VI.

Zusätze: S. 23 b. „Auf solche Weise — gewust haben."
S. 43 a — 44 b. „Dieses L. Scipions Statue — aus alten Statuen
und Gemälden, geschehen, halten wolle", Erklärung der auf
Platte F abgebildeten Instrumente, die jedoch Nachstiche sind
nach zwei Blättern aus Lafreri, Speculum Romanae Magnificentiae.
S. 47 a — 47 b. „In Betrachtung des Standes dieser Vestalischen
— oben beygefügt habe."
T. A. II, 1. S. 48—52. Das VIII. Capitel. „Von unterschiedlichen Antichen Werken der Bildhauerey und Bildhauern, auch
andern Mahlern, so kürzlich angeführet werden." Der erste Teil
des Capitels bis S. 50 b „als Kaysern zu bezeugen" ist übersetzt,
wie sich aus dem Inhalt erkennen lässt, der zweite Teil von den
Worten „Wünsche dabey" S. 50 b bis zum Schluss ist Sandrarts
Eigentum.

Titel des zweiten Buchs S. 53: Der Teutschen Academie
Andern Theils, zweites Buch: Von der modernen berühmten Italienischen Mahlere, Bildhauere, und Baumeistere, Leben
und Lob."

S. 53—56. „Eingangsrede." übersetzt nach Mander III,
„Vorreden op het leven der Moderne Italiaenische Schilders",
ohne Zusätze.

S. 57 u ff. Die Biographieen der italienischen Künstler in
23 Capiteln.

In dem folgenden **Verzeichnis** dieser Biographieen werden
die von Sandrart bei jedem einzelnen Künstler benutzten Schriften
angegeben und seine eigenen Zusätze kenntlich gemacht.

Teutsche Academie II. Theils 2. Buch.

Teutsche Academie II. Theils 2. Buch.

Teutsche Academie II. Theils 2. Buch.

Teutsche Academie II. Theils 2. Buch.

cap.	Seite.	Nr.	Name.	Quelle.	fol.	Bemerkungen.
	171 a.	73	Paolo Caliarii Mander und Ridolfi II. S. 293, 295, 297, 305, 308, 320/21, 325, 329, 331, 333, 334, 336.			Zusatz: S. 173 b. „Eben allda zu — gehalten werden."
XVIII.	176.	74	Giacomo Bassano Mander	105 b.		
	177 a.	75	Jul.Lic.Pordenone Sandrart.			
	177 b.	76	Giorgio Vasari Mander	106 a.		
	181 a.	77	Friderico Zucchero „	110 a.		
XIX.	183.	78	Friderico Barozio „	111 a.		Zusatz: S. 184 a. „welcher von Caracci vortrefflich in Kupfer gebracht worden."
	184 a.	79	Giacomo Palma „	111 b.		
	184 b.	80	Ioseph von Arpino „	112 b.		
	186 b.	81	Agostino, Ludovico u. Annibal Carracco	teils C. Cesio u. Sandrart.		
	189 a.	82	Mich.Ang.Marigi Sandrart.			
	190 b.	83	Barthol. Manfredi „			
	191 a.	84	Gioseppo Ribera „			
	191 b.	85	Cavalier de Massimi „			
	191 b.	86	Francesco Alban „			
XX.	192.	87	Hieronimus Muzziano Mander	116 b.		
	192 b.	88	Caesar v. Orvieten „	117 a. 1.		
	192 b.	89	Lorenzino „	117 a. 1.		
	192 b.	90	Raphael da Regio „	117 a. 2.		
	193 a.	91	Paris „	117 b. 1.		
	193 b.	92	Gio.del Borgo und Carubin del Borgo „	117 b.		
		93	Guidone „	117 b. 2.		
		94	Matthaeo Aletsi „	117 b. 2.		
	194 a.	95	Richardo „	118 a. 1.		
	194 a.	96	Stephano Parac „	118 a. 1.		
	194 a.	97	Pasqualyn de la Marca „	118 a. 2.		
	194 b.	98	Caesar vonSalusto „	118 b. 1.		
	194 b.	99	Johann Soens „	118 b. 1.		
	194 b.	100	Paulo, Spanier „	118 b. 1.		
	194 b.	101	Ventura Salimben „	119 a.		
	194 b.	102	Marco von Siena „	119 a.		

Teutsche Academie II. Theils 2. Buch.

Teutsche Academie II. Theils 2. Buch.

Teutsche Academie II. Theils 3. Buch.

Teutsche Academie II. Theils 3. Buch.

Teutsche Academie II. Theils 3. •Buch.

Teutsche Academie II. Theils 3. Buch.

Teutsche Academie II. Theils 3. Buch.

Teutsche Academie II. Theils 3. Buch.

Teutsche Academie II. Theils 3. Buch.

Teutsche Academie II. Theils 3. Buch.

Teutsche Academie II. Theils 3. Buch.

Im Gegensatz zu dem Inhalt der ersten zwanzig Capitel des dritten Buches, der zumeist aus fremder Quelle abgeleitet ist, sind die Biographieen von Capitel XXI ab bis zum Schluss des Werkes T. A. II, 3. S. 320—376 grösstenteils Sandrarts geistiges Eigentum. Nur noch vereinzelt lassen sich fremde Bestandteile nachweisen, und zwar in den folgenden Biographieen:

Teutsche Academie II. Theils 3. Buch.

cap.	Seite.	Nr.	Name.	Quelle.	fol.	Bemerkungen.
	345 a.	9	Heinr. Engelhart	Neudörffer,		Daselbst mit dem Vornamen
	347 b.	18	Copé Fiamengo	Baglione 100.		„Daniel."
	348 a.	19	Franc. de Quesnoy	teils de Bie.		Von Sandrart sind folgende Stellen: S. 348 a. „als den Laocoon — nachgebildet." S. 348 b. „darunter sonderlich — häst - verwahrlich aufgerichtet." S. 349 a'b. „hierauf diugte — so hoch gestiegen." S. 349 b. „Es sollen — entschuldiget sein." 349b. bis 350a. „Mit diesem schönen — so fortgefahren." 350 a. „indem er — gesetzet worden."
	350 b.	22	Francisco Fanelli	de Bie	549.	Zusatz: S. 350 b. „besonderlich ist er" bis zum Schluss.
	351 b.	24	Arthus Quellinus d. ä.	„	504.	Zusatz: S. 351 b. „Worauf hin
	351 b.	25	Arthus Quellinus d. j.	„	555.	er — begabet worden."
		26	Lucas Faide Herbe	„	550/2.	
		27	Petrus Verbruggen	„	531.	
	352 a.	28	Simon Boosboom	„	546.	
XXV.	354 a.	1	Cornelius Cort	„	450'1.	cfr. T. A. II, 2. S. 208.
	354 a/b.	2	Theodorus Cornhardt	„	454/5.	
	354.	3	Johann Sadeler	„	464/6.	Zusätze: S. 355 a. „worin er
	357 b.	9	Peter de Jode	„	492/3.	— zuwegen gebracht." „seine Einseitigkeit — allein
	357 b.	11	Henrich Hondius	„	486/7.	versehen können."
	360 a.	16	Paulus de Pont	„	496/7.	
		17	Stephanus de la Belle	„	560/1.	Zusatz: „er war zugleich — viel gegolten."
	360 b.	19	Jacob Mattham	„	474/5.	„beaufils" falsch übersetzt.
	363 a.	28	Wenceslaus Hollart von Prag		551.	Zusätze: Betr. den Verlust seiner Güter, seine Lehre bei Merian und seine Stiche.
XXVII.	371 a.	5	François u. Nicola Polly		521.	
	372 a.	12	Huret, Daret und Danoit	„	525.	
	372a/b.	15	Aegidius Roussellet	„	490.	

Dem letzten Capitel (XXVII) folgt noch T. A. II, 3. S. 373
bis 376 eine „Zugabe von noch etlichen Künstlern": im Namen-
Register schliesst das Buch ab. Dem Werke ist angebunden eine
24 Folioseiten starke Biographie Sandrarts, verfasst von seinen

(nicht genannten) Schülern, deren Inhalt jedenfalls von Sandrart
selbst herrührt. Der Titel lautet: „Lebens-Lauf und Kunst-Werke
des Wol Edlen und Gestrengen Herrn Joachims von Sandrart,
auf Stockau, hochfürstl. Pfalz-Neuburg'schen Rahts: zu schuldigster
Beehrung und Dankbarkeit, beschrieben und übergeben von Desselben Dienst-ergebenen Vettern und Discipeln. Nürnberg. Gedruckt
bey Johann-Philipp Miltenberger, Im Jahr Christi 1675.“

II

Inhaltsangabe und Quellennachweis des zweiten Haupt-theils der Teutschen Academie von 1679.

Der Titel des zweiten Bandes der Teutschen Acade-mie, der im Jahr 1679 erschienen, lautet wie folgt:

Der Teutschen Academie Zweyter und letzter Haupt-Theil, Von der Edlen Bau- Bild- und Mahlerey-Künste: Darinnen begriffen Ein vollkommener Unterricht, von dieser dreyen Künste Eigenschaften, Lehr-Sätzen und Geheimnissen, von der Archi-tectur und Bau-Art: von der Bild-Sculptur oder Stein-Bildung, und ihrer Zugehör; von der Zeichenkunst Vollkommenheit: von Maas und Proportion der Leiber, von Bild-Historien, und Land-schaften, mit allen dieser Kunst zugehörigen Stücken, samt gründ-licher Erzehlung aller Welt-berühmtesten, vortrefflichsten Alten und Neuen Kunst-Wunder, an Tempeln, Triumph-Bögen, Schau-und Grab-Gebäuen, Bild-Seulen, Pyramiden, neuen Kirchen, Palasten, Lust-Häusern, Fontainen, und Wasser Künsten, nach deren gerechtem Maas, durch 73 Figuren in Kupfer vorgestellt; wie auch der Bildhauer-Kunst vortrefflichste 50 antiche oder alte Statuen, mit ihren Regeln beschrieben: Folgendes die 12. erste Römische Kayser, mit 80 antiche basso relieven, oder nieder-erhobenen Bildungen, und derer geheimen Auslegungen: Ingleichen der Edlen Mahler-Kunst noch übriger berühmter neuer Meistere Conterfäte; auch der Alten Assyrischen, Griechischen, Römischen, Monarchen, Feldherren, Gesetzgeber, und Burgermeister, Philo-sophen, Poeten, Welt-belobtester Manns- und Weibs-Personen, wahre Abbildungen und Medaglionen, 163 Conterfeyte, neben beygefügter Erzehlung ihres Lebens und Lobs: demnächst die

wahre Abbildungen der Götter, so von den Antichen verehret
worden, auch derselben Alter Gemählden Art und Gebrauch, in
unterschiedlichen Kupfer-Platten, beygebracht: Hernach eine Auslegung der Wandlungs-Gedichte des Ovidius: und letzlich Eine
recht-eigendliche Abbildung der berühmtesten alten Ruinen, Gebäuen, Geschirren oder Gefässen und Hörnern, wie auch anderer
denkwürdiger Antiquitaeten: Allesamt nach des Authoris verfertigten eigenen Handrissen, von den allerberühmtsten Kupferstechern dieser Zeit, in Kupfer gebracht: Aufgerichtet durch:
Joachim v. Sandrart auf Stockau, hochfürstl. Pfaltz-Neuburgischen
Raht, und in der Hochlöbl. Fruchtbringenden Gesellschaft den
Gemeinnutzigen. Mit Röm. Kayserl. Majestät Vergünstigung und
Freyheit nicht nachzudrucken. — Nürnberg, Bey Michael und
Johann Friedrichen Endtern, auch zu Frankfurt, bey Johann von
Sandrart, zu finden. Gedruckt bey Christian Sigismund Froberger.
Anno Christi MDCLXXIX.

Dem Titel folgt ein Widmungsschreiben an den grossen Kurfürsten (Abgedruckt bei Guhl, Künstlerbriefe, II), hierauf das
Porträt Sandrarts, ein kaiserliches Privileg auf zehn Jahre, datiert
vom 20. August 1678, und drei Gedichte.

(NB. In der Folge ist der Zweite Haupttheil mit einer
arabischen Zwei bezeichnet.)

T. A. 2, 1. S. 1 u. 2. „Vorrede an den Edlen Leser, über
den ersten Theil, Von der Baukunst, Des Zweyten, als letzten,
Haupt-Theils dieser Teutschen Academie." übersetzt nach:
L'architettura di Andrea Palladio divisa in quattro libri. Venetia
1642. S. 1. Libro primo dell' architettura di Andrea Palladio.
Proemio al lettori. — Zusätze: S. 1b. „weil ichs im ersten
Haupt-Theile unserer Academie nicht einbringen können." S. 2a.
„absonderlich, da wir erfahren — schon ziemlich hoch gestiegen."
S. 2a. „auch hierbey in Kupfer aus Liecht geben." S. 2b.
„Italiaenischer Sprach."

Es folgen 56 Platten mit Architectur-Abbildungen.

T. A. 2, 1. S. 3—100. Der Teutschen Academie Zweyten, als letzten Haupt-Theils Erster Theil, Von der
Architectur oder Bau-Kunst.

T. A. 2, 1. S. 3—4. Das I. Capitel. „Was zu betrachten
und vorhero zu bereiten sey, ehe man zum wirklichen Bau
schreitet" übersetzt nach Palladio, L'architettura libro I, cap. I,

p. 2. Quale cose devono considerarsi, e prepararsi avanti che al
fabricar si pervenga.

T. A. 2. 1. S. 4. Das II. Capitel. Vom Holzwerck. übersetzt
nach Palladio I, cap. II, S. 7. De i legnami.

T. A. 2, 1. S. 5. Das III. Capitel. Von denen Steinen. übersetzt nach Pall. I, c. III, S. 7. Delle pietre.

T. A. 2, 1. S. 5. Das IV. Capitel. Vom Sande. übersetzt
nach Pall. I, c. IV, S. 8. Dell' arena.

T. A. 2. 1. S. 6. Das V. Capitel. Vom Kalch, und Art
selbigen an zu machen. übersetzt nach Pall. I, c. V, S. 8. Della
calce, e modo d'impastarla.

T. A. 2, 1. S. 6 u. 7. Das VI. Capitel. Von Metallen. übersetzt nach Pall. I, c. VI, S. 9. De i metalli.

T. A. 2, 1. S. 8. Das VII. Capitel. Von der Eigenschaft des
Erdreichs, wo die Grund-Veste hinzusetzen. übersetzt nach Pall. I,
c. VII, S. 10. Della qualità del Terreno, ove s'hanno da poner le
fondamenta.

T. A. 2, 1. S. 9. Das VIII. Capitel. Von den Grundfesten.
übersetzt nach Pall. I, c. VIII, S. 11. Delle fondamenta.

T. A. 2, 1. S. 9—12. Das IX. Capitel. Quadratur Arbeit:
und von den fünfferley Bau-Arten. Wiederabdruck von cap. 2
des ersten Teils der Teutschen Academie (s. oben S. 3—4).
Ausgelassen sind die Erklärungen der Platten des ersten Teils,
das Lob Michel Angelos, die Anwendung der korinthischen
Ordnung, der Ausfall gegen die Gothik in Italien. Zugefügt ist
eine kurze Einleitung.

T. A. 2. 1. S. 12 u. 13. Das X. Capitel. Von der Bau-
Richtigkeit. Wiederholung des III. Capitels des ersten Teils der
Teutschen Academie (s. oben S. 5). Weggelassen ist das Ver-
zeichnis der technischen Ausdrücke.

T. A. 2, 1. S. 14. Das XI. Capitel. Von der Zierde und Ge-
schicklichkeit, welche bey den Privat-Gebäuen zu beobachten.
übersetzt nach Pall. II, cap. I, S. 3. Del decoro, o convenienza,
che si deve osservar nelle fabriche private.

T. A. 2, 1. S. 14 u. 15. Das XII. Capitel. Von Austheilung
der Zimmer und anderer Orten. übersetzt nach Pall. II, cap. 2,
S. 3. Del compartimento delle stanze, e d'altri luoghi.

T. A. 2, 1. S. 15 und 16. Das XIII. Capitel. Von Form der
Kirchen, oder Tempel und deren Zierrad, so darinnen zu be-

obachten. übersetzt nach Pall. IV, cap. 2, S. 6. Delle Forme de'
Tempii, et del decoro, che in quelle si deve osservare.

T. A. 2, 1. S. 16 u. 17. Das XIV. Capitel. Von fünfferley
Art der Tempel. übersetzt nach Pall. IV, cap. 4. S. 8. Di cinque
specie di Tempii.

T. A. 2, 1. S. 17—19. Das XV. Capitel. Von Austheilung
der Tempel. übersetzt nach Pall. IV, cap. V, S. 9. Del compartimento di i tempii.

T. A. 2, 1. S. 19. Das XVI. Capitel. Von Zeichnung etlicher
alten Tempel, welche in Rom sind, und erstlich zwar vom Tempel
Antonini und Faustinae, übersetzt nach Pall. IV, cap. IX, S. 30.
Del tempio d'Antonino e di Faustina (die beigegebene Kupfer-
platte fol. 9 ist nicht Nachstich der Abbildung bei Palladio,
sondern nach Lafreri, ebenso die folgenden).

T. A. 2, 1. S. 19 u. 20. Das XVII. Capitel. Septimii Triumphbogen. Die ursprüngliche Quelle ist Serlio. Regole generali di
Architettura. Venetiis 1559. fol. libro III, p. 106 ff., doch beweisen die Zusätze, dass ein späteres Werk benutzt ist, das sich
des Serlio bedient hat. (Scamozzi, Idea dell' architettura universale
Ven. 1615. ‹ 2 Bde.?) Die Tempelinschrift ist dem Stich des
Lafreri entnommen.

T. A. 2, 1. S. 20/21. Das XVIII. Capitel. Jani Götzen
Tempel. Die Beschreibung ist dem Werke des Donati entnommen: Roma vetus ac recens utrinsque aedificiis ad eruditam
cognitionem expositis auctore Alexandro Donato, e societate Jesu.
tertio edita ac multis in locis nedum aucta, et castigatior reddita,
verum etiam figuris aeneis illustrata. Romae ex officina Philippi
Rubei 1665, p. 14 ff. Donati ist unkritisch ergänzt durch eine
Ansicht von Nardini. Roma antica 1666. 4. Roma.

T. A. 2, 1. S. 21. Das XIX. Capitel. Des Frieden-Tempels.
übersetzt nach Pall. IV, cap. 6, S. 11. De i disegni di alcune
tempii antichi, che sono in Roma, e prima di quello della Pace.

T. A. 2, 1. S. 21 und 22. Das XX. Capitel. Arcus Titi
Vespasiani.

T. A. 2, 1. S. 22 und 23. Das XXI. Capitel. Kayser Con-
stantini des Grossen Triumphbogen. übersetzt nach Serlio.
Regole etc. libr. III, p. 114. Die Inschrift ist dem Stich bei
Lafreri entnommen.

T. A. 2, 1. S. 23 u. 24. Das XXII. Capitel. Kayser Flavii
Vespasiani rundes Schauspiel-haus, insgemein Colossaeum genannt.

T. A. **2**, 1. S. 24 u. 25. Das XXIII. Capitel. Vom Tempel des Glücks. übersetzt nach Pall. IV, cap. 13, S. 48. Del tempio della fortuna virile.

T. A. **2**. 1. S. 25 u. 26. Das XXIV. Capitel. Vom Pantheon, so heutiges Tags la Ritonda genennet wird. übersetzt nach Pall. IV, cap. 20, p. 73. Del pantheon hoggi detta la Ritonda. Wiederholung des Cap. IV des ersten Teils S. 22/23. doch hier gekürzter Text (s. oben S. 5).

T. A. **2**, 1. S. 26 u. 27. Das XXV. Capitel. Egyptische Pyramiden.

T. A. **2**, 1. S. 27 u. 28. Das XXVI. Capitel. S. Peters Kirche auf dem Berg Montori. übersetzt nach Pall. IV, cap. 17, S. 64. Del tempio di Bramante.

T. A. **2**, 1. S. 28—32. Cap. XXVII—XXX incl. Text zu den Platten XXIX—XXXXVII incl. Beschreibung moderner italienischer Palastbauten und der Peterskirche nach den Notizen auf den Stichen von Ferreri und Falda. Die Capitelüberschriften beziehen sich jedesmal nur auf den ersten von den beschriebenen Bauten. — Zusatz: S. 32b. „Dieser Ort ist — Ergetzlichkeit verursachet."

T. A. **2**, 1. S. 32—34. Das XXXI. Capitel. Der erste Teil des Capitels bis zu den Worten S. 33b „zu dem schönen Zimmer des Apollinis" besteht in einer Beschreibung italienischer Wasserbauten nach den Notizen auf den Stichen des Falda, denen die Platten 48—54 incl. nachgestochen sind. Der zweite Teil des Capitels von den Worten S. 23b „Lambach, ein wol-erbautes" ab bis zum Schluss bildet eine Beschreibung des Klosters Lambach in Oesterreich, des Rittergutes Stockau bei Ingolstadt und der „Fleischbrucken zu Nürnberg". Dazu gehören die Abbildungen auf Platte XXXXXV.

T. A. **2**, 1. S. 35—96. Der Römischen Architectura Historische Beschreibung (in 25 Capiteln). Uebersetzung von Allesandro Donati. Roma vetus ac recens. ed. 3. Rom 1665.

T. A. **2**, 1. S. 97—100. Namen- und Sachregister zu dem ersten Teil.

T. A. **2**, 2. Titel. Der Teutschen Academie Andren Haupt-Theils zweyter Theil. Von der Scultura oder Bildhauer-Kunst.

T. A. **2**, 2. S. 1 u. 2. Vorrede zum Edlen Leser: Ueber den Andern Theil Von der Scultura oder Bildhauer-Kunst.

Der Vorrede folgen 37 Tafeln mit Abbildungen nach (meist antiken) Skulpturen. Ferner sind noch zwischen die Textblätter Abbildungstafeln eingebunden.

T. A. **2**, 2. S. 3—19 incl. Das I. Capitel. „Noch etliche Kunstregeln und antiche Statuen." Das Capitel zerfällt in vier Abschnitte:

a) T. A. **2**, 2. S. 3—5a bis zu den Worten: „auch ein gelehrter, Bildhauer zu werden." Darin sind einige Regeln über Proportion gegeben im Anschluss an Mander (cfr. T. A. I, 2, cap. I).

b) T. A. **2**, 2. S. 5a—14a. Von den Worten „Wir wollen nun mit den Augen" bis zu den Worten „Roma quanta fuit ipsa ruina docet." Erläuterungen zu den Abbildungen der Skulpturen (pl. A—Gg), jedenfalls nur Uebersetzung nach einem italienischen Autor. Als von Sandrart herrührend charakterisieren sich Abschnitte in den Artikeln: Marcus Aurelius (S. 5b), L. Annaeus Seneca (S. 6b), Marsyas (S. 8a), Mercurius (S. 8b), Pan et Natura (S. 9b), Minerva und Paris (S. 11b), Virgo Vestalis (S. 11b), Hygiaea (S. 12a).

c) T. A. **2**, 2. S. 14a—17b. Von der Musik. bis zu den Worten S. 17b „hören lassen kunte." Uebersetzung nach Caspar Bartholinus, Thom. filius, De tibiis veterum et earum antiquo usu libri tres. Editio altera figuris auctior. Amstelaedami 1679. 12. Zu diesem Abschnitte gehört pl. rr mit Nachstichen nach den Abbildungen bei Bartholinus.

d) T. A. **2**, 2. S. 17b—19. Text zu den Abbildungen der Platten Tt, Ss, Uu, jedenfalls nicht Sandrarts Eigentum.

T. A. **2**, 2. S. 20—70 incl. Beschreibung der ersten zwölff Römischen Kayser. (Hierzu gehörig zwölf Platten mit Porträtstichen der Kaiser nach antiken Statuen und mit Abbildungen von Gemmen.) — Der Inhalt dieses Abschnittes ist abhängig von Octavius de Strada. Aller Römischen Keyser Leben und Thaten. früher beschrieben von Octavius de Strada à Rosberg jetzt erweitert von dem Sohne gleichen Namens und aus dem Lateinischen ins Deutsche übersetzt. Frankfurt a. M. 1618. fol. — Sandrarts

Text ist erweitert und vielleicht übersetzt nach einer späteren
Ausgabe dieses Werkes oder nach einem von diesem abhängigen
Werke. — Die Abbildungen sind nicht dieselben, wie bei Strada,
jedoch nach demselben System angeordnet.

T. A. **2**, 2. S. 71—91 incl. Kunst und Schatzkammern hoher
Potentaten, Chur-Fürsten und Herren. — Der Inhalt dieses Ab-
schnittes ist zum Teil übersetzt nach Charles Patin. Relations
historiques et curieuses de voyages en Allemagne, Angleterre,
Hollande, Boheme, Suisse etc. ed. 2. 12. Lyon 1676. — S. 71.
Vorrede über das Thema: Quis melius quam literatus imperat?

T. A. **2**, 2. S. 71 u. 72. Ihr Kaiserl. Maj. Schatz- und Kunstkammer in Wien. Selbständiger Bericht über Asbestgewebe (kurz;
betreffs eingehenderer Nachrichten ist verwiesen auf Patins
Relations und auf des Petrus Lambecius, Bibliotheca Vindobonensis.
8 voll. (1660. 5 voll.); dieses Werk ist auch bei Patin citiert.

T. A. **2**, 2. S. 72 u. 73. Ihre Churfürstl. Durchl. in Bayrn etc.
Residenz zu München, übersetzt nach Patin. Relation II, S. 83
bis 89. Zusätze: S. 72a/b. „Sonderlich pranget — erwehnet
worden." S. 72b—73a. „und finden sich nicht allein — content
verspüren lassen."

T. A. **2**, 2. S. 73. Kunstkammer in der Churfürstl. Residenz
Dresden, übersetzt nach Patin. Rel. IV, p. 212 213.

T. A. **2**, 2. S. 73 u. 74. Churfürstl. Residenz zu Berlin, übersetzt nach Patin. Rel. IV, p. 205 ff. — Zusätze: S. 73a. „Eine
weitläufftige Lobrede — davon erzehlet." S. 73b—74a. „Die
Churfürstliche Zimmer — begabt sind." (Vergl. Guhl. Künstlerbriefe.
2. Aufl. II. S. 289/290.)

T. A. **2**, 2. S. 74—76. Churfürstl. Residenz zu Heidelberg.
Selbständiger Bericht Sandrarts.

T. A. **2**, 2. S. 76. Der Chur-Prinz Carl. Selbständiger Bericht.

T. A. **2**, 2. S. 76—77a. Verzeichnis Herrn Rudolph Wilhelm,
Herrn zu Stubenberg auf Kopfenberg, Erbschenken in Steyer, etc.,
Kunst-Cabinet, Gemähide, Tafeln, Handrisse und Kupferstücke.
Selbständiger Bericht.

T. A. **2**, 2. S. 77a—78a. Verzeichnis Herrn Georg Augustin,
Herrn zu Stubenberg auf Warenberg habender berühmter Mahlerey.
Selbständiger Bericht.

T. A. **2**, 2. S. 78a—80a. Nürnberg. S. 78b—80a. Verzeichnis der Kupferstichsammlung des Dr. med. Johann Aegidius
Ayrer. — Excurs über den Nutzen der Medaglien nach Patin.

T. A. **2**, 2. S. 80a—81a. Augsburg. Selbständiger Bericht.

T. A. **2**, 2. S. 81a—82a. Zürich. Selbständiger Bericht.

T. A. **2**. 2. S. 82a—83a. Basel. übersetzt nach Patin, Rel. II, p. 122ff. — Zusätze: In dem ersten Teil bis zu den Worten S. 82b. „allda zu sehen ist." S. 82b—83a. „Darinnen verhält sich — gemahlten Tafeln." S. 83a. „welches ihn so berühmt" bis zum Schluss.

T. A. **2**, 2. S. 83a—83b. Bern. Selbständiger Bericht.

T. A. **2**, 2. S. 83b—85a. Nimwegen. — S. 83b. Constantini M. Edelgestein. — S. 84b. „Folgends werden noch beygefügt zween kostbare Saphier." (Die Beschreibung ist, wie aus dem Text hervorgeht, nicht einem anderen Werke entnommen; ebensowenig sind es die folgenden Abschnitte.)

T. A. **2**, 2. S. 85. Des Freiherrn von Mayr, etc. Kunst-Cabinet.

T. A. **2**, 2. S. 85b—86a. Reichs-Insignien zu Nürnberg.

T. A. **2**, 2. S. 86b. Bericht über antike Statuen.

T. A. **2**, 2. S. 87—91. Sandrartische Kunstkammer. — S. 91a/b Schlusswort.

T. A. **2**, 2. S. 91ff. Namen und Sachregister.

Dem dritten Theil des zweiten Haupt-Theils der Teutschen Academie geht wieder ein langatmiger Titel voraus mit ausführlicher Angabe des Inhalts; dann folgt:

T. A. **2**, 3. S. 1—8. Vorrede über die continuirte Lebens- und Kunst-Beschreibung der alten und neuen fürtrefflichsten Mahler in Griechenland, Italien, Teutsch- und Niederland. Inhalt: Ueber das Alter der Malerei. Kritik des Plinius gestützt auf die Angaben des Homer. — Inhaltsangabe des dritten Buchs.

T. A. **2**, 3. S. 9 u. 10. Lobgedicht an die Jugend, unterfertigt „Der Erwachsene."

T. A. **2**, 3. S. 11—95. Der Teutschen Academie Zweyten Haupt-Theils Dritter Theil, von der Pictura oder Mahler-Kunst.

T. A. **2**, 3. S. 11 u. 12. Das I. Capitel. Begreifft eine kurtze Anweisung des rechten Weges zur Erreichung der Mahler Kunst, und Warnung für den Irrweg. Vergl. T. A. I, 3. cap. 1.

T. A. **2**, 3. S. 12 u. 13. Das II. Capitel. Darinn die Kunst-Regeln, nebenst behöriger Proportion menschlichen Leibes, und dessen Glieder, wie sie in der Mahlerey zu beobachten, gezeiget

3*

werden. Wiederholung des Inhalts von T. A. I, 3. cap. V,
S. 67—69.

T. A. 2, 3. S. 14 u. 15. Das III. Capitel. „Discurrirt von der
zierlichen Wolständigkeit und Füg-Ordnung eines jeglichen Bildes,
wie dieselbe, von einem verständigen Richter, oder Urtheiler, die
Gunst und Beliebung erwerben müsse." Wiederholung des
Inhalts von T. A. 1, 3. cap. VIII, S. 74—76, etwas gekürzt, Ueber-
sicht und Stil geändert.

T. A. 2, 3. S. 15—17 incl. Das IV. Capitel. „Giebt Unterricht von den Farben, wie auch derer Vermischung und Gebrauch."
Das Capitel zerfällt in vier Abschnitte. Davon ist der erste Abschnitt S. 16a bis zu den Worten „von den Oehlfarben gedacht"
Wiederholung von T. A. I, 3. cap. II. — Der zweite Abschnitt
S. 16a—17a von den Worten „Wann man in Fresco" bis zu „auf
nassen Kalch stehen" ist Wiederholung von T. A. I, 3. cap. III,
mit dem Zusatz S. 16b—17a „Also habens die guten Italiäner —
auf nassen Kalch stehen." — Der dritte Abschnitt S. 17a|b von
den Worten „Dann von der edlen Kunst der Oehl-Farben —
sicherer folgen könne" ist Wiederholung von T. A. 1, 3. cap. IV,
mit dem Zusatz „Gleichwie wir — sicherer folgen könne." — Der
vierte Abschnitt S. 17b „Von dem rechten Gebrauch" bis zum
Schluss ist Wiederholung von T. A. I, 3. cap. VII.

T. A. 2, 3. S. 18,19. Das V. Capitel. „Beleuchtet die Eigen-
schafften der Farben, und giebt zu erkennen, welche gerecht
und unbeständig seyn" ist Wiederholung von T. A. 1, 3. cap. XIV.

T. A. 2, 3. S. 19—21. Das VI. Capitel. „Handelt von Ordnung und Austheilung der Farben, und ihrer wolständigen
Vermähl- oder Gesellung, wie auch von Bekleidung der Bilder"
zerfällt in fünf Abschnitte. a) Bis S. 20a „geändert werden
möchte" wiederholt nach T. A. I, 3. cap. X. b) S. 20a „Bey
solcher Ausmahlung — und seyn solte" wiederholt nach den
entsprechenden Theilen aus T. A. I, 3. cap. XI, S. 81a und cap. X,
S. 80. c) S. 20a|b „Zu solcher grosser — andere Gestalt an-
nehme" wiederholt nach T. A. I, 3. cap. XI. Zusatz: S. 20b.
„Ich selbst aber — andere Gestalt annehme." d) „Wie nöthig
auch sey — sich ereignen" S. 20b—21a wiederholt nach 1, 3.
cap. XII. e) S. 21a|b „Die Farben also zierlich" bis zum Schluss
wiederholt nach T. A. I, 3. cap. XIII.

T. A. 2, 3. S. 21|22. Das VII. Capitel. „Giebt eine kurtze
Anleitung zur Landschafft Mahlerey" ist wiederholt nach T. A. I, 3.

cap. VI, S. 70. — Die Angabe betr. Cl. Geléc S. 22b weicht ab
von der gleichen Angabe T. A. 1, 3. cap. VI, S. 71b und entspricht der gleichen Angabe in der Biographie von Claude Geléc
T. A. 11, 3. S. 332a.

T. A. **2**, 3. S. 23—25 incl. Leszwürdiger Bericht! „Von
der Beschaffenheit C. Cestii, unter der Erden erfundenen Grabmahls, samt beygefügtem Discurse von der antichen Mahlerey,
und denen daran erblicklichen Gemählten" Uebersetzung nach
dem: Discorso d'Ottavio Falconieri intorno alla Piramide di
C. Cestio ed alla Pitture, che sono in essa con alcune Annotazioni
sopra un Iscrizione antica, appartenente alla medesima. — Lettere
del medesimo al Signor Carlo Dati sopra l'Iscrizione d'un Mattone
cavato della ruine d'un muro antico gittato a terra con occasione
di ristaurare il Portico della Rotonda. l'anno 1661. — angebunden
an: Roma antica di Famiano Nardini. Roma 1666. — Zusatz:
S. 25b „Was nun letzlich" bis zum Schluss. (Erwähnung der
„Aldobrandinischen Hochzeit.")

T. A. **2**, 3. S. 26—68. „Abbildung der alten weltberühmsten
Assyrischen, Griechischen, Römischen Monarchen, Feld-Herren,
Gesetzgeber und Burgermeister, Philosophen, Poeten, Weltbelobster
Manns- und Weibs-Personen. Aus den kunstreichen Antichen,
Statuen auch Kleinodien, in Sardonich, Jaspis, Carneol, Onich,
Chrystall. Agat, Hyazint, Ametist, Lasurstein, Plasma, Chalce-
doniern, Marmel, Gold, Silber, Metallen, Metallionen, Schau- und
Gedächtnus-Pfennigen, entnommen; Nebst beygefügter Histo-
rischer Erklärung derselben." Dazu gehörig die Abbildungen
auf Platte A—Z. Uebersetzungen nach: Iconografia cioè disegni
d'Imagini de Famosissimi Monarchi, Regi, Filosofi, Poeti ed Oratori
dell' Antichità, cavati da Giovan Angelo Canini da Frammenti etc.,
date in luce con aggiunta di alcune Annotazioni da Marc Antonio
Canini, fratello del Autore. Roma. 1669. fol. — sowie nach:
Joannis Fabri Bambergensis, Medici Romani, in Imagines
illustrium ex Fulvii Ursini Bibliotheca, Antverpiae à Theodoro
Gallaeo expressas Commentarius. Antverp. Plantin. apud Jo.
Moretum. 1606. — angebunden an: Illustrium Imagines ex
antiquis marmoribus, numismatibus, et gemmis expressae quae
exstant Romae, major pars apud Fulvium Ursinum. Theodörus
Gallaeus delineabat, Romae ex Archetypis, incidebat Antverpiae
1598. — Antverpiae ex officina plantiniana sumptibus Theodori
Gallaei. — Den genannten Werken des Canini und des Ursinus-

Galle sind auch mit wenigen Ausnahmen die Abbildungen entnommen.

T. A. **2**. 3. S. 68—86. „Ehren-Gedächtnus: Das ist: Leben-
und Kunst-Beschreibung der übrigen Virtuosen." Dazu gehörig
die Abbildungen auf Platte 4. 5, 6. Sandrarts Eigentum.

T. A. **2**. 3. S. 87—92. „Von unterschiedlichen antiquischen
oder uralten Gefässen, Gebäuen, Ruinen, Hörnern u. a. d." —
Dazu gehörig Platte 8—16 incl. Die Abbildungen sind zumeist
Nachstiche nach Enea Vico. Bartsch XV. 420—433. — Die Ab-
handlung zerfällt in drei Abschnitte. a) Traktat über antike
Vasen etc. Der Abschnitt reicht bis zu den Worten S. 88b „habe
es Derhalben nachgezeichnet." — b) Von den Worten S. 88b
„Nach Endigung der Materie" bis zu den Worten S. 91a „als
das Gold und Silber austragen können." Traktat über antike
Hörner, entnommen dem fünften Buch des Olaus Wormius.
Danicorum monumentorum libri sex. Hafniae. Anno MDCXLIII.
Zusatz nach einer anderen Quelle S. 90b—91a „In der Weltberühmten Kunst- und Schatzkammer — als das Gold und Silber
austragen können." — c) S. 91a. Von den Worten „Der auf
obberührter Platten stehende" bis zum Schluss. Bericht Sandrarts
über antike Skulpturen.

T. A. **2**. 3. S. 92—95. Namen- und Sachregister zum dritten
Teil. — Als zu diesem dritten Teil gehörig wird auf dem ersten
Titelblatt, sowie auf dem des dritten Teiles bezeichnet: die Ueber-
setzung und Auslegung von Ovids Metamorphosen nach der
Uebersetzung des Mander. Der Titel lautet: P. Ovidii Nas.
Metamorphosis, Oder: Des verblümten Sinns der Ovidianischen
Wandlungs-Gedichte gründliche Auslegung: Aus dem Nieder-
ländischen Carls von Mander, zu Behuf der Edlen Poesi-Kunst
und Tugend Liebhabere ins Teutsche übersetzt, und der Sand-
rartischen Academie einverleibet. Nürnberg 1679.

III

Inhaltsangabe und Quellennachweis der lateinischen Ausgabe von 1683.

Im Jahre 1683 erschien zu Nürnberg eine von Christian Rhod angefertigte lateinische Uebersetzung der Künstlerbiographieen, sowie des theoretischen Theiles über die Malerei. Darin hat Sandrart die Biographieen der beiden vorhergegangenen Ausgaben durch Zusätze ergänzt, sowie eine Reihe von Künstlerbiographieen neu hinzugefügt.

Der Titel lautet: Joachimi de Sandrart, a Stockav, Serenissimi Principis, Comitis Palatini Neoburg. Consiliarii, et Palmigeri Ordinis Socii, **Academia** nobilissimae **Artis pictoriae.** Sive De veris et geminis hujusdem proprietatibus, theorematibus, secretis atque requisitis aliis; nimirum de Inventione, Delineatione, Evrythmia et Proportione corporum; de Picturis in albario recente, sive fresco, in tabulis item, atque linteis; de pingendis historiis, imaginibus humanis, iconibusque viventium; de subdialibus et nocturnis; de subactu colorum oleario et aquario, de affectibus et perturbationibus animi exprimendis de lumine et umbra, de vestibus deque colorum proprietate, efficacia, usu, origine natura atque significatione Instructio fundamentalis, Multarum industria lucubrationum, et plurimorum annorum experientia exquisita.

Una cum Artificum tam Aegyptiorum, Graecorum et Romanorum, quam Italorum, Gallorum, Anglorum, Germanorum, Belgarum, aliorumque; sive antiquorum, sive modernorum ab origine celeberrimae illius artis, ad haec usque tempora florentissimorum, vitis atque encomiis, nec non operibus, quibusdam tabulis aeneis eleganter exhibitis: Eorundemque Plusquam ducentis Iconibus verissimis; veterum denique Romanorum picturis accuratissimis, haud ita pridem e subterraneis locis in lucem prolatis, et optimorum industria Chalcographorum aere expressis, erecta atque publicata: Nec non Serenissimo Duci et excellentissimo Seniorum Collegio Reip, Venetae consecrata.

Norimbergae, Literis Christiani Sigismundi Frobergii, Sumtibus Autoris. Francofurti apud Michaelis ac Johan. Friderici Endterorum Haeredes, et Johan. de Sandrart. Anno MDCLXXXIII.

Diesem Titel geht ein kurzgefasstes Titelblatt voraus mit der Aufschrift: „Academia Picturae eruditae", ferner ein allegorisches Titelbild, gestochen von R. Collin. Es folgt ihm Sandrarts Brustbild, ebenfalls von R. Collin gestochen. Hierauf beginnt die Vorrede: „Ad Lectorem Nobilissimum in Academiam hanc Picturae eruditae Praefatio" übersetzt nach der „Vorrede zum Edlen Leser über die erste zwey Bücher dieser Teutschen Academie" T. A. I, S. 1—6. Dieser Vorrede schliesst sich eine zweite an: „Juventuti, pictoriae artis cultrici" übersetzt nach dem Vorwort zum dritten Buch des theoretischen Theils „An die kunstliebende Jugend" T. A. I, S. 57. Hierauf folgt ein italienisches Sonett auf Sandrart von dem Marchese Nicolo Cevoli.

Der erste Theil des Buches behandelt wieder technischästhetische Fragen unter dem Titel De ipsa arte pictoria, ejusque variis requisitis. Er enthält fünfzehn Capitel, die sämtlich nach denen des dritten Buches des theoretischen Theiles übersetzt sind, nur in veränderter Reihenfolge.

A. P. I, cap. 1 = T. A. I, 3. cap. I.
   — —   II =   — —   V.
   — —   III   — —   VIII.
   — —   IV =   — —   IX.
   — —   V   — —   II.
   — —   VI =   — —   IV.
   — —   VII   — —   XIII.
   — —   VIII   — —   VII.
   — —   IX   — —   X.
   — —   X   — —   III.
   — —   XI   — —   VI.
   — —   XII   — —   XII.
   — —   XIII   — —   XI.
   — —   XIV =   — —   XIV.
   — —   XV   — —   XVI.

Es folgt hierauf der Zweite Theil mit den Künstlerbiographieen, und zwar im ersten Buche mit denen des Alterthums. A. P. II, S. 39—90. Academiae picturae nobilis atque eruditae
pars secunda, qua continentur pictorum antiquitus celeberrimorum,
tam Aegyptiorum, quam Graecorum et Romanorum, Eucomia et
Vita. S. 39—46 „Praefatio" ist übersetzt nach T. A. II, 1.
S. 1—10. Auf S. 47 folgt sodann der besondere Titel für das
erste Buch dieses zweiten Theiles. Partis secundae Academiae
pictoriae liber primus etc.

Die ersten sieben Kapitel des Buches sind ebenfalls nur
übersetzt nach den gleichen Kapiteln der deutschen Ausgabe von
1675, T. A. II, 1. S. 11—51. Neu hinzugekommen, aber natürlich ohne Bedeutung ist Capitel VIII, A. P. II, 1. S. 86—89, mit
den 12 Philosophen- und Dichterbiographieen, während das
gleiche Capitel der deutschen Ausgabe T. A. II, 1. S. 51 nur
Lobgedichte auf jene enthält. Ebenso bringt auch das IX. Capitel
der lateinischen Ausgabe eine eingehendere Beschreibung der
sog. Aldobrandinischen Hochzeit, worüber in der Ausgabe von
1679 T. A. 2, 3. S. 25b nur kurz Erwähnung gemacht war.
Hierzu sind auch zwei Abbildungen beigefügt.

Auf Seite 91 beginnt das zweite Buch des zweiten Theiles
mit den Biographieen der italienischen Künstler, betitelt: Partis
Secundae Academiae pictoriae liber secundus de vita et encomiis
celeberrimorum ex Italis Pictorum, qui moderni vocantur. Die
Praefatio ist übersetzt nach der „Eingangs-Rede" des entsprechenden Theiles der ersten Ausgabe T. A. II, 2. S. 53ff.
Ebenso wie die Vorrede sind auch die 23 Capitel dieses Buches
nach dem der ersten Ausgabe übersetzt. Die Uebersetzungen
sind gelegentlich, wie z. B. bei Michelangelo und Tizian stark
gekürzt, hier und da sind Correcturen und unwesentliche Zusätze
hinzugekommen.

Das dritte Buch des zweiten Theils enthält die Biographieen aller übrigen nicht italienischen modernen Künstler
unter dem Titel, A. P. II, 3. S. 199, Partis secundae Academiae
picturae nobilis liber tertius. De Pictorum Germanorum atque
Belgarum, nec non Gallorum, Anglorum aliorumque vitis atque
encommiis.

Sämmtliche 27 Capitel der ersten Ausgabe sind mit un-
wesentlichen Correcturen und Kürzungen ins Lateinische übersetzt.

Wissenswerthe Zusätze oder Aenderungen sind folgende:

A. P. II, 3. S. 243b. Jodocus Amman. Zusatz: E vivis autem excessit Norinbergae.

A. P. II, 3. S. 243b. Georgius Keller. Zusatz: meusque in arte Diagraphica circa annum 1615 praeceptor. Anstatt des Ortes seines Todes Nürnberg ist jetzt Frankfurt angegeben.

A. P. II, 3. S. 285a. Petrus Paulus Rubens. Zusatz: Prout et Nessi et Deianirae fabulam mira arte expressis. (Bilder in Sandrarts Besitz.)

A. P. II, 3. S. 313b. Lilius alias Laelius. Zusatz: iconibusque naturam quam proxime imitantibus, et gratiosissimis multa arte excellere, magnoque in honore degere dicitur.

A. P. II, 3. S. 319b. Ossenbekius. Anstatt der Worte „auch itzt annoch in Regenspurg wohnhaft seyn solle" ist von den Worten „prout opera ejus varia" der Schluss geändert.

A. P. II, 3. S. 319b. Carolus Loth. Zusatz am Schluss: „Similia autem" etc.

A. P. II, 3. S. 325a. Susanna Mayria. Zusatz: „Sic enim, cum uxor mea — diu perseveravit."

A. P. II, 3. Seite 334b. Wilhelmus Bemmelius. Zusatz: „Winklerus videlicet Ebertus, Ekhardus, et in specie Dominus O. qui ad ista studia et iter illius Italicum plurimum contribuit." Namen von Augsburger Kunstfreunden, die Werke von B. besitzen. Ferner ist der Schluss von et eo minus ab Zusatz.

A. P. II, 3. S. 335a. Heinricus Poppius. Zusatz am Schluss: sed et propter historias etc.

A. P. II, 3. S. 335b. Johannes Schreiberus. Zusatz am Schluss: Unde in favore etc.

A. P. II, 3. S. 336b. Spielbergerus. Zusatz am Schluss: Multo autem maiora etc.

A. P. II, 3. S. 337a. Marcelius. Zusatz am Schluss: non attenta tussi etc.

A. P. II, 3. S. 337b. Anna Maria Pfrintia. Zusatz am Schluss: et a Principibus etc.

A. P. II, 3. S. 337b. Philippus Lemke. Zusatz am Schluss: unde decantandis etc.

A. P. II, 3. S. 345a. Heinricus Schwanhardus. Zusatz am Schluss: ultimum tandem obiit diem.

A. P. II, 3. S. 351b. Zwischen Nr. XXXI und XXXII ist Hans Philipp von Würzburg fortgelassen.

A. P. II, 3. S. 352a. Georgius Schweickardus. Zusatz am
Schluss: Quid enim do operis etc.

A. P. II, 3. S. 361a. Regnerus Persinius. Anstatt Er heu-
rathete aber eine ... Jungfrau zu Torgau stoht Uxorem autem
Gondae ducebat.

A. P. ll, 3. S. 363a. Isaacus Major. Der letzte Absatz der
Deutschen Biographie ist fortgelassen.

A. P. II, 3. S. 364b. Bartholomaeus Kilianus. Zusatz am
Schluss: Adde quod et tabulam etc.

A. P. II. 3. S. 365a. Càrolus Gustavus Amblingius. Zusatz
hinter dem Worte: Kupfer Titel: et multo adhuc praeclarius
magnus ille Mercurius, cui Cupido alas calcaneis annectit, cum
tabula Nr. 1.

A. P. II. 3. S. 365b. Johannes Jacobus Thourneissen. Zusatz:
nec non Antinoi, atque Latonae sive Veneris, (die von ihm ge-
fertigten Kupferstiche für den zweiten Haupttheil der T. A.).
Ferner Zusatz am Schluss: praesertim singulari etc.

A. P. II, 3. S. 366b. Johannes Georgius Waldreich. Zusatz
am Schluss: Dolendum tamen etc.

A. P. II, 3. S. 366b. Die Schlussnummer des deutschen
Capitels über Johann Georg Bodeneser ist fortgelassen.

A. P. II. 3. S. 369b. Nicolaus Poussinius. Hinter der Anführung des Bildes einer an der Pest gestorbenen Mutter ist im
Lateinischen die Stelle von Quam tabulam bis Puteolano venderetur
eingeflochten. Ferner ist vor der Erwähnung, dass P. anfangs
Tizians Farbengebung nachgeahmt habe, der Satz: Festinationis
autem — alibi convenimus eingefügt. Ebenso folgt hinter der Angabe, dass P. später Raphaels Farbengebung angenommen habe, die
lange Einschaltung: Imagines viventium — et Parisis excusa sunt.

A. P. II, 3. S. 370b. Erhardus. Zusatz am Schluss: quod
non diagraphicen etc.

A. P. II, 3. S. 370b. Hinter Petit Francois sind die im
deutschen Text angeführten Beau-Reper und Trufemondi fortgelassen. Dafür ist die Biographie des Raphael Trichet du
Fresne eingeflochten.

A. P. II, 3. S. 371. Carolus Brunius. Anstatt der wenigen
Worte über Le Brun in der deutschen Ausgabe ist hier eine
längere Biographie gegeben.

A. P. II, 3. S. 372b. Hirius. Zusatz am Schluss: Quamvis
major etc.

A. P. II, 3. S. 373 a. Bordonius. Zusatz: Multa praestan-
tissimorum operum eius Romae extant, quin et per totam Italiam,
Galliamque, nec non Germaniam dispersa sunt. Ferner betr. der
Bilder bei Freiherrn von Mayer zu München ist eingeschoben
tam Stockavii quam (Monaci). Hinter Erwähnung der sieben
Werke der Barmherzigkeit, die als Kupferstiche verkäuflich seien,
ist eingeschoben: Quibus addi possunt — Directorii elevatus fuit.

A. P. II, 3. S. 373 b. Hinter der Biographie des Bordone
sind diesem Capitel noch drei Nummern angefügt: XIII Campanus
(Champaigne), XIV Mignardus, XV Molanus (van der Meulen).

A. P. II, 3. S. 374 b. Claudius Melanius. Zusatz am Schluss:
et nuper demum etc.

A. P. II, 3. S. 374 b. Franciscus et Nicolaus Polly. Zusatz
am Schluss: Quod satis testatur etc.

A. P. II, 3. S. 375 b. Nicolaus Perellius. Zusatz am Schluss:
iisque addi possunt etc.

A. P. II, 3. S. 375 b. Israel Silvestre et Morinus. Zusatz
am Schluss: quibus etiam icones etc.

A. P. II, 3. S. 375 b/376 b. Antonius Massonius. Zusatz am
Schluss: Ubi obiter id adjicimus etc.

A. P. II, 3. S. 376 b. Huretus Daretus et Danotus. Zusatz
am Schluss: nec non Schuppenius, S. Bernhardus et Pitavius.

A. P. II, 3. S. 377. Hier sind dem Capitel XXVII noch
folgende Nummern neu zugefügt: XVII Edelinkius, XVIII Audra-
nius, XIX Lombardus, XX Simon, XXI Franciscus Schaveau.

A. P. II, 3. S. 377—401. Es folgt hierauf das Schlusscapitel XXVIII mit der Ueberschrift: Omissa. Finito nunc
Gallorum catalogo, ad alios jam progredimur Germaniae partim
superioris partim inferioris Artifices, supra a nobis vel plane non,
vel non omnino ex voto nostro attactos. Dieses Capitel enthält
drei verschiedene Bestandtheile:

a) Nr. I—XI. Uebersetzung der „Zugabe von noch
etlichen Künstlern." T. A. II, 3. S. 373—376.

b) Nr. XII—LIV. Uebersetzung des „Ehrengedächt-
nus: Das ist: Leben und Kunstbeschreibung der übrigen
Virtuosen." In diesem Theil ist vieles gekürzt, ferner sind aus-
gelassen die Biographieen von: S. de la Hire, E. Griebler, Hintz,
Jean de Cordua, A. John, Kneller (s.u.), Vaillant, Lairesse (s.u.),
D. Neuberger, N. Gass, Susanna Sandrart (s.u.), D. Loggan (s.u.). —
Zusätze befinden sich bei folgenden Nummern:

A. P. II, 3. S. 385 a. Hochstratius. Zusatz am Schluss: qualia procul dubio etc.

A. P. II. 3. S. 385 a. Blootolinus. Zusatz: Sie Icones quoque Principis Austriaci et Serenissimae Conjugis.

A. P. II, 3. S. 385 b. Daniel Preislerus. Anstatt „bey Christian . . ." steht „Norinbergae."

c) A. P. II, 3. S. 388 a—401 b. Neu hinzugefügte Biographieen Nr. LV—XC. — Hierzu ist folgendes zu bemerken:

A. P. II, 3. S. 388 a. Gerhardus de Lairesse. Aus T. A. 2, III, 79 ist nichts übersetzt.

A. P. II, 3. S. 389 b. Galilaeus Galilaei. Die Biographie ist folgendem Werke entnommen: Jani Nicii Erithraei Pinacotheca imaginum illustrium doctrinae vel ingenii laude virorum, qui auctore superstite diem suum obierunt. Colon. Agrippinae. Apud Iodocum Kalcovium et socios. MDCXLV pag. 279 ff., Nr. CLIII. Galilaeus Galilaeus.

A. P. II, 3. S. 391 b. Susanna Sandrartia. Zum Theil übersetzt nach T. A. 2, III. S. 82. Zusatz: et in specie bis exhibita.

A. P. II, 3. S. 391 b/392 a. Johannes Zacharias et Godofredus Knelleri, fratres. Uebersetzt nach T. A. 2, III. S. 78. Zusatz am Schluss: Inter quas nuper etc.

A. P. II, 3. S. 392 a. David Loggan. Die mittlere Stelle: cuius laudes opus — vix meminerim ist übersetzt nach T. A. 2, III. S. 83. Der Anfang und der Schluss der Biographie sind neue Zusätze.

A. P. II, 3. S. 401. Merianorum triga. Die Biographieen von Merian dem Vater und Merian dem Sohne enthalten Ergänzungen zu T. A. II, 3, S. 359 und 324, die von Merian dem Enkel ist neu hinzugefügt.

IV.
Entstehung und Anlage der drei Bände.

Die Veranlassung zu dem Erscheinen der Teutschen Academie
lag in dem wiederholt ausgesprochenen Wunsche deutscher Kunstfreunde nach genaueren Nachrichten über das Leben der ein-
heimischen Künstler. Dieser Wunsch war zu einem dringenden
Bedürfnisse geworden, weil eine grosse Anzahl deutscher Fürsten
und Herren, sowie wohlhabende Privatleute in ihren Cabinetten
mit Vorliebe Werke der sogenannten altdeutschen Meister auf-
bewahrten und über diese wenig mehr als den blossen
Namen wussten.[1]) Und da diese Verehrer deutscher Kunst
ihre grossen Landsleute für nicht geringer achteten, als die berühmten italienischen und niederländischen Künstler, so musste
ihnen ein Fehlen eingehender Nachrichten doppelt schmerzlich
sein, wenn sie erwogen, dass für das Andenken der Künstler
des Auslandes von deren Biographen in ausgiebigem Maasse ge-
sorgt war. Dagegen hatte die Literatur Deutschlands über die
vaterländischen Künstler nur vereinzelte Notizen aufzuweisen,
die in Werken gelehrten Inhaltes versteckt lagen und zumeist
in lateinischer Sprache geschrieben waren. Deshalb entzog sich
auch damals einer allgemeinen Kenntnis, was wir heutzutage
zusammenlesen aus den Werken eines Jacob Wimpfeling, Christian
Scheurl, Johann Cochlaeus, Vincenz Steinmayr, Beatus Rhenanus,
Joachim Camerarius, Walter Rivius, Bernhard Jobin, Daniel
Specklin, Matthias Quad, Charles Patin und Anderer.[2]) Hand-

---

[1]) Vergl. darüber T. A. 2, 2. S. 71—91. „Kunst- und Schatzkammern hoher
Potentaten, Chur-Fürsten und Herren."

[2]) Diese Notizen finden sich eingestreut in folgende Werke: Jacobus
Wimpfelingius. Epitome Rerum Germanicarum. ed. 1505. cap. 68, p. 60. (Deutsch

schriftliche Nachrichten waren fast gänzlich unbekannt, und an
das Studium von Urkunden dachte noch kein Mensch. Ein
hervorragendes Verdienst konnte sich darum bei seinen Zeitgenossen der Mann erwerben, der sie mit dem Leben und Wirken
der deutschen Künstler bekannt machte. Und dass dieser nur ein
Künstler sein dürfe, stand für die damaligen Zeiten fest,[1] denn
nur einem solchen traute man genügende Fähigkeit und Sachkenntnis zu, um über Künstler und Kunstwerke zu schreiben.
Im siebenzehnten Jahrhundert galt in Deutschland Joachim von
Sandrart als der einzig berufene Mann, eine solche Aufgabe zu
unternehmen. Als er sich in Augsburg sesshaft niedergelassen
hatte, konnte er auf eine reiche Vergangenheit zurückblicken, in
der er mit den höchsten Vertretern geistlicher und weltlicher
Würden in persönlichem Verkehr gestanden und zu den besten
Künstlern seiner Zeit in Italien und in den Niederlanden nahe
Beziehungen unterhalten hatte, der überdies mit den hervorragendsten Kunstkennern aller Culturländer in Berührung gekommen war und selbst als der grösste Maler Deutschlands

von Martin 1885 mit einer Einleitung versehen.) — Dr. Chr. Scheurl. Commentarius
de vita et obitu Antonii Kressi. Norimb. 1515. Abgedruckt bei Passavant, le
peintre graveur. — Joh. Cochlaeus. Cosmographia Pomponii M. mit Anhang: brevis
Germaniae descriptio 1511. — Vincenz Steinmayr. Holzschnitte berühmter Meister.
Frankfurt 1622. Vorrede. — Beatus Rhenanus. Rerum Germanicarum libri tres.
Basileae 1531. S. 147. 186. — Joachim Camerarius. Praefatio zu dem Opus
Dureri de Symmetria corporis humani. Nürnberg 1532. Theilweise abgedruckt
bei Adolf Rosenberg, S. und B. Beham. S. 158. — Walter Rivius. Vitruv teutsch
1548, fol. XXI, V. — Bernhard Jobin. Strassburger Buchhalter gab des Onuphrius
Panvinius, Accuratae effigies pontificum maximorum in deutscher Uebersetzung
von Fischart heraus mit dem Titel: „Eygenwissentlichen und wolgedenkwürdigen
Conterfeytungen oder Antlitzgestaltungen der Römischen Bäbst." Strassburg 1573,
und schrieb dazu eine Vorrede. — Daniel Specklin. Architekturen der Festungen,
wie die zu unseren Zeiten mögen erbauen werden. 1589. — Matthias Quad.
Teutscher Nation Herrlichkeit. Cöln. 1609. p. 426. — Charles Patin schrieb zu
einer späteren Ausgabe des Desiderius Erasmus „Laus stultitiae" ($\mu\omega\rho\iota\alpha\varsigma$
$\dot{\epsilon}\gamma\chi\dot{\omega}\mu\iota o\nu$) eine Vita Holbenii und einen Index operum Holbenii. Basel. 1676.
— Vergl. Springer. Bilder aus der neueren Kunstgeschichte. 2. Aufl. 1886.
Bd. II. S. 4--8 u. 39.

[1] Vergl. T. A. I, 3. Vorrede S. 56b. Randbemerkung: „Niemand, als ein
perfecter Mahler kan von der Mahlerey schreiben", ferner T. A. I, 1. Vorrede S. 5b.
„Weil mit dergleichen Beschreibung, insonderheit unserer Teutschen Nation,
niemals von selbst-erfahrner Hand genugsame Beyhülfe geschehen, als habe ich
deren zu Ehren, und den Kunstliebenden zu Dienste, diese Mühwaltung über mich
nehmen wollen."

gepriesen wurde. Vermöge seiner Bildung, seiner Weltkenntnis
und seines Kunstverständnisses schien Sandrart der richtige Mann
für ein solches Werk zu sein. Er entschloss sich zu dem
Schreiben der Künstlerbiographieen, wie er auf dem Titel sagt,
„auf inständiges Erinnern hoher und vornehmer Personen"[1]) und
äussert sich ausführlicher darüber in einer der Vorreden (T. A. I, 3.
56 b), indem er betont, dass er „auch viel Jahre eher, von unterschiedlichen hohen Potentaten und Fürsten, fürnehmen Geist-
und weltlichen Herren, und besonderlich jetzt-florirenden vortrefflichen Gelehrten und Kunstliebenden unendlich hierum sei
ersuchet und angesprochen worden." Sandrart ist sich der
Schwierigkeit seines Unternehmens bei dem Fehlen aller Vorgänger wohl bewusst (die vorher angeführten sind ihm sämmtlich
unbekannt), und hofft, dass ihm der Lohn für die vielen Mühen
seiner Arbeit nicht ausbleiben werde. In der Vorrede zum
dritten Buch des zweiten Theils lässt er sich darüber wie folgt
aus: T. A. II, 3. 211/212. „Indem ich aber hiermit der berühmtesten Teutschen Mahlere Academie oder Buch vor mich genommen, werde ich verhoffentlich, wegen dieser meiner sehr
grossen und auf vielfältige Weise schweren Arbeit, von Niemand
einigen Undank erlangen." Aber Sandrart macht sich seine
Aufgabe auch nicht leicht, denn er glaubt sich nicht allein darauf
beschränken zu dürfen, der deutschen Künstler Leben und Wirken
zu schildern; war ja doch in deutscher Sprache überhaupt noch
nicht in umfassender Weise eine Einführung in das Gebiet der
Kunst geschrieben worden, und war ferner bei der nicht so
allgemein verbreiteten Kenntnis fremder Sprachen das Leben der
grossen italienischen und niederländischen Künstler in Deutschland noch ziemlich unbekannt. Darum erweitert er den Plan,
der aus der ursprünglichen Veranlassung seines Unternehmens
hervorging, und giebt „allen Kunst und Tugendliebenden zu
Ehren und Nutzen" sowohl eine theoretische und praktische Einführung in die drei Hauptgebiete der Kunst, als auch die
Lebensbeschreibungen der Künstler aller Völker und Zeiten,
soweit er von diesen Kenntnis erlangen konnte. Dass ein solches

---

[1]) Aehnliches sagt Sandrart in der ersten Vorrede T. A. I, 1. S. 6a/b.
„Demnach verhoffe ich, der günstige Leser werde diese meine Wolmeinung genehm-
halten, weil ich damit auf nichts anders abgesehen, als allein dieser edlen Kunst-
und Profession-Liebenden, auf vieler so vielfältiges Verlangen und inständiges
Begehren, so viel mir möglich, ein Genügen zu thun."

für die damalige Zeit grossartiges Unternehmen mit sehr bedeutenden Mühen und Kosten verbunden war, musste jeder Leser erkennen, und Sandrart unterlässt auch nicht, so oft sich die Gelegenheit bietet, rühmend darauf hinzuweisen. So sagt er in der Vorrede zum dritten Buch des zweiten Theils (T. A. II, 3. S. 212 b) „Letzlich wird der vernünftige Leser selbst leichtlich abnehmen können, was grosse Müh und Arbeit ich etliche Jahr nach einander in diesem Werk angewendet, indem ich, mit Hindansetzung aller meiner andern Functionen, einig und allein die Zeit mit Zeichnen für die Kupferstecher, und mit dem beschwerlichen Schreiben und corrigiren zugebracht, geschweige der unglaublichgrossen baaren Ausgaben, weil ich nichts gesparet, sondern ihme zu lieb und gut mir diese Sache höchst-eiferig angelegen seyn lassen." Von dem hohen Verdienst seines Unternehmens ist Sandrart durchdrungen und er ist auch fest davon überzeugt, dass er seine Aufgabe in hervorragender Weise gelöst hat. Am Schlusse der Biographieen bringt er seinem Werk ein begeistertes Lob, indem er sich mit den stolzen Worten des Horaz rühmt: „Exegi monumentum aere perennius, Regalique situ Pyramidum altius." (T. A. II, 3. 372 b.)

Das Buch, auf dessen Abfassung Sandrart so viel Zeit und Mühe verwandt hat und von dessen Wert für die Zeitgenossen und die späteren Geschlechter er durchdrungen ist, soll auch schon durch seine äussere Erscheinung den Stempel seiner Bedeutung tragen. Es erscheint nicht in dem bescheidenen Gewand, worin Vasari und Mander ihre Biographieen veröffentlichten, sondern es tritt auf als ein Prachtwerk in grossem Format und Druck und mit einer bedeutenden Anzahl von Kupferstichen ausgestattet. Die Teutsche Academie hatte denn auch bei den Zeitgenossen hervorragenden Erfolg, und man nahm keinen Anstoss daran, dass der grösste Theil des Inhalts fremden Werken entlehnt war. Ja sogar, wodurch für uns das Werk noch heute seinen Wert hat, Sandrarts eigene Mittheilungen scheinen nicht einmal der erste Grund seines Erfolges gewesen zu sein, denn noch Houbraken sagt über die Teutsche Academie „es ist ein ruhmwürdiges Werk, welches, abgesehen von den neuen Zusätzen und den zahlreichen Kupferstichen, allein hinreicht, seinen (Sandrarts) Namen jenen der denkwürdigen Männer anzureihen." (Arnold Houbraken. De groote Schouburgh. 1718—21. Deutsch von Wurzbach. S. 123.)

4

In der Anlage des anfangs ohne Fortsetzung geplanten Bandes der Teutschen Academie vom Jahre 1675 folgt Sandrart den Vorbildern Vasari und Mander. Vasari hatte als Einleitung zu dem Gesammtwerk ein proemio vorausgeschickt, in dem er eine zu seiner Zeit beliebte Abhandlung über den Rangstreit der drei Schwesterkünste Architektur, Skulptur und Malerei darbot, sodann folgte bei ihm ein technisch-ästhetischer Traktat über die Grundregeln dieser drei Hauptgebiete der Kunst. Von diesem übernimmt Sandrart dieselbe Anordnung zugleich mit einem grossen Theil des Inhalts, den er noch mannigfach erweitert und durch beigefügte Abbildungen erläutert. Seine Biographieen hatte Vasari bekanntlich mit wenigen Ausnahmen auf die der italienischen Künstler beschränkt, diese selbst nach drei grossen Zeitperioden gegliedert und einem jeden der hierdurch gebildeten drei Theile je ein proemio vorausgeschickt. Mander, der die Biographieen des von ihm hochverehrten Italieners in abgekürzter Uebersetzung in sein Schilderboeck aufnimmt, befolgt jedoch eine andere Anlage. Er schickt dem biographischen Theil nur ein Lehrgedicht über die Malerei voraus und gliedert seine Lebensbeschreibungen nicht nach Zeitperioden, sondern nach Nationen in drei Theile; der erste Theil behandelt die antiken Künstler, der zweite die Italiener, der dritte die Niederländer. Von dem Letzteren übernimmt Sandrart zugleich mit dem gekürzten Text auch die Gliederung des biographischen Theils. Anstatt jedoch einen vierten Theil, enthaltend die Biographieen der deutschen Künstler, abgeschlossen hinzuzufügen, fasst er die Biographieen der Niederländer und Deutschen unter dem dritten Theil zusammen, indem er den Titel entsprechend verändert. Mander hatte in sein Schilderboeck nur die Maler aufgenommen, Sandrart aber giebt auch das Leben der Architekten, Bildhauer, Kupferstecher und der Kleinkünstler, und benutzt da, wo Mander diese in den älteren Quellen behandelten Künstler auslässt, jene Quellen unmittelbar. Auch die Künstler Frankreichs nimmt Sandrart in sein Werk auf, doch ebenfalls nicht in einem besonderen Theil, sondern am Schluss des dritten Theils in zwei getrennten Kapiteln. Die Ordnung, in der die einzelnen Biographieen der Künstler einander folgen, ist bei Sandrart durchaus nicht nach einem bestimmten Plan durchgeführt, nur ganz im Allgemeinen ist eine chronologische Folge bemerkbar, doch werden oft genug dagegen Verstösse gemacht. In der Regel sind mehrere Biographieen unter einem Kapitel zusammengefasst, aber für diese Gruppirung ist nur bei einzelnen Kapiteln ein bestimmter Gesichtspunkt geltend gemacht; für das ganze Werk bedeutet diese Eintheilung keine Erleichterung, sondern sie zeigt sich durch die Weitschweifigkeit der Ueberschriften nur als unnützer Ballast.

Als der erste Band der Teutschen Academie im Jahre 1675 herauskam, hatte Sandrart noch nicht die Absicht, eine Fortsetzung folgen zu lassen; dies beweist eine Aeusserung in einer der Vorreden T. A. II, 1. S. 10 b, wo er sagt: „Was von den andern Künsten zu sagen noch übrig ist, überlasse ich den verständigen Architectis und Bildhauern: massen ich mir schon genug, ja mehr als zu viel, aufgeladen, und hiermit diese Reise antrette, die ich, mit Göttlicher Verleihung, wol zu vollenden verhoffe.“ Damals plante jedoch Sandrart schon sein Werk über antike Statuen vom Jahre 1680[1]), denn er sagt nach einer Aufzählung antiker Skulpturen im technisch-ästhetischen Theil T. A. 1. 2. cap. IV. S. 41 b: „Womit wir vor diszmal, aus Mangel der Zeit, von dieser Materie ein Ende machen: bey versprochen, künftig die übrige antiche berühmteste Statuen gleichfalls in Kupfer bringen zu lassen, und dabey mehrern Bericht hiervon mitzutheilen.“ Es lässt sich daraus erkennen, dass er schon bei Drucklegung des ersten Bandes von antiquarischen Interessen gefangen genommen wurde; ein Jahr darauf (1676) sticht schon Richard Collin einige Zeichnungen nach antiken Statuen, die dem zweiten Haupttheil der Teutschen Academie und den „Admiranda sculpturae veteris“ einverleibt wurden. Sandrart lebte seit 1672 in Nürnberg, in welcher Stadt nach dem Zeugnisse seines Zeitgenossen Charles Patin[2]) damals ein hervorragendes Interesse für die erhaltenen Reste antiker Kultur verbreitet war. Von dieser Bewegung wurde auch unser Künstler-Biograph erfasst, er vertieft sich in die Studien antiquarischer Gelehrsamkeit

---

[1]) Sculpturae veteris admiranda s. delineatio perfectissim. statuarum Norimb. Frohberger. 1680. fol.

[2]) Charles Patin, Relations historiques et curieuses de voyages, en Allemagne, Angleterre, Hollande, Boheme, Suisse etc. Par Charles Patin, Docteur de la faculté de Paris, seconde édition. a Lyon, Chez Claude Muguett tue Merciére au bon Pasteur. MDCLXXVI avec permission. p. 180. „ce qui m'y plait davantage (à Nuremberg), c'est que la curiosité y est à la mode, elle y tient lieu de propreté e d'ajustement, on l'y connoit assez, mais on l'y aime infiniment.“

und zeigt durch den Inhalt des zweiten Bandes der Teutschen
Academie, sowie durch den der hierauf folgenden Publikationen,
dass er die Führung jener Strömung der Geister Nürnbergs übernommen hatte.

Sandrart wurde zu einer Fortsetzung des Werkes von 1675
„inständig belanget und angefrischet", aber nicht weil der für
uns bedeutendste Theil des Inhalts dieses Bandes, die Künstlerbiographieen, den Erfolg seiner Arbeit hervorgerufen hätten,
sondern weil seine Leser, wie er sagt (T. A. 2. 2. S. 91 b), „ob
sie wol mit ihren schweren Kosten und Gefahr, viel Jahre zu
Rom und Italien sich aufgehalten, sie dennoch zu ihrer Wissenschaft und Lehr nicht so viel erfahren mögen, als durch Ueber-
lesung unseres Ersten Buches." Das was dort über die Kunstschätze Roms mitgetheilt wurde, hatte das meiste Interesse bei
den Zeitgenossen hervorgerufen. Schon hierbei hatte Sandrart
(T. A. 1. 2. S. 34a) sein Bedauern darüber ausgesprochen, dass
den Deutschen, die nicht nach Italien reisen können, die Gelegenheit genommen sei, sich der Kunstschätze Roms zu erfreuen,
und darum, um hierfür einigermaassen Ersatz zu bieten, hatte er
dem ersten Bande eine Auswahl antiker Skulpturen in Abbildungen
eingefügt, seinen Landsleuten „dieselben abwesend vorstellig zu
machen." Während Sandrart den Inhalt des ersten Bandes vornehmlich dem Andenken der Künstler gewidmet hatte und nur
gelegentlich in dem theoretischen Theil den antiken Kunstwerken
eine Stätte einräumte, giebt er in dem zweiten Haupttheile von
1679 nur zum geringsten Theile eine Fortsetzung der Biographieen,
vielmehr stellt er sich darin in den Dienst eines überwiegenden
Interesses der zahlreichen Sammler Deutschlands. Diese wandten
damals mindestens in gleichem Maasse, wenn nicht in höherem,
wie den Werken der reinen Kunst den Kuriositäten und Anticaglien ihre Sammellust und ihren Wissenstrieb zu, und nicht
die ästhetische Wertschätzung der Kunstwerke lenkte ihren
Sinn, sondern das rein historische Interesse. Die höchste Blüte
dieses Interesses war die antiquarische Gelehrsamkeit, sie feierte
im siebenzehnten Jahrhundert ihre grössten Triumphe. Die
Früchte dieser antiquarischen Gelehrsamkeit, die zumeist in dem
Auslande ihre Pflege fand, bot Sandrart in dem zweiten Haupttheil der Teutschen Academie seinen Lesern. Doch wandte er
sich weder ausschliesslich noch in erster Reihe an die Gelehrten,
und darum erschien auch dieser Band in deutscher Sprache.

Der Zusammenhang mit dem ersten Bande wird nur äusserlich gewahrt, indem das ganze Material analog der Eintheilung des theoretischen Theiles nach den drei Gebieten der Kunst: Architektur, Skulptur und Malerei gruppirt wird. Einleitend gehen jedem Gebiet technisch-ästhetische Abhandlungen voraus, in denen an jene des theoretischen Theiles im ersten Bande angeknüpft wird, öfters werden sogar frühere Abhandlungen wiederholt. Es folgen dann Themata des mannigfachsten antiquarischen Inhalts. Auf eine genaue Unterordnung der einzelnen Gebiete unter die drei Gruppen wird darin nicht geachtet, so sind z. B. die Gemmen im ersten Bande bei der Skulptur, im zweiten bei der Malerei untergebracht, auch sind die Abhandlungen unvermittelt nebeneinander gestellt, wie in den Thesauren von Graevius und von Gronovius. Gelegentlich wird eine Rechtfertigung des beigebrachten Materials versucht, so führt Sandrart als Grund an dafür, dass er die Biographieen der ersten zwölf römischen Kaiser in das Werk aufnimmt: „Weil, unter den XII ersten Römischen Kaysern, alle gute Künste in hohes Aufnehmen gekommen, als ist für billig erachtet worden, dass deren Bildnusse so gut sie in Rom unter den Antichen zu finden, neben der Beschreibung ihres Lebens, dieser Kunst Academie einverleibet würden." Jeder Abhandlung ist eine Anzahl Abbildungen beigegeben, ja auf diese wird grösserer Wert gelegt als auf den Text, sie sollen dem Deutschen, der Italien nicht selbst sehen kann, ein Schattenbild der alten Roma vor Augen führen: „Roma, quanta fuit, ipsa Ruina docet" schreibt er auf ein Blatt, welches antike Bautrümmer und Statuenreste in malerischer Unordnung durcheinandergeworfen zeigt. Der zweite Haupttheil charakterisirt sich im Gegensatz zum ersten Bande als Abbildungssammlung mit begleitendem Text; im Zusammenhang mit jenem stehen nur die Beschreibungen moderner Palast- und Wasserbauten und deren Abbildungen, der Katalog der Schatzkammern und die Fortsetzung der Künstlerbiographieen.

Im Jahre 1683 liess Sandrart eine von Christian Rhod verfertigte lateinische Uebersetzung der Teutschen Academie unter dem etwas geänderten Titel: Academia picturae eruditae erscheinen; weniger wohl aus dem Grunde, weil die lateinische Sprache die der Gelehrten war, als vielmehr in der Absicht, seinem Werke auch im Auslande Absatz zu verschaffen. In dieser Uebersetzung

beschränkt sich aber Sandrart lediglich auf die Künstlerbiographieen unter Vorausschickung des kurzen theoretischen
Theils über die Malerei, jedenfalls weil die Künstlerbiographieen
noch am ersten selbständigen Wert hatten, da sie vielfach eigene
Mittheilungen des Schriftstellers enthielten. Für uns würde die
lateinische Ausgabe ohne Wert sein, wenn nicht Sandrart
mehrfach deren Biographieen mit Zusätzen versehen hätte und
ihnen gegen den Schluss des Werkes eine Anzahl früher nicht
veröffentlichter Biographieen hinzugefügt hätte. Die Zusätze,
die Sandrart giebt, beziehen sich fast ausschliesslich auf Künstler
seines Jahrhunderts, während er mehrfach die Biographieen der
älteren Künstler in der Uebersetzung abgekürzt hat (z. B. Michel
Angelo und Tizian).

Auf eine planmässige Vervollkommnung seines Werkes hat
Sandrart auch nicht in dieser letzten unter seiner Leitung ent-
standenen Ausgabe Wert gelegt. Die Reihenfolge der Kapitel
des theoretischen Theiles ist willkürlich geändert, in der Anordnung und Reihenfolge der Biographieen ist nichts gebessert
worden. Im Gegentheil. Nicht einmal die beiden Nachträge,
die Sandrart zu den Biographieen im ersten und im zweiten
Bande giebt: T. A. II, 3. S. 373 „Zugabe" und T. A. 2, III. S. 68
„Ehren Gedächtnus: das ist Leben und Kunst-Beschreibung der
übrigen Virtuosen", nicht einmal diese sind an entsprechender
Stelle eingeordnet, sondern in dem Schlusskapitel der lateinischen
Ausgabe zugleich mit dem dritten Nachtrage der neu hinzugefügten Biographieen untergebracht. Natürlich ist auch T. A. II. 2.
Kapitel XXI. in dem die Künstler, die in Italien 1675 noch
lebten, besprochen waren, in der Uebersetzung von 1685 genau
so ohne Ergänzung übersetzt. Ebenso sind von Sandrart einzelne
falsche Angaben und Druckfehler meist unberichtigt geblieben.
Beispielsweise hatte 1675 Sandrart gedruckt, Salvator Rosa soll
noch in Rom sein und er übersetzt dieselbe Notiz noch 1683,
nachdem dieser schon zehn Jahre todt war. In gleicher Weise
hatte Sandrart 1675, in dem Todesjahr von A. Diepenbeck, über
diesen geäussert „hoffentlich wird er noch leben", und er übersetzt dies genau so 1683. Ueber Jordaens hatte Sandrart 1675
angegeben, „er lebt zu Antorf im 78. Jahre seines Alters"; das
bringt die Uebersetzung des Jahres 1683 genau so wieder,
obgleich er doch wohl, wenn er nicht inzwischen verstorben wäre,
hätte älter geworden sein müssen. Die gleiche Beobachtung ist

bei Du Quesnoy und mehrfach zu machen, nur äusserst selten
wird eine solche Zeitangabe richtiggestellt.

Die lateinische Ausgabe hat also für uns keinen selbständigen
Wert. Wir müssen immer die beiden deutschen Ausgaben
zuerst ansehen, und wir können von der lateinischen Ausgabe
nur die in Kapitel III bezeichneten wenigen Zusätze und neu
hinzugefügten Biographieen benutzen.

In der Ausstattung der lateinischen Ausgabe durch Kupfer-
stichtafeln beschränkt sich Sandrart im Wesentlichen auf die
Künstlerbildnisse. Der theoretische Theil ist fast völlig frei von
Abbildungen; neu hinzugekommen sind hier die beiden Kupferstiche nach der Aldobrandinischen Hochzeit. Zu den Künstler-
bildnissen sind am Schlusse des Werkes noch vier neue Tafeln
hinzugefügt, worauf auch jedesmal im lateinischen Texte verwiesen
ist. Hierüber ist das Verzeichnis in Kapitel XIV zu vergleichen.

Bei eingehender Prüfung des Inhalts der drei Bände der
Teutschen Academie findet man, dass hierin in überwiegendem
Maasse die Resultate fremder Forschungen und fremden Fleisses
dargeboten werden. Die beiden ersten Bände erschienen nicht in der
damals üblichen Sprache der Gelehrten, der lateinischen, noch auch
in der Sprache des jedesmaligen Originaltextes, sondern in deutscher
Uebersetzung. Das ganze Werk wendet sich auch keineswegs an die
Gelehrtenwelt, sondern an die Freunde der Kunst und die Dilet-
tanten der Wissenschaft. Solcher Leute, die man zu Sandrarts Zeiten
„curiose Herren"[1] nannte, gab es sehr viele in Deutschland; sie
waren theils wohlhabende Privatleute (particuliers), theils adelige
und geistliche Herren, in hervorragender Weise huldigten aber
dieser Geschmacksrichtung die deutschen Fürsten. Man suchte
mit seinem Wissen alle Gebiete zu berühren und legte zu diesem
Zwecke zunächst Sammlungen an von Büchern, Bildern, Medaillen,
Raritäten, Instrumenten, Naturalien und sonstigen Dingen; ein
Jeder sammelte natürlich nach seinem Geschmack das, was ihn
am meisten interessirte, aber als die wichtigste und nützlichste
Sammlung galt unter den Gebildeten die Vereinigung einer
Bibliothek mit einer Gemäldesammlung und einem Münz- und
Medaillenkabinet. Was man in Büchern liest über das Leben der
Vergangenheit erhält erst volle Bestätigung und greifbares Dasein
durch die Darstellungen in Bildern, Münzen und Medaillen, durch

[1] Vergl. T. A. II. 3. S. 295 b, 337 b.

den Besitz der letzteren hinwieder wird man auf das Studium
der Bücher hingewiesen. Aber das Studium soll kein anstrengendes
sein, sondern mehr zur Erholung und zur Ergötzung dienen:
der Particulier, der vornehme Herr und der hochgeborene Fürst
sollen ohne die Schwierigkeiten mit den Zeiten der Vergangenheit
vertraut werden, die in dem Studium der umfangreichen und
Specialkenntnisse voraussetzenden wissenschaftlichen Werke
liegen.[1]) Wie sehr musste ein Schriftsteller dem Geschmack aller
Sammler entsprechen, der in einem einzigen Werk ihnen alle
erforderlichen Kenntnisse auf leichte Weise vermittelte, indem
er in einem allen verständlichen Text die nötigen Mittheilungen
machte und diese durch Abbildungen der besten Zeugnisse der
Vergangenheit, der hervorragendsten Gegenstände berühmter
Kabinete bekräftigte. Mochte dieser Schriftsteller immerhin die
wissenschaftlichen Werke zu seinem Zwecke in beliebiger Weise
plündern, mochte er auch selbst nicht einmal Gelehrter sein,
darum blieb doch sein Verdienst um die Sammler unbestritten.
Wer konnte auch Sandrarts Spuren überall nachgehen, wer konnte
ihn jedesmal des Plagiats beschuldigen, wenn er fremdes geistiges
Eigentum als sein eigenes ausgab? Die wissenschaftlichen Werke
des Auslandes waren in Deutschland nicht so sehr verbreitet,
dass man sie so leicht zum Vergleich hätte heranziehen können,
das Benutzen fremder Quellen ohne Kenntlichmachung der Herkunft war im 17. Jahrhundert noch häufig. Und wenn auch
bekannt wurde, dass Sandrart das eine oder andere Werk benutzt
hatte, so konnte er doch sicher sein, dass bei der Masse des
zusammengetragenen Materials sein Ansehen ungeschmälert blieb.

[1]) Vergl. Introduction à l'histoire par la conoissance des Medailles, par
Charles Patin. Paris. 1665. 12⁰. Préface.

V.

Charakteristik der antiquarischen Bestandtheile der drei Bände.

Dem weitverbreiteten Interesse der Sammler an antiquarischer Gelehrsamkeit macht Sandrart schon in dem theoretischen Theil des ersten Bandes Konzessionen, und man muss anerkennen, dass er für die damalige Zeit eine glückliche Auswahl getroffen hat, wennschon das Beigebrachte nicht unbedingt für diesen Theil als erforderlich erachtet werden kann. Noch heute ist für die Wissenschaft von hohem Wert die ikonographische Publikation des Fulvius Ursinus. Dieser hatte im Jahre 1570 auf Veranlassung des Verlegers Antonio Lafreri eine Ikonographie veröffentlicht, zu der er selbst das Material schon Jahre lang gesammelt hatte, in welche aber auch einige Köpfe aus der Sammlung des Statius, die ein Jahr vorher bei demselben Lafreri erschienen war, eingereiht wurden. Ebenso sind in dieser ersten Publikation die Inschriften nicht immer richtig und am rechten Orte wiedergegeben. Diese erste mangelhafte Ausgabe war die Veranlassung zu der ungleich wichtigeren zweiten, die nach dem Tode des Ursinus [1] im Jahre 1598 bei Plantin in Antwerpen

---

[1] Illustrium Imagines ex antiquis marmoribus et gemmis expressae quae exstant Romae major pars apud Fulvium Ursinum. Theodorus Gallaeus delinebat, Romae ex Archetypis incidebat Antverpiae 1598. 1. Bd. 4⁰. — Antverpiae ex officina plantiniana sumptibus Theodori Gallaei. — ed. altera Antv. 1606. Daran angebunden: Joannis Fabri Bambergensis, Medici Romani, in Imagines illustrium ex Fabii Ursini Bibliotheca, Antverpiae à Theodoro Gallaeo expressas Commentarius. ad ill. et rev. Dominum Cynthium Aldobrandinum Cardinalem S. Georgii etc. Antv. Plantin. ap. Jo. Moretum 1606. 4⁰.

erschien. und zu welcher Ursinus sehr sorgfältige Vorbereitungen
getroffen, auch eine Anzahl neuer Köpfe aus seiner eigenen
Sammlung und der seines Gönners Farnese hinzugefügt hatte.[1]
Als Stecher dieser Ausgabe nennt sich Theodor Galle; einem
Abdruck von 1606, der in Antwerpen bei Joh. Moretus erschien.
hatte der Arzt Johann Faber aus Bamberg einen Kommentar
zugefügt und diesen dem Kardinal C. Aldobrandini dediciert.
Sandrart übernimmt die Abbildungen dieser zweiten Ausgabe
und fügt sie in zwölf Miscellan-Tafeln den Abbildungen antiker
Statuen des theoretischen Theiles über die Skulptur hinzu. Bei
der Seltenheit der Ausgabe des Th. Galle würden diese Nachstiche bei Sandrart noch heute von Wert sein, wenn nicht
Sandrart es vermieden hätte, die Originalstiche vollständig und
in derselben Ordnung wiederzugeben, wenn er ferner die Inschriften der Medaillen regelmässig und genau wiedergegeben
hätte und wenn er endlich bei jeder einzelnen Abbildung die
Notizen über den Besitzer beigefügt hätte, wie sie in jener
zweiten Ausgabe enthalten sind. Doch hat er keinen Wert auf
eine genaue und vollständige Wiedergabe dieser wichtigen Abbildungssammlung gelegt und zudem die Köpfe in der Regel im
Gegensinne nachstechen lassen; allerdings sind die Köpfe selbst
getreu kopiert. Die Notizen über die Besitzer am Fusse seiner
Miscellan-Tafeln beziehen sich nur auf die beiden zu unterst
befindlichen Medaillen, in der Benennung der einzelnen Köpfe
folgt Sandrart jedesmal dem Original. Den Kommentar des
Faber hat er in diesem ersten Theil nicht übersetzt, dagegen
aber jedem Einzelnen der Dargestellten sehr geschmacklose Verse
angehängt, die vermutlich von ihm selbst stammen.

Diesen Miscellan-Tafeln hat Sandrart noch zwei weitere
hinzugefügt mit Abbildungen von Köpfen, die zum Theil der
Galleria Giustiniana nachgestochen sind, zum Theil der ikonographischen Sammlung des Giovanni Angelo Canini.[2] Ein
Schüler des Domenichino, war der letztere ein wenig hervor-

[1] Vergleiche C. Robert: Die angebliche Pyrrosbüste der Uffizien und die
ikonographischen Publikationen des 16. Jahrhunderts im Hermes Bd. XVII. 1882.
S. 140, 142, 145.

[2] Iconografia, cioè disegni d'Imagini de Famosissimi Monarchi, Regi. Filosofi,
Poeti ed Oratori dell' Antichità, cavati da Giovan Angelo Canini da frammenti etc.
data in luce con aggiunta di alcune Annotationi, da Marc Antonio Canini, fratello
dell' Autore. Rom. 1669. fol.

ragender Maler, dagegen zeigte er ein bedeutendes Talent zum
Zeichnen nach der Antike, und hatte nach langjährigen Be-
mühungen ein Werk von Bildnissen berühmter Helden der alten
Geschichte und Mythologie, die er von Gemmen, Medaillen und
Basreliefs nahm, zusammengebracht. Auf einer Reise nach Frankreich, die er in der Gefolgschaft des Kardinal Flavio Chigi unternahm, zeigte Canini sein Werk dem Minister Colbert, der ihn
veranlasste, es dem König vorzulegen, resp. zu dedicieren und mit
einer Widmung an Louis XIV. zu versehen.[1]) Gestochen wurden
die Bildnisse in Italien von Etienne Picart le Romain und
Guillaume Valet, hervorragenden Meistern ihrer Zeit. Während
Canini noch mitten in der Arbeit beschäftigt war, den Bildnissen
gelehrte Erklärungen beizufügen, ereilte ihn der Tod (1666),
und sein jüngerer Bruder Marc Antonio Canini setzte diese Erklärungen fort (zu Platte 62 und den folgenden) und gab das
ganze Werk im Jahre 1669 heraus. Das Werk wurde noch im
vorigen Jahrhundert neu verlegt und erfreute sich des gleichen
Ansehens, wie jenes von Ursinus-Galle.[2])

Diese Publikation benutzt erst in dem zweiten Haupttheil
Sandrart vollständig und fügt dort noch die früher nicht nach-
gestochenen Köpfe aus dem Werke von Ursinus-Galle hinzu.
Erst in dem zweiten Haupttheil übersetzt auch Sandrart die gelehrten Kommentare des Faber zu Ursinus und des M. A. Canini
zu der Sammlung seines Bruders.

Ein drittes ikonographisches Sammelwerk scheint Sandrart in
sein Werk aufgenommen zu haben, indem er zu den Biographieen
der Künstler der alten Welt Bildnisse von griechischen Künstlern,
Dichtern und Philosophen auf Miscellantafeln zum Abdruck gebracht
hat, doch war die Herkunft dieser Abbildungen nicht zu ermitteln.

Kleinere Excurse in das Gebiet antiquarischer Gelehrsamkeit sind in dem ersten Bande noch gemacht in den Beschreibungen antiker Fussbekleidungen und deren Abbildungen
(T. A. I, 2. S. 34; pl. bb u. cc), in Beschreibung und Abbildung
antiker Gemmen und Medaillen (T. A. I, 2. S. 40b u. 41a; pl. ee)
und antiker Instrumente (T. A. II, 1. S. 43/44, 47; pl. F und G),
letztere ungenau nachgestochen nach einer Kupfertafel der Sammlung des Lafreri, Speculum Romanae Magnificentiae.

---

[1]) Seine Biographie siehe bei G. B. Passeri. Le vite etc. in Roma morti
dal 1641 fino al 1673. Rom 1772.

[2]) Nach der französischen Ausgabe in der Leipziger Stadtbibliothek.

Zweimal giebt Sandrart in diesem ersten Bande der Teutschen Academie Auszüge aus Katalogen antiker Bildwerke
Roms. Das eine Mal am Schluss der Biographieen der alten
Künstler cap. VIII, T. A. II. 1. S. 48—51, doch konnte hierfür
der Quellennachweis nicht geführt werden: das andere Mal im
vierten Kapitel des zweiten Buchs des theoretischen Theils.
Nachdem darin Sandrart eine Erklärung der Statuenabbildungen
gegeben, fährt er dann S. 34b also fort: „Wir wollen uns aber
aufmachen, und mit den Augen und Gedanken ein wenig durch
die Stadt Rom spazieren: um ein und anders etwas genauer zu
betrachten." Es folgt dann ein Auszug aus dem Katalog des
Ulisse Aldrovandi[1], der in den Jahren 1556 bis 1562 vier
Auflagen erlebte, darin ist der Bestand der römischen Antiken
aus dem Jahr 1550 kurz aber sehr vollständig aufgezeichnet.
in der zweiten Auflage befinden sich einige unwesentliche
Ergänzungen. Dass sich in Sandrarts Auszug kein eigener
Zusatz antreffen lässt, darauf ist schon von Schreiber hingewiesen worden.[2] Sandrart begnügt sich damit, seinen Lesern
vom Jahre 1675 den Bestand der Antiken Roms vom Jahre 1550
vorzuführen, ja er giebt nicht einmal einen hauptsächlichen Auszug aus dem Katalog, sondern nur einen sehr oberflächlichen.
In demselben Kapitel sind dann noch einige wenige Antiken in
Rom beschrieben, sowie sehr summarisch die Antiken ausserhalb
Roms und ausserhalb Italiens erwähnt: das einzig Wertvolle
von diesen Notizen ist die Erzählung von Sandrarts Verhältnis

---

[1] Lucio Mauro Le Antichita de la Citta di Roma. Brevissimamente raccolte
da chiunque ne ha scritto, ò antico o moderno; per Lucio Mauro. che ha voluto
particolarmente tutti questi luoghi vedere; onde ha corretti di molti errovi, che ne
gli altri scrittori de queste antichità si leggono. Et insieme ancho di tutte le statue
antiche, che per tutta Roma in diversi luoghi, e case particolari si veggono, raccolte
e descritte, per M. Ulisse Aldroandi, opera non fatta pin mai da scrittore alcuno.
Con Privilegio. In Venetia. MDLVI. Appresso Giordano Ziletti all' insegna della
Stella. 12ª. Der Katalog des Aldrovandi ist dem Buch des Lucio Mauro angebunden
und hat fortlaufende Seitenzahlen. S. 155 ff. Cfr. Michaelis in der Arch. Ztg.
1876, p. 152; Jahrb. d. arch. Inst. 1890, p. 35 f. Michaelis weist nach, dass alles,
was bei Aldrovandi steht, einzig und allein auf das Jahr 1550 zurückgeht.

[2] Theodor Schreiber, Die antiken Bildwerke der Villa Ludovisi in Rom
S. 265 unter Zusätze und Berichtigungen. Wenn auch, wie schon Schreiber a. a. O.
sagt, Sandrart in seinem Verzeichnis der antiken Kunstwerke der Villa Cesi
durchaus die Reihenfolge bei Aldrovandi einhält, so ändert er darin doch sehr oft
vor und nach dieser Stelle die Reihenfolge der Statuen und lässt vieles nach Be-
lieben weg. Sandrart ist also hier sehr unzuverlässig.

zu Giustiniani und von dem Schicksal der Platten der Galleria Giustiniana, worauf später noch zurückgekommen wird.

Nicht aus antiquarischen, sondern aus technisch-ästhetischen Gründen sind die Abbildungen antiker Bautheile und antiker Tempel, sowie diejenigen antiker Statuen dem Rahmen des theoretischen Theiles eingepasst. Sie sollen den Zeitgenossen als Muster guten Baustils, als Muster vortrefflicher Skulpturen dienen. Für den heutigen Archaeologen sind sie wertlos, da sich die Architektur-Abbildungen sämmtlich und die Abbildungen der Statuen zum Theil als Nachstiche erweisen liessen.[1]) Auch hat das, was von den letzteren als Eigentum Sandrarts gelten kann, keinen Anspruch auf Beachtung, da von ihm niemals auf Maasse, Grösse, Ergänzungen und Fundort Rücksicht genommen wurde.

Während die Abbildungen antiker Bauten des ersten Bandes rein küntlerischen Bestrebungen ihr Dasein verdankten, entstand deren Fortsetzung im zweiten Band aus antiquarischen Rücksichten: Sandrart musste darum auch zu anderen Vorbildern sich wenden. Im ersten Bande war der Architekt Palladio für Sandrart die beste Quelle gewesen, jetzt müssen seinen geänderten Zwecken die Werke der römischen Antiquare und Fremdenführer dienen. Die Abbildungswerke, die auf Veranlassung der Antiquare entstanden, waren hervorgerufen von der Absicht, die der Zerstörung ausgesetzten und täglich bedrohten Monumente, sowohl vorhandene als auch neu aufgefundene, in der Erinnerung festzuhalten[2]): eingehende Notizen am Fusse jedes Blattes gaben Nachricht von dem Fundort, Standort und Zustand der Erhaltung des dargestellten Denkmals. Besonders um die Mitte des 16. Jahrhunderts hatte die wiedererwachte antiquarische Forschung angefangen, die antiken Bau- und Bildwerke Roms durch Abbildungen und Notizen für wissenschaftliche Verwertung zugänglich zu machen.[3]) In hervorragender Weise hatte der Verleger Antonio Lafreri durch Verbreitung einer grossen Menge von Einzelblättern dafür gewirkt, die antiken Denkmäler allgemein bekannt zu machen: diese Blätter wurden von ihm seit

---

[1]) Siehe das Verzeichnis der Kupferstiche.

[2]) Vergl. Theodor Schreiber über Flaminio Vaccas Fundberichte. Berichte der Sächs. Gesellschaft der Wiss. 1881. p. 43 ff.

[3]) Vergl. Matz, Mittheilungen über Sammlungen älterer Handzeichnungen nach Antiken in den Göttinger Nachrichten der kgl. Gesellsch. der Wissenschaften 1892. S. 45 ff.

1555 zu einem Werke vereinigt, dem Speculum Romanae Magnificentiae[1]), das von seinem Enkel Claude Duchet 1582/83 neu herausgegeben wurde. Das sehr selten vollständig anzutreffende Werk ist durch die getreue Abbildung einzelner untergegangener Monumente und durch die Notizen am Fussende der Blätter noch heute für die Wissenschaft wertvoll und muss auch in früheren Zeiten durch die Reichhaltigkeit seines Inhalts und die gewissenhafte Ausführung zu den besten jener Sammelwerke gerechnet worden sein. Darum wählt auch Sandrart zu seiner Teutschen Academie einzelne Blätter für den Nachstich aus, doch legt er auch hier keinen Wert auf genaue Wiedergabe der Inschriften und der Notizen am Fusse der Blätter.

Ein anderer Theil der Abbildungen antiker Bauten des zweiten Bandes ist nachgestochen nach den in Alessandro Donatis Stadtbeschreibung[2]) befindlichen Stichen, einzelne Blätter sind auch nach anderen Originalen nachgestochen. Ferner sind noch Abbildungen moderner italienischer Palast- und Wasserbauten zugefügt, die sich ebenfalls als Nachstiche erweisen liessen. Die so hergestellte Abbildungssammlung römischer Bauten wird noch vervollständigt durch Hinzufügung zweier Stadtpläne Roms, von denen der eine nach dem Plan des Pirro Ligorio nachgestochen ist, den Sandrart in dem oben angeführten Werk des Donati vorgefunden hatte. Der andere grössere Stadtplan ist ein Nachstich nach Falda da Valduggia.

In dem nachfolgenden Text werden die Architektur-Abbildungen in zwiefacher Hinsicht besprochen: von ihnen wird, wie Sandrarts Ausdruck lautet, sowohl eine „mathematische", als auch eine „historische Beschreibung" gegeben. In der ersten übersetzt Sandrart die Beschreibungen Palladios zu den entsprechenden Bauten und schickt ebenfalls nach diesem übersetzt

---

[1]) Speculum Romanae Magnificentiae, omnia fere quaecunque in urbe monumenta extant partim juxta antiquam partim juxta hodiernam formam accuratiss. delineata representans. — Accesserunt non paucae, tum antiquarum, tum modernarum rerum Urbis figurae nunquam antehac aeditae. Antonius Lafreri exc. Romae, gr. fol. s. a. — 2. Aufl. 1582—1585 von C. Duchet. — auch bei de Rossi. Reichhaltige Exemplare sind zu finden in der Kgl. Bibliothek zu München, der Universitätsbibliothek zu Heidelberg und im Kgl. Kupferstichkabinet zu Dresden.

[2]) Roma vetus ac recens utriusque aedificiis ad eruditam cognitionem expositis auctore Alexandro Donato e societate Jesu, tertio edita ac multis in locis vedum aucta et castigatior reddita, verum etiam figuris aeneis illustrata, superiorum permissu. Romae ex officina Philippi Rubei. 1665. 1. Bd. 4°.

einige technische Anweisungen voraus. In der zweiten übersetzt
Sandrart die Stadtbeschreibung des Donati mit gelegentlichen
Abkürzungen und unwichtigen Zusätzen. Die Wahl beider Schrift-
steller ist wieder eine gute.[1])

In dem der Skulptur gewidmeten zweiten Buche dieses
Bandes wird zunächst eine Fortsetzung der Abbildungen antiker Skulpturen gegeben, welche letztere dieselben Mängel auf-
weisen, wie die des ersten Bandes; auch ist eine moderne Statue,
ein Merkur des Du Quesnoy (pl. p) in die Sammlung aufgenommen.[2]) Wir werden uns darüber nicht wundern, wenn wir
uns daran erinnern, dass diese Statue schon vorher in Gall.
Giust. abgebildet war, woselbst ihr moderner Verfertiger genannt
ist, und dass auch Perrier in seine Abbildungs-Sammlung
(in 2. Auflage) den Moses des Michel Angelo aufnimmt, dass
Aldrovandi in seinem Antiken-Katalog die Werke des Michel
Angelo ebenso genau beschreibt, wie die antiken Bildwerke.
Warum sollte es nicht auch Sandrart gestattet sein, ein Werk
seines Freundes Du Quesnoy den antiken Statuen einzureihen, da
er diesen für den besten Bildhauer der Neuzeit hielt und ihn
höher schätzte als Michel Angelo. Nach Sandrarts Aussage wurde
sogar eine Statue jenes Künstlers von den Zeitgenossen für schöner
gehalten, als alle antiken und modernen Skulpturen. In dem
Text, der den Abbildungen folgt, ist nun keineswegs eine kunst-
geschichtliche oder ästhetische Würdigung der antiken Statuen
enthalten, sondern dieser Text besteht aus zusammengestellten
Notizen biographischen, historischen, mythologischen Inhalts über

---

[1]) Nach Jordan, Topographie der Stadt Rom im Altertum, 1, S. 90 „hat die
Geschichte der topographischen Litteratur von Ligorio und Panvinio bis auf Fea
im Ganzen und Grossen, was die wissenschaftliche Begründung und Beurtheilung
anlangt und mit Ausnahme einiger wichtiger Specialforschungen, nur von Stillstand
oder Rückschritt zu berichten: eine Erscheinung, die Niemanden verwundern wird,
der den gleichen Gang der antiquarisch-philologischen und epigraphischen Studien
in derselben Zeit verfolgt." S. 91 „Bis zur Mitte des 17. Jahrhunderts finden wir,
abgesehen von einzelnen nicht rein topographischen Arbeiten (denen des Lipsius und
Pancirolus), gelehrten und ungelehrten Bearbeitungen des kirchlichen Roms und
Guiden aller Art, nicht eine einzige nennenswerthe Schrift ausser des Alexander
Donatus († 1640) Roma vetus ac recens (zuerst 1638). Diese überragt die
Litteratur des Jahrhunderts unbedingt, was gründliche Gelehrsamkeit, selbständiges
Urtheil und grossentheils richtige Würdigung der Vorgänger anlangt; es ist eine
durchweg achtungswerte und noch jetzt brauchbare Leistung.

[2]) Ebenso ist die von Sandrart abgebildete Statue des Schleifers von Florenz
nach seiner Meinung modernen Ursprungs.

die nach Sandrarts Ansicht und der Ausicht seiner Zeit in den einzelnen Statuen dargestellten Personen. Diese Notizen sind bis auf einzelne Angaben über den Standort von Statuen wertlos, doch hat eine derselben von den Gelehrten genauere Beachtung gefunden: die Erzählung über die Entstehung des Schleifers von Florenz, den Sandrart für ein Werk des Michel Angelo hält.[1]) Dass die Erzählung selbst zuerst bei Sandrart aufzufinden sei, möchten wir bezweifeln, vielmehr annehmen, dass Sandrart sie zugleich mit den anderen Notizen der Abtheilung einem römischen Antiken-Katalog entnommen habe. Wie dem nun auch sein möge, so bleibt doch die Thatsache bestehen, dass zu Sandrarts Zeiten Michel Angelo für den Künstler jenes Werkes gehalten, und dass die in der Teutschen Academie wiedergegebene Erzählung von der Entstehung des Bildwerkes geglaubt wurde. In unseren Zeiten hat denn, nachdem zuerst Jacob Burckhardt Zweifel an dem antiken Ursprung der Statue ausgesprochen hatte, Gottfried Kinkel[2]) das Werk für ein modernes zu erklären und, gestützt auf die Erzählung bei Sandrart, als von Michel Angelo herrührend nachzuweisen versucht. Ihm gegenüber haben dann Dütschke und Michaelis die Zugehörigkeit der Statue zu den Werken der antiken Kunst festgestellt. In Folge dieser Untersuchungen blieb auf Sandrart ein doppelter Vorwurf häugen, einmal, dass er ein Anekdotenjäger sei, dann, dass sein Verständnis der antiken Kunst kein sehr bedeutendes gewesen sein müsse. Den letzteren Vorwurf hat man noch erhärtet durch den Hinweis auf die mangelhaften Abbildungen antiker Statuen, von denen besonders der falsch ergänzte Laokoon (T. A. I, pl. c) den Mangel jedes Stilgefühls zeige. Was zunächst diesen Punkt betrifft, so ist ein grosser Theil der Schuld dem „virtuosen" Stecher Thourneyser zuzumessen, wie ein Vergleich mit T. A II. 2. Platte bb zeigt: die von Richard Collin und Ambling gestochenen Blätter haben einen erheblich besseren Charakter. Auch ist wahrscheinlich, dass Sandrart die Zeichnung zu dem Stich des Laokoon nicht nach dem Original, sondern nach einem in seinem Besitz befindlichen kleinen Broncebguss verfertigte. (T. A. 2, II. S. 88 b.)

---

[1]) Die Litteratur ist angeführt von Overbeck. Geschichte der griechischen Plastik. Dritte Auflage. 1881. Bd. II, S. 346/7. Anm. 39.

[2]) Vergl. Gottfried Kinkel, Mosaik zur Kunstgeschichte. Berlin 1876. S. 57 ff. Arch. Ztg. 1876 S. 12 ff. (Dütschke), S. 153 (Michaelis) und Arch. Ztg. 1880 S. 11 ff. (Michaelis).

Im Uebrigen sieht man aus fast allen Stichen der Teutschen
Academie nach antiken Statuen, dass Sandrart doch ein besseres
Stilgefühl hatte, als die meisten gleichzeitigen und früheren
Urheber von Abbildungswerken nach antiken Skulpturen, und
dass er berechtigt war, gegen jene herben Tadel auszusprechen
(T. A. 1, S. 103a No. 19, sowie T. A. 2. II. S. 1 a/b). Freilich zeigt
sich auch bei ihm der Fehler der ganzen Zeit, dass er noch nicht
zu voller künstlerischer Anschauung, zu einer Unterscheidung der
einzelnen Stile und Typen der Antike durchgedrungen war; auch
erkennen wir aus seinen Aeusserungen, dass seine Verehrung
der antiken Skulpturen mindestens in gleichem Maasse vom
historischen Interesse diktiert war, als von der ästhetischen Wertschätzung der erhaltenen Reste. Wenn er auch in seiner Jugend
in Rom den antiken Statuen rein künstlerisches Interesse ent-
gegenbrachte und sie zu seiner Ausbildung eifrig studierte, so be-
wahrte er sich ja allerdings dieses Interesse auch für sein ganzes
Leben, doch gelangte er nicht zu einem eingehenderen Erfassen
des Wesens der antiken Kunst und er sah in seinem späteren
Lebensalter in Folge zeitgemässen Studiums antiquarischer Schriften
in ihnen fast allein Erkenntnisquellen des Lebens und der Geschichte des Altertums.

Aus dem gleichen Grunde liess Sandrart in demselben Buche
über die Skulptur einen Auszug aus einem Werkchen über antike
Musikinstrumente[1]) folgen und schloss daran noch eine Auswahl aus einer epigraphischen Sammlung. Wenn sich auch
die Herkunft der letzteren nicht ermitteln liess, so lässt sich
doch mit Sicherheit behaupten, dass Sandrart hier nichts Selbst-
ständiges darbietet; auf den geringen Wert der Abbildungen ist
in dem Verzeichnis der Kupferstiche an einem Beispiel hingewiesen. (pl. ff No. 5.)

Neben dem kunsttopographischen Interesse der Zeit, neben
dem Eifer, die erhaltenen Inschriften zu sammeln und zu ordnen,
war im 17. Jahrhundert das biographische und chronologisch-
historische Studium weit verbreitet. Die ersten Anfänge dieses
Studiums zeigen sich schon zu Beginn des 16. Jahrhunderts:
Andreas Fulvius giebt 1517 eine kleine Sammlung Bildnisse
heraus, in der Folgezeit werden grossartige Porträtsammlungen

---

[1]) Caspar Bartholinus Thom. fil. De tibiis veterum et earum antiquo usu
libri tres. Editio altera figuris auctior. Amstelaedami 1679. 1. Bd. 12°.

angelegt und chronologisch geordnet. Aus Köpfen, Münzen und Medaillen wird das Material zusammengestellt zu den Publikationen des Fulvius Ursinus und des Hubert Goltzius, diese Werke bilden dann die Grundlage für eine zahlreiche Reihe späterer Sammlungen und Studien. Besonders ist Goltzius die Veranlassung, dass die römischen Caesaren in Abbildungen mit begleitenden Biographieen in chronologischer Ordnung veröffentlicht werden. Aber auch er wird nur von dem Interesse der Zeit getragen, denn mit Vorliebe wurden die Porträts der ersten zwölf römischen Caesaren gesammelt; schon vor Goltzius und noch lange nach ihm werden Künstler beauftragt, diese Porträts anzufertigen und zwar in allen Kulturländern. Tomaso della Porta († 1568) verfertigte die lebensgrossen Büsten dieser Kaiser, die der Kunsthandel nach Spanien ausführte; Tizian malt die überlebensgrossen Vollbilder nach Münzen und antiken Statuen für den Herzog von Mantua, später erwirbt Karl I. von England noch elf von diesen und lässt von van Dyck das fehlende zwölfte, das des Vitellius, hinzumalen, um sie insgesamt in Whitehall aufzustellen. Im Schloss Ambras in Tyrol war eine gleiche Folge von dem Hofmaler des Markgrafen Carl von Burgau, Jacob Pfisterer, die auf Tizian zurückging. Für die Residenz zu München hatte Peter Candid ebenfalls die ersten zwölf Kaiser gemalt, die auch nach Tizian [1]) kopiert sein sollen; Egidius Sadeler [2]) hatte nach Tizian eine Blattfolge von Stichen herausgegeben. Im unteren grossen Saale des Augsburger Rathauses [3]) wurden die Brustbilder der zwölf ersten Kaiser aus Bronce aufgestellt: Joachim von Sandrart besass mehrere Kaiserbüsten als Zimmerschmuck (T. A. 2. 2. S. 89 a). Ausserdem existierte eine ziemlich umfangreiche Litteratur über das Leben dieser Kaiser, die von Porträtabbildungen begleitet und zum Theil auch in der Landessprache geschrieben war. Der Stoff war überall populär. Darum nimmt auch Sandrart eine solche Sammlung von Bio-

[1]) Siehe Repertorium für Kunstwissenschaft IX, S. 494.
[2]) Ebenso hatte Virgil Solis eine Blattfolge der ersten 12 Caesaren gestochen.
[3]) Siehe Curia Augustana Reipublicae, das ist ausführliche Beschreibung und Auslegung aller kunstreichen Gemähl, Stück und Taffeln, welche in dem Anno 1620 newerbaweten hochansehnlichen Rathhaus der weltberühmten kaiserlichen Reichsstadt Augspurg zu sehen erster Abdruck 1637. — Auss vornehmen und bewährten Authoren und Geschicht-Schreibern verfasst und zusammengetragen. Gedruckt bey Jacob Koppmayer. vierter Abdruck von 1687. kl. 4⁰. 38 Seiten. (Darin auch Nachrichten über Künstler und Kunstwerke.)

graphieen der zwölf Kaiser in seine Teutsche Academie auf; er
motiviert dies noch dadurch, dass er einleitend darauf hin-
weist, wie unter der Regierung dieser Kaiser alle schönen Künste
in Blüte gekommen seien. Der Sammlung sind die Bildnisse
der Kaiser beigegeben, die, wie der Text besagt, nach in Rom
befindlichen Statuen gezeichnet und gestochen sind; von einem
Kopf (dem des Sergius Sulpicius Galba) behauptet Sandrart, dass
er selbst die Zeichnung in Rom nach dem Original angefertigt
habe. Auf jedem der zwölf Blätter sind die Kaiserporträts umgeben von Abbildungen verschiedener Anticaglien, die in Zusammenhang gebracht werden mit dem Leben jedes dieser Kaiser;
auch diese scheinen nur nachgestochen zu sein. Die Anlage des
ganzen biographischen Werkes einschliesslich der Art der zwölf
Kupferstiche entspricht in auffallender Weise dem des Octavius
de Strada[1]), auch enthält der Text häufig gleichlautende Stellen,
jedoch ist Sandrarts Text vielfach erweitert; darum erscheint
die Annahme gerechtfertigt, dass Sandrart eine vielleicht
existierende spätere Ausgabe dieses Buches oder ein späteres von
jenem abhängiges Werk benutzt und auch diesem die Illustrationen
entlehnt hat.

Auch der letzte Bestandtheil dieses zweiten Buches des
zweiten Haupttheiles, der Katalog von „Kunst und Schatzkammern
hoher Potentaten, Chur-Fürsten und Herren" verdankt sein
Dasein einem Werke antiquarischen Inhalts. Der Pariser Arzt
Charles Patin, ein grosser Freund der Münz- und Medaillenkunde,
hatte nach seiner Flucht aus Frankreich auf grossen Reisen durch
Deutschland, Oesterreich, Holland, England und die Schweiz alle
Kabinete kennen gelernt und seine Erfahrungen ausser in Fachschriften in einem kleinen Werkchen[2]) niedergelegt, in welchem

[1]) Octavius de Strada, Aller Römischer Kayser Leben und Thaten. Früher
beschrieben von Octavius de Strada à Rosberg, jetzt erweitert von dem Sohne
gleichen Namens und verdeutscht. Frankfurt. 1618. fol. Erweiterte Uebersetzung
von: De vitis Imperatorum et Caesarum Romanorum etc. olim . . labore . . Octavii
de Strada à Rosberg Romani, nunc vero in gratiam etc. cura et impensis Octavii
de Strada à Rosberg Domini authoris piae memoriae filii et heredis. Frankfurt. 1615
bei Joh. Bringer. fol.

[2]) Charles Patin. Relations historiques et curieuses de voyages en Allemagne, Angleterre, Hollande, Boheme, Suisse etc. Par Carles Patin, Docteur
Medecin de la faculté de Paris. seconde édition à Lyon, chez Claude Muguet, tué
Merciére au bon Pasteur. 1676. (Erste Ausgabe von 1671 bei Faeton, von diesem
1674 das Recht des Druckes an Muguet cediert). Im ganzen enthält das Büchelchen

er die gesehenen Sammlungen von Anticaglien kurz beschreibt. Das sehr geistreich geschriebene kleine Buch zerfällt in vier Abschnitte, von denen jeder einem deutschen Fürsten gewidmet ist, und sucht seinen Leserkreis unter den Laien, denen in brillanten Excursen die Nützlichkeit des Studiums der Medaillen nahegelegt wird. Schon in dem ersten Band der Teutschen Academie hat Sandrart einmal eine Anleihe bei diesem Schriftchen gemacht, diesmal bietet es ihm Anlass und wertvolle Stütze zu seinem beschreibenden Verzeichnis deutscher Schatzkammern. Den bei Patin beschriebenen Medaillen und Kuriositäten fügt er selbst einige wenige hinzu, im Uebrigen aber beschreibt er meist nur Werke neuerer Kunst, worauf noch später ein- gegangen wird.

Der grössere Bestandtheil des dritten Buches über die Malerei ist ebenfalls wieder nach Werken antiquarischer Gelehr- samkeit übersetzt. Der Umstand, dass in einem römischen Fundbericht antike Wandmalereien angeführt und abgebildet waren, bot willkommenen Anlass, diesen der Teutschen Academie einzuverleiben. Im Jahre 1663 unter der Regierung des Papstes Alexander VII. war die Cestiuspyramide von dem sie um- gebenden Schutt befreit und wiederhergestellt worden und hier- bei waren Reste antiker Architekturen und Skulpturen, sowie Wandmalereien zu Tage getreten. Nach der Gewohnheit der römischen Antiquare, jedes neu auftauchende Werk antiker Kunst in Schrift und Bild aufzuzeichnen, hatte der Prälat Ottavio Falconieri, als er 1666 die erste Ausgabe von Nardinis „Roma antica" besorgte, in einem Anhang zu diesem Werk über die Reste antiker Kunst an und in der Pyramide Bericht gegeben.[1] Der Auszug, den Sandrart in Uebersetzung darbietet, ist nur sehr kurz und unvollkommen, grösserer Wert ist von ihm auf die Wiedergabe der Abbildungen gelegt. Wie willkommen ihm

vier Relations, die zu verschiedenen Zeiten geschrieben sind. 1re ded. à Son Altesse M. S. Frideric Auguste, Duc de Wirtemberg etc. 2me ded. à Son Altesse S. Heber- hard Duc de Wirtemberg et de Teck etc. 3me ded. à Son Altesse S. M. Sgr. Frederic Marquis de Bade-Dourlach etc. 4me ded. Son Altesse S. M. Sgr. Antoine Ulric, Duc de Bronzouic, de Lunebourg etc.

[1] Roma antica di Famiano Nardini. Rom 1666. 1. Bd. 4°. Daran an- gebunden: Discorso d'Ottavio Falconieri intorno alla Piramide di C. Cestio ed alle Pitture, che sono in essa, con alcune Annotazioni sopra un Iscrizione antica, appartenente alla medesima. 1661. Ueber Nardini vergl. Jordan Topogr. d. St. Rom im Altertum. Bd. 1. S. 91/92.

überhaupt eine Abbildungssammlung kam, das zeigt die Uebernahme der Porträtstichsammlung des Canini in die Teutsche
Academie. Denn obwohl er schon im ersten Bande die Sammlung
des Fulvius Ursinus fast vollständig in Nachstichen wiedergegeben
hatte, reproduziert er jetzt im zweiten Haupttheil das ganz gleich-
artige, aber noch umfangreichere Werk des Canini (s. o. S. 58):
ja die Köpfe, welche er früher aus der Sammlung des Ursinus
fortgelassen hatte, schiebt er jetzt ein. Die Kommentare des
Faber und der beiden Canini giebt er dazu in der Uebersetzung
wieder. Die Reihenfolge der Bildnisse bei Ursinus und Canini
ist absichtlich nicht eingehalten, um die Quelle zu verdecken,
keineswegs aber in dem Gedanken, eine systematische Ordnung
einzuführen.

Lediglich der Abbildungen halber sind dann noch zwei
weitere Abhandlungen antiquarischen Inhalts in das dritte
Buch aufgenommen. Die eine ist ein Traktat über antike Ge-
fässe, der nach Sandrart 1636 zu Basel in lateinischer Sprache
von einem Autor Namens Lazarus Bayfius herausgegeben wurde
(T. A. 2, 3. S. 88a). Die zweite und letzte Abhandlung endlich
ist ein Auszug aus dem umfangreichen Werk des Olaus Wormius [1])
über dänische Altertümer, in welchem u. A. kunstreich verzierte
Hörner beschrieben sind. Sandrart fügt diesem Auszug noch
einige wenige Nachrichten über antike Denkmale hinzu, die jedoch
nur durch eine Notiz über Giustiniana interessant sind.

Die Aufnahme aller dieser antiquarischen Studien in ein
populäres Prachtwerk des 17. Jahrhunderts muss uns einerseits
als Beweis dafür gelten, dass ein lebhaftes Interesse an der
antiken Welt über alle gebildeten Kreise Deutschlands verbreitet
war, andererseits aber erkennen wir aus dem Umstand, dass der
antiquarische Theil das Inhalts der Teutschen Academie mit verschwindend wenig Ausnahmen fremdes Eigentum ist, wie wenig
der schriftstellernde Künstler in der Lage war, eigene wissen-

---

[1]) Olaus Wormius. Danicorum monumentorum libri sex, e spissis anti-
quitatum tenebris et in Dania ac Norvegia extantibus ruderibus eruti ab Olao
Wormio, Medicinae in Acad. Haffn. professore publ. Hafniae apud Joachimum
Moltkenium Bibliopolam ibidem primar. A° MDCXLIII. — Das Titelblatt bez.
„Sereniss. Daniae Norvegiae et Regis sculptor Simen de Pas sculpsit. In liber V
die Abhandlung: „Aureum Cornu Danicum Quod jam possidet Serenissimus
Christianus Quintus Daniae Norvegiae etc. Princeps electus.“ — Das kl. Horn
abgebildet S. 389, die beiden grossen Hörner abgebildet S. 434/435. Das T. A. 2, 3.
p. 15 abgebildete Horn ist nicht bei Wormius.

schaftliche Forschung und selbständige Gedanken über die Antike
seinen Lesern darzubieten. Das Wenige, was sich mit Sicherheit
als Sandrarts Eigentum bestimmen lässt, darf bei der heutigen
Forschung kaum noch Anspruch auf Beachtung erheben, doch
wollen wir eine zusammenfassende Erwähnung der betreffenden
Stellen nicht unterlassen. Ueber den zeitweiligen Zustand der
der Zerstörung ausgesetzten antiken Baureste Roms geben zwei
Notizen Nachricht (T. A. I, S. 22a und 23b); einmal berichtet
Sandrart über das unglückliche Schicksal antiker Statuen beim
Transport (T. A. 2, II. S. 86b); Nachrichten von dem Auffinden
von Statuen befinden sich an zwei Stellen (T. A. I, 2. S. 24a;
2, II. S. 86b). Eine Aufzählung des Bestandes antiker Skulpturen
in Rom giebt Sandrart besonders zweimal (T. A. I, 2. S. 39ff.
und II. S. 48ff.: einzelne Erwähnung davon thut Sandrart an
mehreren Orten, indem er zumeist auch den Namen des Besitzers
angiebt: T. A. I, 2. S. 40a, T. A. 2, II. S. 5—14, 2. III. S. 91/92,
25b; sodann ausserhalb Roms T. A. I, 2. S. 40b, 41, 42/43,
T. A. 2, II. S. 71—91 (an verschiedenen Stellen), 2, II. S. 9a/b,
11b, 86b; in der letztgenannten Stelle ist zugleich auch eine
Notiz enthalten über das päpstliche Verbot des Handels mit
antiken Bildwerken. In Bezug auf die Abbildungen antiker
Skulpturen muss verwiesen werden auf das Verzeichnis der Kupferstiche der Teutschen Academie, sowie auf die darauf bezüglichen
Stellen des Textes. Von dem Studium und dem künstlerischen
Interesse an antiken Bildwerken erzählt Sandrart: T. A. I, 2.
S. 33b, 39b, 99b, 2, II. 5b, sowie 2. II. 1/2 (Vorrede). Endlich
bietet die Teutsche Academie an den verschiedensten Stellen
eingehende Nachrichten über Vincenzio Giustinianis Interesse an
der Antike, über seinen Antikenbesitz und die Veranstaltung des
Abbildungswerkes der Galleria Giustiniana und dessen Schicksal.

VI.

Charakteristik der technisch-ästhetischen Bestandtheile der drei Bände.

Ebenso wie der antiquarische Bestandtheil des Inhalts der Teutschen Academie fast ausnahmslos sich als Kompilation aus älteren Fachschriften erweisen liess, so zeigt sich auch Sandrart auf dem technisch-ästhetischen Gebiet unselbständig, obwohl er diesem in dem ersten Bande ein ganzes Buch einräumt, und auch in dem zweiten ihm mehrere Kapitel widmet. Am nächsten lagen ihm zur Benutzung der technische Traktat des Vasari über die drei Künste und des Mander Lehrgedicht über die Malerei. Aus den beiden Schriften, besonders aus der letzteren, nimmt er das für seinen Zweck geeignete heraus, indem er hierbei niemals eine genaue und vollständige Wiedergabe des Textes erstrebt. In einigen Punkten jedoch sucht Sandrart eingehendere Mittheilungen als Vasari und Mander zu machen und zieht dann einige weitergelegene Spezialquellen zur Benutzung heran. Auf dem Gebiete der Architektur verzichtet er in dem ersten Buch des ersten Bandes ebenso wie sein Vorgänger Vasari darauf, die rein technischen Fragen zu behandeln, da dieselben schon mit genügender Ausführlichkeit von Vitruv und Alberti erörtert worden seien, jedoch in dem ersten Buche des zweiten Bandes lenkt er auch auf diese sein Augenmerk. Sandrart folgt aber hierin nicht einem der beiden erwähnten Schriftsteller, ebensowenig wie er in Beschreibung der künstlerischen Formen der Architektur jenen gefolgt ist. Von der Benutzung L. B. Albertis [1]) ist er dadurch

---

[1]) L. B. Albertis Zehn Bücher von der Baukunst, ca. 1451 verfasst, posthum herausgegeben in lateinischer Sprache mit dem Titel auf der letzten Seite: Laus deo honos et gloria. Leonis Baptistae Alberti Florentini viri clarissimi de re Aedificatoria opus elegantissimum et quam maxime utile. 1485. fol. Vergl. darüber: Meyer, Allg. Künstler. Lex. 1, 194 u. 201. A. Springer, Bilder. 2. Aufl. I, 283 ff.

abgehalten worden, dass er für den ersten Band, in dem er nur
die äussere Erscheinung der Bauten zu würdigen beabsichtigte,
bei ihm nur Weniges darüber finden konnte. Dass er aber auch
den Vitruv[1]) nicht seinem Unternehmen dienstbar machte, dafür
lag der Grund darin, dass dieser das kanonische Ansehen, das
er seit Cesarianos italienischer Ausgabe von 1521 unter den
Architekten erlangt hatte, in der Folgezeit durch die Schriften
der grossen Theoretiker des sechzehnten Jahrhunderts, eines
Vignola, Serlio, Palladio und Scamozzi wieder einbüsste. Diesen
Umstand bringt Sandrart ausdrücklich zur Erwähnung, indem er
sagt (T. A. I. 1. S. 12a): „Ehe aber solches geschieht (sc. ehe
ich die fünf Säulenordnungen beschreibe), mus ich zuvor noch
dieses melden, dass ich in Beschreibung vorhabender Kunst-
Säulen, darum nicht allemahl bey des berühmten Vitruvii Meinung habe bleiben können, weil, nach seiner Zeit, die bässere
Erfahrenheit, und die Ausführung mehrer und grösserer Gebäude,
andern vortrefflichen Meistern gute Gelegenheit an die Hand
gegeben, diese Kunst noch höher zu erheben. Daher ihrer viele,
sowol aus den Schriften der berühmten Alten, als aus deren vor-
treflichen Gebäuen, wie auch von dem mit sonderbarem Geist
begabten und ruhmwürdigen Architecto, Andrea Palladio, manche
gute Lehren abgesehen, und ans Liecht gebracht: denen der
fleissige A. Bosse aus Paris, und mehr andere Preiswürdige Bau-
Künstlere nachgefolget. Aus denselben wird man auch dissorts
die fünf Ordnungen oder ganze Seulen, samt allen deren grossen
und kleinen Gliedern, auch Form und Zier, mit den Massen und
Zifern, aufs allergenäueste, eingerichtet, und darbey aller Orten
die bestmöglichst-deutliche Erklärung finden." Diese Quellenangabe Sandrarts ist nicht vollständig richtig, denn er benutzt
keineswegs Palladio und Bosse ausschliesslich; gerade das II. Kapitel „Von den fünferley Bau-Arten" ist ein sehr kompliziertes
Mosaik aus Vasari, Palladio, Serlio und Bosse. Palladio ist
jedoch neben Vasari seine Hauptquelle in diesem ersten Bande,
in dem zweiten sogar in noch viel ausgedehnterem Maasse. Wir
glauben den Grund dafür besonders darin zu finden, dass Sandrart,
der ein lebhaftes Interesse für die antiken Denkmäler empfand,

---

[1]) Di Lucio Vitruvio Pallione de architectura libri dece, traducti de latino in vul-
gare, affigurati: comentati (ab D. August. Gallo et D. Aloisio da Pirovano) et con mirando
ordine insigniti da Cesare Cesariano. Anno XV Julii 1521. Ann. fig. et tab. gr. fol.

in den Bauten des Altertums die besten Muster guter Architektur erblickte, und dass er bei Palladio die eingehendsten Studien der antiken Baureste vorfand. Palladio ist das Gewissen der späteren Zeit genannt worden, auf die maassvolle Schönheit seiner Bauten mochte Sandrart schon in seiner Jugend hingewiesen worden sein, als er in England mit Palladios Schüler Inigo Jones, dem Erbauer von Whitehall, vertraulichen Umgang pflegte und bald darnach in Venedig Palladios Kirchenbauten täglich vor Augen hatte.[1] Aus Palladios „Architettura" entnimmt Sandrart die Abbildungen und Beschreibungen antiker Bauten; für die Abbildungen der einzelnen Bautheile fand er in den sauberen Stichen des Abraham Bosse ein besseres Vorbild, als es die gröberen Holzschnitte bei Palladio sein konnten. Bosse selbst hatte seinerseits von Palladio und Scamozzi seine Abbildungen und Maassangaben entnommen.

Während sich Sandrart in dem ersten Bande der Teutschen Academie darauf beschränkt, nur von antiken Bauten die Gesamtkompositionen in Abbildung und Beschreibung zu veranschaulichen, von modernen Bauten aber nur Abbildungen von Details, von Arkaden und Portalen vorzuführen, räumt er in dem zweiten Theile auch der Baukunst der neueren Zeit eine Stelle ein. Hier knüpft er zunächst in glücklicher Weise an die Bauten der Antike an mit der Abbildung des Rundtempelchens von Bramante im Klosterhof von S. Pietro in Montorio, von dem Burckhardt[2] im Cicerone sagt: „In Composition und Durchbildung ist dies das erste Gebäude, das nach zwölfhundertjähriger Unterbrechung wieder ganz im antiken Geist und Stile errichtet wurde." Von kirchlichen Bauten folgt nur noch die Peterskirche in zwei Abbildungen mit Madernas Fassade und Berninis Kolonnaden. Dagegen widmet Sandrart eine grössere Anzahl von Abbildungen den italienischen Palast- und Wasserbauten; unter den Palästen befinden sich Bauten von Michel Angelo, Peruzzi und Vignola, dann aber auch solche von Dom. Fontana, Martino Lunghi,

---

[1] Es verdient auch darauf hingewiesen zu werden, dass die Baumeister des Nürnberger und Augsburger Rathauses sich von den Werken Palladios beeinflusst zeigen. Vergl. Springer, Textbuch. 1881. S. 321. Derselbe, Bilder aus der neueren Kunstgeschichte. 2. Aufl. 1886. Bd. II, S. 231 ff.

[2] Vergl. Burckhardt, Cicerone. 5. Aufl. II, 1. S. 214 f. Vergl. auch H. von Geymüller, Die ursprünglichen Entwürfe für Sanct Peter in Rom etc. Wien 1875. Text. S. 65.

G. A. de' Rossi. Vasanzio und G. M. Baratta, die abgebildeten
Wasserbauten sind zumeist Werke von Giacomo della Porta und
Giov. Lorenzo Bernini. Den letzteren führt Sandrart (S. 27a)
als Nachfolger des Bramante noch mit auf, er hat also offenbar
noch kein Urtheil gewonnen über den Unterschied der Barock-
bauten von den Bauten der Renaissance.

Es verlangt noch die Frage Beantwortung: warum führt
Sandrart seinen deutschen Lesern nicht die mittelalterlichen
Dombauten Deutschlands, warum ferner nicht den Otto-Heinrichs-
bau zu Heidelberg oder das Augsburger Rathaus vor Augen?
Auf den ersten Theil der Frage finden wir die Antwort, wenn
wir sehen, wie Sandrart in vollständiger Abhängigkeit von
Vasaris absprechendem Urtheil über die gothische Architektur
befangen ist und das Urtheil ausspricht: „In diesem Irrgarten
haben unsere alte Teutsche lang und viel gewallet, und solches für eine Zier gehalten: wie dann fast alle alte Gebäude,
auch die fürnehmste, mit dergleichen Unordnung erfüllet sind."
(T. A. 1. 1. S. 17b.) Vor den Schönheiten der Bauten der deutschen Renaissance hat jedoch Sandrart keineswegs das Auge
verschlossen, wie gerade seine Aeusserungen über das Heidel-
berger Schloss (T. A. 2. II. S. 75/76) und das Augsburger Rathaus (T. A. II. 3. S. 352a) beweisen: dass er aber den naheliegenden Gedanken, auch die Werke deutscher Baukunst in die
Teutsche Academie aufzunehmen, nicht zur Ausführung brachte,
das hat sicher darin seinen Grund, dass er fast durchgängig in
seinem Werk darauf verzichtet, Original-Abbildungen zu geben
und von deutschen Bauten keine für seinen Zweck taugliche
Abbildungen vorfand. Nur von zwei Bauansichten lässt sich mit
Bestimmtheit Sandrarts Urheberschaft annehmen: von dem Kloster
Lambach in Nieder-Oesterreich und von der Hofmark Stockau[1]),
doch führt er dieselben keineswegs in der Absicht vor, dass sie
seinen Zeitgenossen als Muster guten Baustils dienen sollten,
sondern nur aus rein persönlichem Interesse. In der neuerbauten
Kirche des Klosters nämlich sind einige von Sandrart gemalte
Altarbilder, wodurch das Kloster zu grosser Berühmtheit gelangt
sein soll, so dass es, das früher ganz unbekannt gewesen sei,
jetzt als „eine Universal-Schul der edlen Mahler-Kunst" von allen
Fürsten und vornehmen Standes-Personen besucht werde. Und

---

[1]) T. A. 2. 1. pl. „XXXXXV und 56" und T. A. 2. 1. S. 33b/34.

das „Schloss" Stockau war früher Sandrarts eigenes Besitztum,
das er 1648 vollständig neu erbaut, später aber an den kunstliebenden Freiherrn von Mayer verkauft hat. — Als selbständige
Mittheilungen in dem Gebiet der Architektur sind schliesslich noch
zu erwähnen: die Anführung der Fleischbrücke zu Nürnberg[1])
(T. A. 2, 1. 34 b), der Hinweis auf die Achatbrüche zu Idstein im
Taunus (T. A. I, 1. 11 b) und die Warnung vor der Beschäftigung
fremder Baumeister bei deutschen Bauten.[2])

Auf dem Gebiet der Skulptur beschränkt Sandrart die
technisch-ästhetischen Mittheilungen auf die Wiedergabe einiger
Kapitel des Traktats von Vasari, um sich sehr bald dem antiquarischen Wissen zuzuwenden, auch in dem zweiten Haupttheil
giebt er nur geringe Ergänzungen. Selbständig ist er in dem
Hinweis auf die besten antiken Statuen, die er dem Studium auf
Akademieen zum Nachzeichnen und Nachbossieren angelegentlich
empfiehlt. Zur Veranschaulichung der wechselnden Proportionen
der Menschen verschiedenen Alters und Geschlechts (T. A. I, 2.
S. 30 b) giebt er eine Auswahl von Abbildungen antiker Statuen,
so „Statuen von der Anatomie, von Alten und Jungen, von
Starken, schönen, fetten, grob wilden Manns- und schönen Weibs-
personen"[3]), sowie Gewandstatuen (T. A. I, 2. S. 30 a). Diese Abbildungen sind der Mehrzahl nach nicht Nachstiche nach anderen
Kupferstichen, sondern direkt nach Zeichnungen von Sandrart.
Auch diejenigen Abbildungen der Teutschen Academie, die auch
schon in der Galleria Giustiniana enthalten sind, sind wahrschein-
licherweise nicht nach jenem Werke, sondern nach Sandrarts
Zeichnungen nachgestochen. Vergl. T. A. I, 2. S. 40 b. wonach
Sandrart die Ausgabe der Gall. Giust. von 1635 gar nie zu Gesicht bekommen zu haben scheint. Im Kupferstich-Kabinet zu
Dresden befinden sich mehrere Rötelzeichnungen Sandrarts nach
antiken Statuen, die den Kupferstichen in der Teutschen Academie
als Vorlagen gedient haben. Auf das geringe Stilgefühl, das sich
in diesen Abbildungen kund giebt, ist schon vorher (S. 64) hingewiesen worden. Sandrart selbst hegt die Ueberzeugung, dass
seine Zeichnungen nach der Antike besser sind, als gleichzeitige
französische, die in Callots oder Perriers Manier gestochen seien,
und auch besser als niederländische, die ihrem wilden Spranger

---

[1]) Vergl. T. A. II, 3. S. 374 b.
[2]) Vergl. Springer, Textbuch. Leipzig 1881. S. 312.
[3]) Siehe die Randbemerkung T. A. I, 2. S. 34 a.

oder den licentiosen Gemälden des Rubens nachzufolgen schienen.[1]
Freilich sucht man vergeblich la gran maniera greca, die er seinen
Antikenzeichnungen nachrühmt.

Auffallenderweise rechnet Sandrart die Kupferstechkunst
zur Bildhauerei und giebt deshalb auch in dem die letztere be-
handelnden Buche des ersten Theils einige technische Mittheilungen
über das Kupferstechen und Radieren. Vasari und Mander hatten
dies Gebiet gar nicht behandelt, und Sandrart macht diesmal
doch wieder eine Anleihe bei der Fachlitteratur. Der schon
früher genannte hervorragende Stecher Abraham Bosse aus Paris [2]
hatte daselbst 1645 ein Schriftchen erscheinen lassen, in welchem
er eingehend das Verfahren und die zur Anwendung kommenden
Mittel der Radierkunst beschrieb. Das Büchlein hatte allenthalben Anerkennung gefunden und war auch einige Jahre vor
der Herausgabe der Teutschen Academie ins Deutsche übersetzt
worden. Diese Uebersetzung hat jedoch Sandrart nicht benutzt
und scheint sie demnach auch nicht gekannt zu haben. Die
Uebersetzung des Sandrart ist aber nur ein sehr unvollkommener
Auszug aus dem Traktat des Bosse und ist weder geeignet,
dem Fachmann genügende Belehrung zu bieten, noch auch von
den gründlichen Auseinandersetzungen des französischen Kupferstechers einen annähernd richtigen Begriff zu verbreiten.

Man sollte annehmen dürfen, dass Sandrart wenigstens auf
dem Gebiete der Malerei in der Lage und Willens gewesen
wäre, seine eigenen Gedanken und Erfahrungen aufzuzeichnen,
dass er, der berühmteste deutsche Maler seiner Zeit [3], in einem
Traktat über seine eigene Kunst die Versuchung von sich gewiesen hätte, sich mit fremden Federn zu schmücken. Aber es
standen ihm so reich fliessende Quellen zur Verfügung, aus denen
er alles Wissenswerte schöpfen konnte, so dass er nicht wider-
stehen konnte, den bequemen Weg zu benutzen. Carel van
Mander hatte seinen Künstlerbiographieen ein Lehrgedicht über
die Malerei vorausgeschickt [4], worin er mit nicht sehr guten

[1] Siehe T. A. I. 3. S. 103a. Nr. 19. T. A. II. 2. S. 1a u. b.
[2] A. Bosse. Traité des manieres de graver en taille douce sur l'airain par
le moyen des eaux fortes et des vernix durs et mols. Paris. kl. 8⁰. 1645.
[3] A. Houbraken, De groote Schouburgh etc. Amsterdam 1718—21. II.
S. 170/171. Deutsch von A. v. Wurzbach in Eitelbergers Quellenschriften. S. 230.
Brief des Malers Hoogstraaten.
[4] Carel von Mander. Rymdicht op den Grondt der Edel vry Schilderconst etc.
s. a. S. 7. Hymans hat aus Manders Schilderboeck die Biographieen der vlämi-

Versen, aber mit sehr gediegener Sachkenntnis und redlicher
Gründlichkeit gewissermaassen die grammatischen Regeln der
Malerkunst auseinandersetzt. Er will, dass sich die heran-
wachsende Künstlerjugend diese vor allem erforderlichen Haupt-
regeln als dauernden Besitz aneigne und er hat, damit sie sich
desto fester im Gedächtnis einprägen, sie in Versen abgefasst.
Ihren hauptsächlichen Inhalt bilden Angaben über die Proportionen
des menschlichen Körpers, über seine Haltung und die Stellung
der Gliedmaassen, über die Komposition von Gemälden, über die
Darstellung von Gemütsbewegungen, über die Beleuchtung, weiter
über die Landschafts- und Tiermalerei, über die Falten und
Drapierungen der Gewänder, endlich über die Substanz der
Farben und ihre Verwendung, über die Harmonie und symbolische
Bedeutung der Farben. Sandrart giebt alle diese theoretischen
und ästhetischen Untersuchungen Manders in mehr oder minder
ausführlicher Prosa-Uebersetzung wieder und fügt ihnen in den
ersten Kapiteln aus Vasaris Traktat dessen Auseinandersetzungen
über das technische Gebiet der Malerei hinzu. In zwei Fällen
sucht jedoch Sandrart Vasaris und Manders Ausführungen zu er-
gänzen, einmal durch Hinzufügung praktischer Ratschläge für den
Maler (cap. VII, XI, XVI), ferner durch Beibringung einer wissenschaftlichen Abhandlung über die Linear-Perspektive (cap. XV).
Die ersteren stammen von den handschriftlichen Aufzeichnungen
des Lionardo da Vinci, von denen bekanntlich zwei Kopieen resp.
Kompilationen schon frühzeitig bekannt wurden und lange als
unmittelbare Arbeiten Lionardos galten. Die eine umfassendere,
bekannt als Kodex Vaticanus 1270[1]), war durch den Kardinal
Bembo aus der urbinatischen Bibliothek in die des Vatican ge-
schafft worden und ist zuerst 1817 von Mansi herausgegeben
worden; diese hat also Sandrart bei Abfassung seines Buches
jedenfalls nicht benutzt. Von der anderen Kopie, dem Kodex
Barberini, einer verkürzten Redaction der Handschriften, wurde
schon im 17. Jahrhundert eine Abschrift von Raphael du Fresne
publiziert. Diese letztere Publikation war dem Sandrart bekannt,
denn er führt sie in dem „Register der Autorum, so von diesen

schen und holländischen Künstler ins französische übersetzt und kommentiert. So
vorzüglich diese französische Ausgabe auch ist, sie würde noch vollkommener sein,
wenn Hymans darin auch Manders Biographieen der späteren Italiener, sowie das
Lehrgedicht übersetzt hätte. Für den Historiker ist das letztere sehr wertvoll.
    [1]) Von H. Ludwig ins Deutsche übersetzt und in Eitelbergers Quellen-
schriften herausgegeben. Diese Ausgabe ist bei der Vergleichung benutzt worden.

dreyen Künsten geschrieben" T. A. I. 3. S. 105b mit den Worten an: „Leonardo da Vince, schriebe einen Tractat von der Mahlerey-Kunst, dein Raphael du Fresne III Bücher von ermeldter Kunst beygefüget, samt einem Tractat von den Statuen und Bildnisen, wie auch von dem Leben des Leon Baptista Alberti." [1] Im Jahre 1651 war von diesem trattato della pittura eine französische Uebersetzung von einem Herrn de Chambray herausgegeben worden, wozu die Figurenzeichnungen von Poussin, andere Zeichnungen von Degli Alberti [2], die Landschaften hinter den Figuren von Errard verfertigt wurden. Eine dieser beiden Ausgaben ist also von Sandrart benutzt worden, vermutlich die erste. In der Abhandlung über die Perspektive macht Sandrart auf die von ihm benutzten Quellen aufmerksam, indem er sagt: T. A. I. 3. S. 89b „Ich will aber, den gönstigen Leser, nicht zu den alten verlegenen weitläuftigen und schwachen Manieren weisen, deren unser altes Teutschland sich lang bedienet, auch viel Bücher davon geschrieben; und gehen wir viel sicherer zu den nach und nach besser-erfundenen wahren und kürzern Regeln in die Schule, derer ich mich in unserer Academie zu Rom bedienet habe, nemlich des vortrefflichen Balthasar Peruzi, auch Sebastian Serlio, Danti, mit andern auch des-Argues grosser Erfahrenheit, in Frankreich durch A. Bosse in vielen Büchern fleissig beschrieben." Trotz dieser Quellenangabe konnte aber ein direkter Nachweis des Anschlusses an ein Werk der genannten Autoren nicht geführt werden, wenn auch im Einzelnen Uebereinstimmungen sich zeigten. Entweder sind mir nicht alle Werke der genannten Schriftsteller vor Augen gekommen, oder Sandrart hat eine andere von jenen abgeleitete Schrift benutzt. Dass Sandrart selbst den Inhalt seiner Abhandlung redigiert habe, lässt sich jedoch in Anbetracht seiner sonstigen Unselbständigkeit nicht annehmen.

[1] Der vollständige Titel dieses Werkes lautet: Trattato della pittura di Leonardo da Vinci, nouamente dato in luce, con la vita dell' istesso autore, scritta da Rafaelle du Fresne. Si sono giunti i tre libri della pittura, ed il trattatto della statua di Leon Battista Alberti, con la vita del medesimo. In Parigi. Appresso Giacomo Langlois, stampatore ordinario del rè Christianissimo, al monte S. Genouefa, dirimpetto alla fontana, all' insegna della Regina di pace. MDCLI. Con privilegio del Rè. — Das Buch ist der Königin Christina von Schweden gewidmet und der Herausgeber nennt sich unter der Widmung mit vollem Namen: Rafaelle Trichet du Fresne. Vergl. auch T A. lateinische Ausgabe S. 370.

[2] Siehe Guhl. Künstlerbriefe. 1. Aufl. II. S. 289.

Die technisch-ästhetischen Abhandlungen des 3. Theils des
zweiten Haupttheils sind nur Wiederholungen einzelner Abschnitte
aus dem ersten Bande. Im Uebrigen bietet Sandrart in dem
Traktat über die Malerei eine grössere Anzahl einzelner selbständiger Mittheilungen, die der Beachtung wert sind, und zwar:
T. A. I. 3. S. 80 a/b sein Urtheil über das Atelier des Malers,
T. A. I. 3. S. 64 a/b eine Aufzählung der für Fresco-Malerei taug-
lichen Farben, T. A. I, 3. S. 67 a/b die Anführung zum Bemalen
geeigneter Steinsorten Deutschlands, T. A. I. 3. S. 61 a die Em-
pfehlung der Zeichenübungen auf den Akademieen, T. A. I. 3.
S. 89 a/b die Charakteristik der beiden gebräuchlichen Manieren
des Zeichnens, T. A. I. 3. S. 66/67 eine solche des Verfahrens
geübter und ungeübter Maler; dazu kommen im biographischen
Theil T. A. II. 3. S. 315 b der Hinweis darauf, dass der Maler
gleichmässig geübt sein soll im Zeichnen wie im Gebrauch der
Farben, und T. A. II. S. 316 b die Betonung, dass das Malen
nackter Körper das erste Erfordernis für den Maler sei. Ferner
giebt Sandrart in dem Traktat noch Mittheilungen über seine
Studien in der Landschaftsmalerei T. A. I, 3. S. 71 b und T. A. 2,
III. S. 22 b. über seine Skizzen für die Besteller T. A. I, 3. S. 79 b,
über die Malerei der Chinesen T. A. I. 3. S. 100, das Verfahren
zur Herstellung des Holzschnittes T. A. I. 3. S. 100 a/b, und die
Erfindung und das Verfahren der Schwarzkunst T. A. I, 3. S. 101 b,
endlich im biographischen Theil noch einige technische Nachrichten
über das Edelsteinschneiden T. A. II, 3. S. 344, das Wachsbossieren
T. A. II. 3. S. 351 a und das Glasschneiden T. A. II, 3. S. 346 b.

Mander pflegt in seinem Lehrgedicht für jeden Zweig der
Kunst einen Kanon der hierin hervorragendsten Maler anzuführen;
ein solcher Kanon wird häufig von Sandrart ergänzt durch Hinzufügung theils älterer deutscher Maler, theils jüngerer Maler, die
nach Mander's Zeit gelebt haben. Für uns geben diese Aufzählungen
einen interessanten Beitrag zur Kenntnis der Wertschätzung, die
einzelne Künstler zu Sandrarts Zeiten oder bei Sandrart selbst
fanden. Diese sind in folgenden Stellen enthalten: T. A. I. 3.
S. 57/58 die hervorragendsten italienischen, hoch- und nieder-
deutschen Künstler; T. A. I. 3. S. 64 b gute Coloristen; T. A. I.
3. S. 81 b Maler von Nachtstücken; T. A. I. 3. S. 83 a Maler von
Gewandfiguren; T. A. I. 3. S. 85 b Meister in der malerischen Ge-
samtwirkung; T. A. I. 3. S. 99 b Beherrscher des Raumes; T. A. 2,
III. S. 16 b Freskomaler; T. A. 2. III. S. 22 b Landschafter.

Die fünfundzwanzig „zur Mahlerey-gehörige Canones oder Regeln" (T. A. I. 102/3) hat sich Sandrart nach seiner Angabe bei seinen Studien „selber vorgeschrieben" (T. A. I, 3. cap. XVI. S. 102 u. 103), doch liess sich nachweisen, dass von diesen die No. 12 und 20 Lionardos trattato della pittura entnommen sind, darum muss auch bezweifelt werden, dass sich alle übrigen Regeln bei Sandrart zuerst finden.

VII.

Die entlehnten Biographieen.

Bei Besprechung der Anlage der Teutschen Academie ist
früher schon darauf hingewiesen worden, dass Sandrart den Inhalt
des biographischen Theiles in erster Linie aus Carel van Manders
Schilderboeck entnommen hat. Bei der Ausführung seines Planes
lag ihm auch die Benutzung der Biographieen Manders am nächsten:
bei ihm fand er die Quellen über die Maler des Altertums ver-
arbeitet vor, sowie eine abgekürzte Uebersetzung von Vasaris
Biographieen italienischer Künstler, ferner Manders eigene Lebensbeschreibungen vlämischer und holländischer Maler. Sandrart
hatte also nur nötig, den Rahmen des Schilderboeck zu erweitern,
indem er die Biographieen der Architekten und Bildhauer nach
den schon von Mander benutzten Quellen hinzufügte, die der
Maler bis auf seine Zeit fortführte und den Biographieen der
älteren und jüngeren deutschen Künstler seinem ursprünglichen
Plane gemäss besondere Aufmerksamkeit zuwandte.

Den Text des Mander übernimmt Sandrart niemals in
getreuer Uebersetzung, sondern stets nur im Auszuge. Da er
einer bedeutend grösseren Anzahl von Künstlern einen Platz
in seiner Teutschen Academie einräumte, war er genötigt, seine
Nachrichten auf das Unerlässliche zu beschränken; sein Buch
hätte sonst einen noch stärkeren Umfang bekommen. Aber
Sandrart hat es nicht verstanden, gute Auszüge zu machen
und das Nebensächliche von dem Wichtigen zu trennen.
Die Auslassungen in seiner Uebersetzung der Biographieen
des Mander betreffen nicht durchgängig nur unwesentliche Angaben, ebensowenig versteht es Sandrart, den hauptsächlichen

6

Inhalt des Schilderboeck in kürzerer Fassung wiederzugeben. Er übersetzt in der Regel einige Stellen einer Biographie wörtlich und lässt andere dazwischenliegende ausfallen; nur gelegentlich sucht auch Sandrart die Worte Manders in kürzeren Wendungen zu übersetzen. Häufig sind Anführungen von Künstlerwerken ausgelassen, die Mander als untergegangen bezeichnet oder deren Standort er nicht resp. nicht bestimmt genug angiebt, hierbei pflegt dann Sandrart auch auf die „geliebte Kürze" seines Buches hinzuweisen. Manders rein biographische Nachrichten sind meistens übersetzt und ebenso auch die rethorischen Einleitungen und die anekdotenhaften Zusätze; wenn jedoch der Versuch gemacht wird, eine Biographie kürzer wiederzugeben, dann sind auch neben den Anekdoten biographische Notizen ausgelassen (z. B. im Leben des Jan van Scorel). Besonders auffallende Auslassungen werden vorgenommen in den Biographieen von Manders Zeitgenossen und zwar erstrecken sich diese in der Regel auf die Einleitungen, die Aufzählung der Werke und die kunstkritischen Bemerkungen (z. B. in den Biographieen von B. Spranger, C. Kettel, H. Goltz, Fr. Badens, C. v. Mander).

Die Uebersetzungen selbst sind keineswegs frei von Fehlern, die ihren Grund theils in flüchtigem Lesen, theils auch in nicht genügendem Verständnis von Manders Schreibweise haben. Manders persönliche Wendungen sind mit verschwindend wenigen Ausnahmen unverändert ins Deutsche übertragen, und sie unterscheiden sich in keiner Weise von Sandrarts gelegentlich angebrachten eigenen Einflechtungen. Dadurch erweckt Sandrart den Eindruck, als ob alle Angaben von ihm selbst herrührten, und dadurch musste er namentlich über die Lebenszeit von Kunstsammlern Irrtümer bei seinen Lesern hervorrufen.

Selbst in den Biographieen, in welchen Sandrart eine gelegentliche Kritik der Aeusserungen Manders auszuüben versucht und sich in persönlichem Ton gegen seine Vorgänger wendet, unterlässt er es, Manders persönliche Aeusserungen als fremdes Gut deutlich erkennbar zu machen (vergleiche die Biographieen von Lambert Lombard (T. A. II, 3. 248), Dürer (T. A. II, 3. 222 a, 224 a). Holbein d. J. (T. A. II, 3. 249 a). Abgesehen von diesen drei kritischen Excursen jedoch hat Sandrart den Angaben des Mander stets unbedingt Glauben geschenkt.

Es kann nicht auffallen, dass Sandrart betreffs der italienischen Künstler den Vasari nicht in erster Linie benutzt hat,
wenn man erwägt, dass ihm einmal doch die Sprache Manders
noch geläufiger sein musste, als die italienische, und dass er bei
Mander einen für seinen Zweck tauglicheren abgekürzten Text
des Vasari vorfand. Nur in den Fällen entnimmt Sandrart direkt
von Vasari seine Nachrichten, wo Mander es unterlassen hat,
Künstler, die von Vasari besprochen sind, in sein Schilderboeck
aufzunehmen. Es sind dies die italienischen Architekten, Bildhauer und Kupferstecher. Ein Unterschied in der Benutzung
des Vasari von der des Mander lässt sich nicht nachweisen. An
Vasari übt Sandrart über die Frage, ob die Kunst des Holzschnittes,
des Kupferstichs und des Kupferätzens in Deutschland oder in
Italien früher aufgekommen sei, heftige Kritik (T. A. II,
2. 204/5; II, 3. 218—20), doch begeht er selbst hierbei mannigfache Irrtümer.[1])

Ausser Vasari benutzt Sandrart von den italienischen
Künstlerbiographen noch den Ridolfi[2]), indem er die Nachrichten
Manders über die venetianischen Künstler nach diesem ergänzt.
Er thut dies jedoch weder im Auszug noch in wörtlicher Uebersetzung des ganzen Inhalts, sondern wieder nur durch die Auswahl einzelner Abschnitte. Für die Biographieen der späteren
Italiener (die Bolognesen und Naturalisten) benutzt Sandrart
keine fremde Quelle, nur im Leben der Caracci übersetzt er
eine Beschreibung der Galleria Farnese von Carlo Cesio.[3]) Es
ist auffallend, dass Sandrart das 1642 erschienene Buch des
Baglione[4]) nicht benutzt hat, da er es zweifellos gekannt hat,
denn er führt es selbst in dem „Register" an und hat auch allein

---

[1]) Sandrart ist bekanntlich nicht der erste, der sich in Deutschland gegen
Vasaris Behauptungen wendet. Schon 1573 hatte der Strassburger Buchhalter Bernhard
Jobin in der Vorrede des bei ihm gedruckten Werkes „Accuratae effigies pontificum
maximorum" nachzuweisen gesucht, dass die Erfindung des Kupferstichs zuerst in
Deutschland erfolgt sei. Sandrart ist aber unabhängig von Jobin. Ueber den heutigen
Stand der Frage vergl. Max Lehrs. Zur näheren Datierung des Meisters der Spiel-
karten in dem Jahrb. d. pr. Kunstsammlungen XI, 1890, S. 53, und Paul Kristeller.
Sulle origini dell' incisione in rame in Italia im Archivio storico VI, 1893, p. 391.

[2]) Ridolfi. Le maraviglie dell' arte, overo le vite degli illustri pittori
Veneti etc. Venedig. 1648. 2 Bde. 4º.

[3]) Abgedruckt bei Malvasia. Felsina pittrice. 1678. III. 437 ff.

[4]) Baglione, Le vite de' pittori scultori et architetti dal Pontificato di
Gregorio XIII. del 1572 in fino a' tempi di Papa Urbano ottavo nel 1642. scritte
da Gio. Baglione Romano. Roma. 1642.

die Biographie des Copé Fiammingo nach Baglione übersetzt.
Das Werk des Bellori ist nicht benutzt, ebensowenig das von
Félibien.[1])

Die Nachrichten über die niederländischen Künstler des
17. Jahrhunderts sind, soweit Sandrart nicht selbst Quelle dafür
ist, dem Gulden Cabinet des Cornelis de Bie entnommen.[2]) Den
Grundstock für dieses zu Ende des Jahres 1661 erschienene Werk
bildet bekanntlich die Porträtsammlung des Antwerpener Verlegers Jan Meyssens[3]), die dieser in den Jahren 1648/49 hatte
erscheinen lassen. Den siebenundsiebzig Porträtstichen dieser
Sammlung geht eine Widmung des Meyssens an Sandrarts Freund
le Blon voran und auf dem Raum unter der unteren Stichlinie
jedes Bildnisses bis zum Plattenrand befinden sich meist zu-
verlässige kurze biographische Notizen in französischer Sprache.
Das Gulden Cabinet, das gleichfalls im Verlage des Meyssens
erschien, bringt einen Neudruck dieser Stiche nebst einer Anzahl
weiterer Porträtstiche, sowie die Biographieen des de Bie in
vlämischer Sprache. Jedoch man kann die Schreibereien des
„Poeten" de Bie nicht eigentliche Biographieen nennen: das ist
ein eigentümliches Gemisch von biographischen Nachrichten,
Versen, philosophierenden Excursen und Citaten: häufig genug
beschränkt sich de Bie darauf, die biographischen Notizen des
Meyssens in seine Sprache zu übertragen, oft begnügt er sich
mit einigen schwülstigen Versen, doch findet man immerhin noch
mannigfache wertvolle Ergänzungen zu den Angaben auf dem
unteren Plattenrand der Porträtstiche. Diese letzteren benutzt
Sandrart stets in erster Linie und sucht sich dann noch aus
de Bies Ergüssen das für seinen Zweck Wertvolle heraus.

[1]) Bellori. Le vite de pittori, scultori et architetti moderni, scritte da
Gio. Pietro Bellori. Parte prima. Roma. 1672.
Félibien. Entretiens sur les vies et les ouvrages des plus excellens
peintres anciens et modernes. Première Partie. Paris. 1666. Seconde partie 1672.
Troisième partie 1679. Quatrième partie 1685. Cinquième partie 1688.

[2]) Het gulden Cabinet | van de edel vry Schilder-Const | inhovdende | den
lof van de vermarste ' Schilders, | Architecten, Beldthouwers | ende Plaetsnyders |
van dese eeuw | door | Corn: de Bie. Nots. | tot | Lier | 1661. Antwerpen by Jan
Meyssens Constvercooper. Ueber dieses und das folgende Werk vergl. C. Hofstede
de Groot. Arnold Houbraken und seine groote Schouburgh. Haag. 1893. S. 229 ff.

[3]) Jean Meyssens. Image de divers hommes d'ésprit sublime. Antwerpen
1649. Enthaltend 77 Blatt mit Porträtstichen, ein Titelblatt und ein Blatt mit der
Widmung an le Blon. Vergl. den Catalogus van Portretten van Nederlanders von
J. F. van Someren. Eerste deel. Amsterdam 1888. p. 199.

indem er es glücklich vermeidet, jenen weitschweifigen Excursen zu folgen.

Neben den biographischen Werken benutzte Sandrart auch noch einzelne Manuskripte: er ist der erste, der einzelne Biographieen von Neudörffers [1] Nachrichten über Künstler und Werkleute Nürnbergs zum Abdruck gebracht hat, und ebenso hat er auch Dürers autobiographische Schriften abgedruckt. Freilich befleissigt er sich weder einer diplomatischen Genauigkeit in der Wiedergabe jener Schriftquellen, noch wendet er (betr. Neudörffers Mittheilungen) irgend welche Kritik an. In dem Leben Dürers ist ausserdem noch ein Manuskript wiedergegeben „Kurze Erzählung des hochberühmten Albrecht Dürer Herkommen etc.", das in der Kopie von dem Maler Joh. Hauer noch in diesem Jahrhundert erhalten war, aber inzwischen verloren ging.[2] Schliesslich sind von Sandrart auch noch einige Briefe, Dürer betreffend, zum Abdruck gebracht.

Sandrart erwähnt selbst einmal, dass er einen Traktat des Nürnberger Malers Juvenell d. A. benutzt habe (T. A. II, 3. 276a/b), und es lässt sich aus der Einschiebung der drei Biographieen von Nicolaus Neufchâtel und Juvenell dem Vater und dem Sohne zwischen die Biographieen des Mander der Schluss ziehen, dass Sandrart die Nachrichten über alle drei Künstler aus diesem geschriebenen Traktat entnommen habe. — Die Nachrichten über die Schweizer Künstler (T. A. II, 3. cap. XIII und T. A. 2. III. S. 75/76) sind ihm augenscheinlich von dem Züricher Maler und Kupferstecher Konrad Meyer brieflich mitgetheilt worden, der für die Teutsche Academie die Porträts der Schweizer Künstler gestochen hat. Von demselben stammt vermutlich auch die Notiz im Leben Holbeins (T. A. II, 3. 249a), die dem „Baselischen Mahler Zunft-Buch" entnommen ist. Ebenso scheint die Annahme gerechtfertigt, dass die Nachrichten über den schwedischen Hofmaler David Klöckner unserem Biographen brieflich mitgetheilt wurden; dieselben sind in auffallender Weise mit Fremdworten gespickt. Nicht unerwähnt bleibe, dass in der Teutschen Academie

---

[1] Johann Neudoerffers Nachrichten von Künstlern und Werkleuten. Nürnberg 1547. Abgedruckt und commentiert in Eitelbergers Quellenschriften Bd. X von G. W. K. Lochner. Wien 1875.
[2] Vergl. Thausing. Dürers Briefe, Tagebücher und Reime. Wien. 1872. Quellenschriften Bd. III, S. XIII/XIV. Ferner: Dürers schriftlicher Nachlass . . . herausgegeben von K. Lange und F. Fuhse. Halle. 1893. S. 2.

gelegentlich auch Gedichte von Lampsonius, Hondius, Barlaeus, Vondel und Anderen abgedruckt sind, ferner ein Diplom von Rudolf II. für den Edelsteinschneider Caspar Lehmann und ein Konzept von Ferdinand III. für ein Gemälde Sandrarts (Biographie S. 20a). Ob Sandrart ausser den genannten Quellen für seine Nachrichten noch weitere gedruckte oder geschriebene Quellen benutzt hat, konnte ich nicht ermitteln.

Die Art und Weise, wie Sandrart den Inhalt der Teutschen Academie aus allen möglichen Werken zusammenträgt und die einzelnen Angaben untereinander und mit seinen eigenen vermischt, sowie ferner der Umstand, dass er sehr selten die Quelle seiner Entlehnungen angiebt und niemals mit hinlänglicher Deutlichkeit den Umfang der fremden Bestandtheile kenntlich macht, lässt keinen Zweifel darüber aufkommen, dass er absichtlich den Leser über die Grenzen zwischen seinen eigenen und den fremden Mittheilungen im Unklaren liess. Man sollte erwarten dürfen, dass in den Vorreden zunächst die Gelegenheit ergriffen wäre, um über die Herkunft des vielseitigen Inhalts der Teutschen Academie Auskunft zu geben, doch nur an einer Stelle einer der vielen Vorreden des ersten und zweiten Haupttheiles nennt Sandrart eine Quelle, und zwar nicht einmal aus eigener Initiative. Es ist dies die Vorrede zum dritten Buch des zweiten (biographischen) Theils (T. A. II, 3. S. 212a); er übersetzt dort nach Mander, der den Vasari als Quelle der italienischen Künstlerbiographieen nennt und der dann für die Niederländer seinen Lehrer Lucas de Heere angiebt. Die letztere Angabe lässt Sandrart in seiner Uebersetzung aus und schiebt im Anschluss an die Nennung des Vasari die Worte ein „Ingleichen seynd der Nieder-Teutschen berühmteste Mahlere durch Carlo Vermanders grossen Fleiss und Eifer löblich eingerichtet, mir auch sehr dienstlich zu diesem meinen Vorhaben gewesen." Nun hat aber Sandrart nicht erst in diesem dritten Buch des Mander Schilderboeck benutzt, sondern sowohl schon in den beiden vorhergehenden Büchern, als auch in dem theoretischen Theil, doch nennt er in den entsprechenden Vorreden überhaupt keine Quelle. In derselben Vorrede des dritten Buches macht er nur ganz allgemein darauf aufmerksam, dass er die Biographieen der beiden vorhergehenden Bücher „theils aus den ältesten und besten Autoren, theils auch aus eigener Erfahrung, vorgestellet und an das Liecht gebracht."

In dem Text des biographischen Theiles werden gelegentlich
frühere Kunstschriften angeführt, doch keineswegs in ihrer
Eigenschaft als Quellen der Teutschen Academie, noch mit dem
bestimmten Hinweis ihrer Benutzung, sondern so wie man gelegentlich einen Schriftsteller nennt, um sein Urtheil oder seine
Angabe anzunehmen oder zu widerlegen (vergl. T. A. II, 1.
S. 33b, 35b, II, 2. S. 177a/b, II, 3. S. 224a, 219a, 222a, 248b,
249a, 218b, 318a).

Die ausser an diesen Orten noch citierten Quellenschrift-
stellen sind nicht von Sandrart angeführt, sondern von seinem
jedesmaligen Vorgänger und wurden von Sandrart in der Uebersetzung beibehalten (T. A. 1, 7b, S. 55a, 68b etc., II, 2. S. 204a,
II, 3. S. 223, 239b).

Ebenso wie in den Biographieen sind auch in dem ersten (theoretischen) Theil, in dem zweiten Haupttheil und in der lateinischen
Ausgabe die Quellen theils gar nicht, theils völlig ungenügend
angegeben. Im theoretischen Theil sind die vielfach benutzten
Vasari und Mander gar nicht citiert, ebenso sind die an einzelnen
Stellen ausgeschriebenen Schriften von Aldrovandi, Lionardo
Patin u. A. nicht genannt. Andere Schriftsteller sind nur höchst
ungenügend und besonders nicht jedesmal da, wo sie benutzt
sind, als Quelle angegeben (vergl. T. A. I. S. 13a/b, 50a, 89b,
II, 3. S. 371a). Am Schluss des theoretischen Theils (T. A. I.
S. 104/105) ist jedoch ein „Register der Autorum, so von diesen
dreyen Künsten geschrieben“ aufgeführt; Sandrart befolgt damit die
Gewohnheit der Zeit, ein vollständiges Verzeichnis der benutzten
oder auch nur citierten Schriften aufzustellen [1]), doch führt er
darin weder alle von ihm benutzten Schriften vollständig an,
noch auch beschränkt er sich auf die Nennung derselben allein.
Das Verzeichnis hat also für uns nur insofern Wert, als daraus
ersehen werden kann, welche Schriften dem deutschen Biographen
bekannt waren.

In dem zweiten Haupttheil werden von den vielen
Schriften und Abbildungswerken, die seinen Inhalt ausmachen,
nur die folgenden als Quelle genannt: Thomas Bartholinus
T. A. 2, II, 14a, Ayrers Verzeichnis T. A. 2, II, 78b/80a, Olaus
Wormius T. A. 2, III, 88b und 90a/b, Ovids Metamorphosen und

---

[1]) Ein solches ist beispielsweise zu finden bei Ridolfi, Le maraviglie dell'
arte, und bei Donatus, Roma vetus ac recens ed. 3. Romae 1665.

Manders Uebersetzung auf dem Titelblatt der Verdeutschung.
Von den benutzten Schriften sind gelegentlich citiert (ohne Hin-
weis auf deren Benutzung): Donati T. A. 2, 1, 61 a u. ff., Nardini
T. A. 2, 1, 20 b, Patin T. A. 2, II, 72 b, Canini T. A. 2, III, 58 anm.,
Faber T. A. 2. III, 29 a, Lazarus Bayfius T. A. 2, III, 88 a).
Die sonst noch in diesem Theil angeführten Schriften sind von
Sandrart als Citate aus den von ihm ausgeschriebenen Werken
übernommen.

In der lateinischen Ausgabe sind neue Angaben über be-
nutzte Schriftquellen nicht eingefügt worden. Die in dem
Schlusscapitel XXVIII unter Nummer LV—XC neu hinzugefügten
Biographieen scheint Sandrart fast ausschliesslich nach münd-
lichen Berichten gesammelt zu haben. Nur in zwei Fällen konnte
ich die Benutzung von gedruckten Werken nachweisen. Ueber
Galilaei nennt Sandrart selbst seine Quelle, die Biographie des
Tiberius Tinelli ist dem Ridolfi Bd. II, p. 287 entnommen.

Dass Sandrart nicht ohne Absicht die Quellen der Teutschen
Academie so ungenügend kenntlich macht, das lässt sich ganz
deutlich erkennen aus dem Umstand, dass er fast ausnahmslos
die persönlichen Wendungen in seinen Quellenschriften ohne Ab-
änderung übernimmt und daran noch eigene Mittheilungen in persönlichem Tone anschliesst, ja sogar es nicht verschmäht, sich selbst
als den Autor anzugeben, wo ihm nachgewiesen werden kann,
dass er fremdes Material benutzt hat. Wenn nun die Behauptung
Volkmanns, des Herausgebers der 1768—73 erschienenen zweiten
Auflage der Teutschen Academie, zutreffend wäre, dass nämlich
Sandrart sich sein Werk habe von einem Andern stilisieren lassen,
so könnte man annehmen, dass diese Uebersetzungen persönlicher
Aussagen nur dem Uebersetzer zur Last zu legen seien. Doch
kommen dieselben so häufig vor, dass sie Sandrart durchaus
nicht übersehen konnte, ferner sind einige für Sandrarts Zeit
entsprechend ungeändert, und schliesslich hätte Sandrart dann
nicht selbst seine eigenen persönlichen Angaben daran knüpfen
dürfen. Aber die Behauptung Volkmanns, für die er keinen
Beleg beibringt, erscheint unglaubwürdig, da Sandrart selbst in
einer der Vorreden betont (T. A. 1, 3. S. 56 b) (im Anschluss an
Mander), dass vielleicht ein Sprachgeübter sich über sein Gebiet
hätte formvollendeter auslassen können, er habe aber „mit der
Prob' erfahren", dass ein Schriftsteller, der nicht Maler zugleich

sei, vielfache Fehler mache, und deshalb habe er sich selbst der
Aufgabe unterzogen.

Sandrart hat also ganz gewiss selbst jene persönlichen
Aeusserungen Anderer als seine eigenen Angaben hinstellen wollen:
dies erkennt man am besten, wenn man einen Blick in die
Vorreden wirft. Keine einzige dieser Vorreden hat Sandrart
unabhängig niedergeschrieben, sondern sich jedesmal damit begnügt, das, was Vasari, Mander, Palladio u. A. in den verschiedenen Vorreden ihrer Schriften gesagt haben, zu übersetzen
und einzelnes umzuändern. Wenn sich Vasari über die Anlage
des Gesamtwerkes und über seine Schreibweise, über den Zweck
der Lebensbeschreibungen, deren chronologische Ordnung und
über seine für das Werk aufgewandten Mühen auslässt, wenn
Mander über seinen Entschluss spricht, die Leben der Maler zu
schreiben, wenn er über die Dauer seiner Nachforschungen und
über seinen guten Willen, jedem Künstler gerecht zu werden,
sich äussert, wenn ferner Palladio erzählt, wie er von Jugend
auf die besten Bauwerke der Alten studiert und gemessen und
aufgezeichnet habe, wenn Canini betont, dass er fünfzig Jahre
lang eifrigst thätig gewesen sei, seine Bildnissammlung zusammen-
zubringen, so erzählt Sandrart Alles dies und noch Einiges mehr
von seiner eigenen Person (T. A. I, 1. S. 5 b/6, I, 3. S. 56 b,
II, 1. S. 10b, II, 3. S. 211/212; T. A. 2, 1. S. 1/2, 2, III. S. 8 a).

Ebenso giebt Sandrart persönliche Aeusserungen im Text selbst
wieder; so übersetzt er beispielsweise die Worte T. A. II, 2. S. 174 b
„Es erzählte mir Aliense der Maler etc." nach Ridolfi, oder
T. A. II, 2. S. 177 a „Ich habe nach Venedig geschrieben" nach
Mander; ferner übernimmt er Angaben über Verhältnisse und
Personen, die für seine Zeit gar nicht mehr zutreffend sein
können, und stellt sie direkt neben seine eigenen Angaben.
Wenn Sandrart dann wieder Etwas besser zu wissen vermeint
als sein Vorgänger, dann citiert und kritisiert er ihn, während
er kurz vorher noch dessen Aeusserungen in persönlichem Tone
wiederholt hat. Die Biographie des Lambert Lombard bietet
hierfür ein treffendes Beispiel (T. A. II, 3. S. 248 a/b).

Endlich behauptet Sandrart häufig, die Zeichnungen für
Stiche der Teutschen Academie selbst angefertigt zu haben,
während sich diese vielfach nur als Nachstiche erweisen liessen
(cfr. T. A. II, 1. S. 43 a, 47 b; 2, 1. S. 1 b).

Nachdem man durch diese und viele andere einzelne
Beobachtungen zu der Erkenntnis gekommen ist, dass Sandrart
in Bezug auf die theoretischen und antiquarischen Bestandtheile
der Teutschen Academie, sowie bei den älteren italienischen
und niederländischen Künstlerbiographieen keine selbständigen
Forschungen gemacht hat, dann muss es auf uns seinen Eindruck verfehlen, wenn er keine Gelegenheit vorübergehen lässt,
die vielfachen Mühen und Unkosten, sowie das grosse Verdienst
seines Unternehmens hervorzuheben (T. A. II, 3. S. 212 a/b). Auch
dass er durch kaiserliches Privileg sich sein hochbedeutsames
Werk als sein geistiges Eigentum vor Nachdruck schützen lässt,
erscheint dann wenig gerechtfertigt. Die Teutsche Academie
wurde in der Folgezeit von den späteren Künstlerbiographen
vielfach benutzt und Sandrarts Angaben wurden dann zumeist
auf Treu und Glauben angenommen. Den Grad der Abhängigkeit
Houbrakens von Sandrart hat Cornelis Hofstede de Groot in dem
gründlichen und gelehrten Buche über Arnold Houbraken und
seine groote Schouburgh, Haag 1893. Seite 263—306, genau bestimmt. Seitdem nun aber die neuere Kunstgeschichte mit so grossem
Erfolge sich den archivalischen Forschungen zugewandt hat,
haben jene alten Künstlerbiographieen an Bedeutung eingebüsst
und auch der Teutschen Academie wurde immer weniger quellenmässiger Wert beigelegt.

Aber die Teutsche Academie hat doch noch nicht allen Wert
für uns verloren. Neben der grossen Masse des fremden Materials
findet man darin noch viele Mittheilungen über Künstler und
Kunstwerke, durch welche das Werk, wenn auch in beschränktem
Maasse, als Quellenschrift zur Kunstgeschichte immerhin noch
von Bedeutung ist. Diese Mittheilungen in Form von Biographieen und von Beschreibungen der Kunstkabinete seiner Zeit
verdanken ihren Ursprung zum allergrössten Theil der Erinnerung
an Selbsterlebtes und Selbstgesehenes, auch in solchen Fällen,
wo Sandrart dies nicht besonders hervorhebt.

VIII.

Sandrarts Lebenslauf als Maassstab zur Beurtheilung seiner eigenen Angaben.

Als Sandrart die Biographieen der zeitgenössischen Künstler schrieb, hatte er ein an Erfahrungen reiches Leben hinter sich, viele der besprochenen Künstler hatte er selbst gekannt, die Werke der meisten, auch der älteren, wiederholt gesehen: seine Angaben über Künstler und Kunstwerke reichen gelegentlich bis in seine frühesten Jugenderinnerungen zurück und beziehen sich auf Erlebnisse in jeder Periode seines Lebens. Wenn wir ein gutes und richtiges Maass zur Beurtheilung von Sandrarts Angaben gewinnen wollen, so müssen wir den Schriftsteller sowohl in Bezug auf seine äusseren Erlebnisse und Erfahrungen, als auch in Bezug auf sein Wesen und seinen Charakter, seine Empfindungen und Anschauungen von Kunst und Leben zuvor kennen gelernt haben. Dann erhalten wir die Möglichkeit, jedesmal deutlich zu erkennen, ob Sandrart selbst die Quelle für seine Nachrichten gewesen ist, aus welcher Zeit seines Lebens die Erzählungen und Bilderbeschreibungen stammen und ob seine persönlichen Erinnerungen und Erfahrungen genügende Glaubwürdigkeit für seine Aeusserungen beanspruchen können. Ebenso werden wir alsdann betreffs seiner Kunsturtheile die Frage darnach richtig beantworten können, von welchen Gründen sich Sandrart bestimmen liess, ob er von einer feststehenden ästhetischen Ueberzeugung ausging oder nicht, ob er historisches Urtheil und Objektivität besass, ob er mit genügender Sachkenntnis und Gründlichkeit berichtet und ob er ohne Voreingenommenheit gegen andere Kunstrichtungen sich auslässt.

Diese genaue Kenntnis der Person des Schriftstellers, die
uns nach meiner Meinung erst hinlängliche Sicherheit für die
Kritik seiner Angaben verschafft, erlangen wir durch eine Zu-
sammenstellung aller sein Leben und seine Ansichten betreffenden
Aeusserungen, die sich theils in der angeblich von seinen „Vettern
und Discipeln", wahrscheinlich von dem Mitglied der fruchtbringenden Gesellschaft Georg Philipp Harsdörfer verfassten
Biographie am Schlusse des ersten Bandes, theils an den verschiedensten Stellen der Teutschen Academie selbst finden.[1])

Joachim von Sandrart wurde zu Frankfurt am Main den
12. Mai 1606 als Sohn des Bürgers Lorenz Sandrat[2]) geboren, dessen
Familie in der zweiten Hälfte des 16. Jahrhunderts in Folge von
Religionsstreitigkeiten von Bergen im Hennegau[3]) nach Frankfurt
übergesiedelt war. Er ging zu Frankfurt in die Schule; über
den Umfang seiner Schulbildung sind wir nicht unterrichtet,
doch scheint er den Grund zu seinen späteren umfassenderen
Kenntnissen nicht in seiner ersten Jugend, sondern erst während
seines Aufenthaltes in Rom gelegt zu haben (T. A. II. 3. 236a).
In der Biographie S. 4b wird zwar berichtet, dass er eine sorgfältige Erziehung genossen habe und „nicht allein die Schreib-
kundigkeit, sondern auch unterschiedliche Sprachen" erlernt habe,
doch ist diesen Angaben nicht allzu grosser Wert beizulegen,
da die ganze Biographie sich als ein Hymnus auf Sandrart erkennen lässt und viele übertriebene Angaben enthält. Was
speziell Sandrarts Sprachkenntnisse anlangt, so legt der Künstler

[1]) Die Biographie Sandrarts bei Gwinner ist ungenügend, diejenige bei
Andresen beruht nur auf jener von Gwinner. Siehe Dr. P. Gwinner. Kunst und
Künstler in Frankfurt am Main. 1862. I. Bd. — A. Andresen. Der deutsche
Peintre-graveur. 1864—78. Bd. V. 1878. S. 127—132.

[2]) In dem Verzeichnis Frankfurter Bürger in dem städtischen Archiv zu
Frankfurt am Main ist 1589 Hanns Sandrart von Bergen zu Hennegau als Bürger
und Sohn eines Bürgers angeführt. — Die Platte XVIIII. T. A. 2, I ist l. u. bez.
Johann von Sandrat delin. Romae 1660. Zwischen den Buchstaben a und t des
Namens Sandrat ist ein r hineinkorrigiert, wie folgt: „Sandrat".

[3]) In den Akten des „Inquisitionsambts zu Frankfurt" im Frankfurter städtischen Archiv befindet sich aus dem Jahre 1573 folgender Eintrag: Joris Sandra von
Bergen in Hennegau Ist nhur ein halb Jar hie gewesen, vnd mitt Graff Ludwige
aus Bergen zogen, da Ihme alles das sein genommen, wol bekanth Johann Cellem
vnd Michel Lambert. — 4 pfh.

NB. Auf dem Inquisitionsamt hatten die in der Stadt sich niederlassenden
Fremden, die als Bürger oder Beisassen aufgenommen werden wollten, sich über
ihre Person und ihre Verhältnisse auszuweisen und wurden dann verschätzt.

grosses Gewicht darauf, diese möglichst bedeutend erscheinen zu lassen. So wird in der Biographie hervorgehoben, Sandrart habe sich bei seiner Ankunft in Rom mit jedem der dort lebenden Künstler in dessen Sprache unterhalten, sowohl in französischer und italienischer, als auch in deutscher und niederländischer Sprache (S. 9 a), ebenso habe er auf dem Kongress in Nürnberg in seinem Atelier den Besuch vieler fremder Kavaliere und Offiziere empfangen und „alle Discurse, jedem in seiner Muttersprache, als Französisch, Wälsch, Teutsch und Niederländisch, auch wol Englisch, ohne einige behinterung seiner Mahlerey, beantwortet" (S. 19 a). Wir gehen nicht fehl, wenn wir annehmen, Sandrart habe alle diese Sprachen erst während seines Aufenthaltes im Auslande erlernt. Dass Sandrart bei Abfassung der Teutschen Academie auch der lateinischen Sprache mächtig gewesen ist, erscheint in Anbetracht der vielfachen Benutzung lateinischer Schriften zweifellos; ob er aber in seiner Jugend eine Lateinschule besucht hat, oder ob er erst in Italien bei seinen theoretischen Studien die lateinische Sprache kennen gelernt hat, das lässt sich mit Sicherheit nicht feststellen. Aus einer Notiz auf der Rückseite des Titels zu Ovids Metamorphosen könnte man schliessen, dass Sandrart auch die griechische Sprache gekannt habe, doch bieten sich hierfür keine weiteren Anhaltspunkte. Viel eher ist man zu dem Schluss berechtigt, dass durch solche Notizen Sandrart sich das Ansehen eines Gelehrten verschaffen wollte. Jedenfalls hat er das Bedürfnis gehabt, mit seinen Kenntnissen zu prunken, wie eine Aeusserung in der Vorrede T. A. 1, 3. S. 56 b beweist, wo er sagt, dass ihm die deutsche Sprache mehr als eine andere fremd geworden sei.

Schon in seiner frühesten Jugend hatte Sandrart Beziehungen zu Künstlern. Im Jahre 1615 erzählte ihm sein Zeichenlehrer Georg Keller, ein Schüler von Jost Amman, von der Fruchtbarkeit und dem Fleiss seines Lehrmeisters; während er noch zur Schule gieng, zeigte ihm der alte Frankfurter Maler Philipp Uffenbach Handzeichnungen von Matthaeus Grünewald, ebenso erhielt er von dem Frankfurter Maler Hans Vetter Nachrichten über die alten deutschen Meister (T. A. II, 236 a, 254 a, 212 a). Den ersten Unterricht im Zeichnen erhielt Sandrart in Hanau am Main (T. A. II, 297 a) bei Sebastian Stosskopf aus Strassburg (T. A. II, 310 a), einem Schüler von Daniel Soreau, welcher letztere aus Antwerpen nach Frankfurt übergesiedelt war und dort

Bürgerrecht erlangt hatte, aber in Folge der Streitigkeiten der
dortigen wallonischen Gemeinde mit der lutherischen Geistlichkeit
um die Wende des Jahrhunderts mit mehreren seiner Glaubens-
genossen die Neustadt Hanau gegründet hatte.[1]) Es lässt sich
nicht mehr feststellen, ob die Familie Sandrart damals in Hanau
gewohnt hat, doch wechselten um diese Zeit die in Frankfurt
wohnenden Niederländer öfter ihren Wohnsitz zwischen Frankfurt
und Hanau: erst in den Jahren 1675 und 1680 werden Mitglieder
der Familie Sandrart in den Taufbüchern der niederländischen
Gemeinde zu Hanau als Taufzeugen angeführt.

Ueber Sandrarts noch in der ersten Jugend erlangte Vollendung
in der Zeichenkunst und deren Anerkennung durch Theodor de
Bry und Matthaeus Merian wird in der Biographie S. 5a eine Geschichte erzählt, die eine merkwürdige Aehnlichkeit besitzt mit
einer im Leben des Michel Angelo T. A. II, 146b nach Vasari
erzählten Geschichte, die aber gleichzeitig auch Aufschluss giebt
über die damals noch übliche Methode des Zeichenunterrichts
nach Kupferstichen und Holzschnitten. Bald übte sich Sandrart
auch im Radieren und Kupferstechen und erntete über seine
Kunstfertigkeit in Frankfurt solches Lob, dass er den Entschluss fasste, Kupferstecher zu werden, und sich im Alter von
vierzehn Jahren im Jahre 1620 nach Nürnberg zu Peter Iselberg
in die Lehre begab (Biogr. S. 5a und T. A. II, 357a). Hier
hielt er sich aber nur „eine Zeitlang" auf, um sich dann 1621/22
fünfzehnjährig nach Prag zu Egidius Sadeler zu begeben (Biogr.
S. 5a und T. A. II, 356b). Dort erhielt Sandrart den Rat,
Maler zu werden und bei den Niederländern in die Lehre zu
gehen (T. A. II, 357a). Er reiste darum wieder zurück nach
Frankfurt, um sich die Einwilligung seiner Eltern zu erbitten,
und zwar 1622 wieder über Nürnberg. (T. A. II, 272b, falls sich
nicht Sandrarts Aufenthalt in Nürnberg bis in das Jahr 1622
erstreckte.)

„Bald darauf" gieng Sandrart von Frankfurt nach Utrecht
in die Lehre zu Gerard van Honthorst, woselbst er bis in das
Jahr 1627 verblieb (Biogr. S. 5a und T. A. II, 303b „unsere
Academie"). Es ist wahrscheinlich, dass Sandrart erst im
Jahre 1625 zu Honthorst kam und nicht schon bald nach
1622 (vergl. den zweimal vorkommenden Ausdruck „Anno 1625

[1]) Vergl. hierüber die eingehenderen Angaben in meiner Geschichte der
Hanauer Goldschmiede I in der Bayerischen Gewerbezeitung III, 1890, S. 409.

und 26" T. A. II. 309a, 360b). Ueber seinen Verkehr in Utrecht
mit den Gebrüdern Both, mit Robert van Vorst, Joach. Utenwal,
Goudt vergl. T. A. II, 312a, 360b, 289a, 309a; über sein Studium
Elsheimers vergl. T. A. II, 294b. Im Jahre 1627 besuchte Rubens
die Utrechter Künstler (T. A. II, 252a, 254b, 305b, 291b), und
Sandrart erhielt Gelegenheit, sich ihm dienstbar zu erweisen,
indem er auf Honthorsts Geheiss ihn nach den Ateliers von
Abraham Bloemaert, Poelenburg und anderen führte und ihn
hiernach auf seiner Reise „nach Amsterdam und in andere Oerter
Hollands" vierzehn Tage lang begleitete.[1]

Noch in demselben Jahr 1627 folgte Honthorst einem Ruf
des Königs Carl I. Stuart an den englischen Hof und nahm den
jungen Sandrart als Gehülfen mit sich (Biogr. S. 5a). Nachdem
Honthorst daselbst sechs Monate lang im Dienste des Königs
gemalt hatte, kehrte er wieder nach Holland zurück, während
der junge Sandrart auf Wunsch des Königs, der an ihm Gefallen fand, am Hofe verblieb. T. A. II, 304a, Biogr. S. 5a/b,
2, II. S. 82b („König Carl, mein erster Wolthäter"). Hier ver-
vollkommnete sich Sandrart in seiner Kunst, indem er theils nach
antiken Statuen zeichnete, theils die Gemälde älterer Meister
kopierte (T. A. 2, II. S. 11b, Biogr. S. 5b). Die reichen Kunstschätze der Sammlungen in Whitehall (Biogr. S. 6b), in den
Palästen von Buckingham (Biogr. S. 7a, T. A. 2, I. S. 68b) und
Arundel (Biogr. S. 5b, T. A. II, 3, S. 251b, 2, II. S. 11b) lernte
er eingehend kennen. Mit Arundel selbst stand Sandrart in persönlichem Verkehr (T. A. II, 3, S. 251b), ebenso mit Inigo Jones,
dem Erbauer von Whitehall. Ferner ist auch die Annahme gestattet, dass Sandrart mit Franciscus Junius, dem Bibliothekar
und gelehrten Beirat des Grafen Arundel, in Beziehungen stand
(sein Werk einmal citiert T. A. II, 345a). Besonders befreundet
war Sandrart während seines Aufenthaltes in London mit dem
aus Pisa stammenden Maler Orazio Gentileschi (Lomi) (Biogr.
S. 11b, T. A. II, 204b); auch hatte er dort noch Verkehr mit
Robert van Vorst (T. A. II, 360b) und mit dem Miniaturmaler
Peter Oliver (T. A. II, 316b).

Als auf die Kunde der Ermordung des Herzogs von
Buckingham (23. August 1628), des berüchtigten Günstlings

---

[1] Vergleiche hierüber: Max Rooses Geschichte der Malerschule Antwerpens
(deutsch von Reber), S. 224, und hiergegen: Herman Riegel, Beiträge zur niederländischen Kunstgeschichte. 1882, Bd. I. S. 303/304.

Carls I., viele aus der Umgebung des Königs um ihr Leben besorgt wurden, beschloss auch der junge Sandrart, England zu verlassen, und gab als Grund seiner Abreise an, dass er seine Studien in Italien fortsetzen wolle, worauf er von dem König nur mit Widerstreben entlassen wurde (Biogr. S. 5 b). Ueber Holland reiste er dann zunächst nach Frankfurt zu seinen Eltern und war hier kurze Zeit als Bildnismaler thätig (Biogr. S. 7 b). Alsdann begab er sich über Augsburg (er besah daselbst die Kabinete) und durch Tyrol nach Venedig (Biogr. S. 7 b). Hier in Venedig blieb Sandrart bis zum Sommer 1629 (T. A. II. 310 a. Biogr. S. 9 a), und betrieb vornehmlich das Studium des Kolorits, indem er nach Tizian (T. A. II. 2. 162 b) und Veronese (Biogr. S. 7 b/8 a) kopierte (Biogr. S. 8 a). Auch war er in Venedig Mitglied einer Akademie, auf welcher nach dem lebenden Modell gezeichnet und gemalt wurde (T. A. II. 315 a). Als ein Mitglied dieser Akademie wird von Sandrart noch Jan Lys genannt, ein Nachfolger der Richtung des Caravaggio, der damals Sandrarts Hausgenosse war und ihn zugleich mit Nicolaus Renier mit den Kunstschätzen Venedigs bekannt machte (Biogr. S. 7 b). Hier in Venedig traf Sandrart noch mit seinem ersten Lehrer in Hanau, Sebastian Stosskopf, sowie mit dem Amsterdamer Kunstsammler Lucas van Uffeln zusammen (T. A. II. 310 a, 348 b).

Im Jahre 1629 brach in Venedig eine grosse Pest aus, an welcher Jan Lys und andere Künstler zu Grunde giengen (T. A. II. 315 b); noch vor Ausbruch dieser Pest hatte sich Sandrart zugleich mit seinem Vetter, dem Kupferstecher le Blon [1], auf die Reise nach Rom begeben, um sich dort in der Zeichenkunst zu vervollkommnen (Biogr. S. 8 a/b). Die Reise ging über Ferrara nach Bologna, woselbst einige Zeit Aufenthalt genommen wurde. Sandrart kopierte hier in der Galleria Farnese nach den Gemälden der Caracci

---

[1] Ueber das verwandtschaftliche Verhaltnis zwischen Sandrart und le Blon giebt nach freundlicher Mittheilung des Herrn E. W. Moes in Rotterdam ein sehr seltenes Blatt in dem Kupferstichkabinet zu Nürnberg Aufschluss; dasselbe enthält die acht Stammwappen von le Blons Kindern. Auf der Rückseite dieses Blattes steht geschrieben: „Als dit voorgedruckt sal seyn so is het myn up de rechter hand: foet aº, 1651 in myn 65 Jaer. T'Amsterdam." Aus der Reihenfolge der Wappen erfolgt nun, dass le Blons Grossvater väterlicherseits eine Sandrart zur Frau hatte. — Ferner befindet sich auf dem Kupferstichkabinet zu Amsterdam auf einem kleinen Stich von le Blon das Sandrartsche Wappen mit der Beischrift: „Zur freundlicher und unverwerender gedechtnus hab ich meinem hertzlichen vettern Jörg Sandrart dis gemacht meiner in Freud und freundtlichkeyt dabei zu gedenken Datum Amsterdam 1623. M le Blon."

(Biogr. S. 8b), und besuchte Guido Reni und Francesco Albani
in ihren Ateliers. Hierauf zogen Beide, Sandrart und le Blon,
nach Florenz und besahen daselbst alle Kunstwerke der Stadt.
Durch die zunehmende Sommerhitze werden sie jedoch veranlasst,
bald wieder von hier aufzubrechen und sich nach Rom, dem Ziel
ihrer Reise, zu wenden. Noch im Sommer des Jahres 1629 trafen sie in Rom ein
(T. A. I, 1. S. 23b) und gaben daselbst bald nach ihrer Ankunft,
um mit der Kunstwelt Roms bekannt zu werden, nach der Gewohnheit der dort bestehenden Schilderbent [1]) ein grosses
Willkommsessen, zu welchem sie vierzig der bekanntesten
Künstler, darunter Franzosen, Italiener, Deutsche und Niederländer einluden (Biogr. S. 9a/b). Unter die Mitglieder der spezi-
fisch holländischen Schilderbent wurde jedoch Sandrart [2]) nicht
aufgenommen, auch verkehrte er in Rom keineswegs ausschliesslich mit niederländischen oder deutschen Künstlern, noch auch
schloss er sich den in Rom lebenden italienischen Künstlern an.
Wie Rom damals der Sammelpunkt von Künstlern aus aller
Herren Länder geworden war, so hatte sich dort auch unter den
Fremden ein internationaler Verkehr herausgebildet.[3]) Von der
italienischen Künstlergenossenschaft, speziell von der Accademia
di San Luca, hielten sich die meisten fremden Künstler fern:
die ewigen Streitigkeiten [4]), die unter den Italienern herrschten,
mochten sie vor einem engeren Anschluss abschrecken [5]), doch
standen sie mit einzelnen italienischen Künstlern in freundschaftlichem Verkehr. Ein klassisches Zeugnis für den internationalen
Verkehr der Künstler in Rom, die dort gemeinsam ihren Studien
oblagen, bieten Sandrarts Berichte über seinen Umgang mit
den Studienfreunden.

---

[1]) Vergl. G. B. Passeri. Le vite de pittori etc. in Roma morti dal 1641
fino al 1673. Rom 1772. Leben des Pieter van Laer.

[2]) Nach Fiorillo.

[3]) Gleichzeitig hielten allerdings auch, wie Passeri im Leben des Pieter
van Laer erzählt, die einzelnen Nationen unter sich zusammen

[4]) Von derartigen Streitigkeiten der Italiener, die zumeist durch den
Künstlerneid hervorgerufen wurden, erzählt Passeri sehr häufig, während Sandrart
T. A. II, 362a gerade das einträchtige Zusammenleben ihrer eigenen Künstler-
kolonie hervorhebt.

[5]) Passeri sagt im Leben des Vincenzio Armanuo, dass die Fremden stets
besorgten, von den Italienern betrogen zu werden. Sie hatten vermutlich hierzu
guten Grund.

In der ersten Zeit seiner Anwesenheit in Rom übte sich Sandrart im Zeichnen nach antiken Statuen und nahm Theil an den Studien der Akademieen (Biogr. S. 9b). Unter denen, die damals in Rom Akademieen abhielten, war Domenichino [1]) besonders bevorzugt und zu ihm begab sich der junge Deutsche und bat ihn um Rat und Beihülfe in seinen künstlerischen Bestrebungen, was Domenichino auch gerne gewährte (T. A. 2, III. S. 70a). Da aber dieser schon zu Ende des Jahres 1629 [2]) nach Neapel übersiedelte, so konnte Sandrart nicht lange seinen Unterricht geniessen, er schloss sich deshalb einem Kreis von Künstlern an, die, alle untereinander befreundet, gemeinsam die Kunstwerke Roms studierten (T. A. II, 160a/b), zu landschaftlichen Studien Ausflüge in die Umgebung der Stadt machten (T. A. II, 311b, I, 3. 71b), über künstlerische Aufgaben debattierten (T. A. II. 368b, 2, II. 5b), und sich zu einer Akademie vereinigten (T. A. II. 201b). Man darf indessen nicht annehmen, dass eine solche Akademie eine festorganisierte Künstlergemeinschaft mit leitenden Lehrern an der Spitze und mit ausgesprochenem Schulprogramm gewesen wäre. Es vereinigten sich vielmehr zunächst einzelne Künstler in einem Atelier, um daselbst nach einem gemeinsam gemieteten Modell zu zeichnen und zu malen (T. A. I, 3. 61a), nach antiken Statuen zu bossieren, zu zeichnen und zu messen (T. A. I, 2. 33a/b, II, 332b). Passeri bezeugt, dass nach dem Weggange des Domenichino, also im Winter 1629 auf 1630, Poussin die Akademie des Andrea Sacchi besucht habe, wo der Korporal Leone wegen seiner lebendigen Stellungen ein sehr beliebtes Modell gewesen sei; Sandrart erwähnt, Andrea Sacchi wäre „ein sehr kostbares Mitglied" ihrer in Rom „florierenden Academie" gewesen (T. A. II. 201b). Es wäre falsch, wenn man aus den Worten des Passeri den Schluss ziehen wollte, als ob Sacchi der Leiter der Akademie gewesen sei oder gar maassgebenden Einfluss in dieser Akademie ausgeübt hätte. Die Akademie wurde damals eine Zeitlang in dem Atelier des Sacchi abgehalten, später standen zu diesem Zweck Zimmer in dem Palast des Marchese Giustiniani zur Verfügung (T. A. II, 361b, 191b, 2, II. 5b).

Als Mitglieder dieser Akademie werden von Sandrart ausdrücklich neben Sacchi genannt: Du Quesnoy (T. A. 2,

[1]) Nach Passeri im Leben des Poussin.
[2]) Nach Passeri im Leben des Domenichino.

11. 5b), Claude Lorrain (T. A. II, 332b) und Cortona
(T. A. II, 201b). Dass auch Poussin sich an den Studien der
Akademie betheiligte, geht aus einem Vergleich der Stelle des
Passeri mit einem Passus der Teutschen Academie hervor
(T. A. II, 368b, 201b). Es ist wahrscheinlich, dass auch Pieter
van Laer [1]) und Valentin gemeinsam mit jenen Künstlern ihren
Studien oblagen (T. A. II, 311b, 367b). Alle Künstler, die von
Sandrart als Mitglieder der Akademie genannt werden, standen
in ungefähr gleichem Lebensalter von ca. 30—35 Jahren, nur
Sandrart war um einige Jahre jünger. Sie befolgten durchaus
nicht eine gemeinsame künstlerische Richtung, sie wurden zu
ihren Studien nur zusammengeführt durch das pädagogische
Prinzip, möglichste Vollkommenheit zu erlangen in der Theorie
und Technik der Kunst. Deshalb beschränkten sie ihre Studien
nicht auf die des lebenden Modells und antiker Statuen, sondern
sie verlegten sich auch auf das Studium der Perspektive und
benutzen hierbei die besten wissenschaftlichen Schriften von
Peruzzi, Serlio, Danti, Des-Argues und anderen (T. A. I, 3. 89b),
ferner auf das Studium von Anatomie und Proportion des
menschlichen Körpers (T. A. I, 3. 61a, 1, 2. 30a, 33), von Licht-
und Schattenwirkungen, sowie auch auf die Untersuchung von
rein technischen Fragen (T. A. 2, II. 5b). Passeri erwähnt, dass
Poussin schon in Paris in der Anatomie und Perspektive grosse
Kenntnisse sich erworben und diese in Rom noch erweitert habe;
es ist darum wahrscheinlich, dass er seinen Freunden in ihren
Studien mit seinem Rat behülflich gewesen ist.

Aber nicht nur in der Akademie, die nach Passeri nur zur Winters-
zeit abgehalten wurde, vereinigten sich die Künstler, sie besuchten
auch gemeinsam die Kunstwerke Roms und tauschten an Ort und
Stelle ihre Meinungen über diese aus (T. A. II, 2. 160a/b, 1, 2. 39a/b),
machten, besonders Claude Lorrain und Sandrart, gemeinsam
landschaftliche Studien „in offnem Feld, zu Tivoli, Frescada,
Subiaca und anderer Orten, auch al S. Benedetto" (T. A. I, 3. 71b),
sowie im Garten des Marchese Giustiniani vor der porta Flaminia
(Biogr. 12a; T. A. 2, II, 8b; 2, III. 92b) (vergl. auch T. A. II,
311b, 331/32).

Ausser mit diesen seinen Studienfreunden unterhielt Sandrart
in Rom noch mit anderen Künstlern mehr oder weniger freund-

---

[1]) Ueber das Alter des Pieter van Laer s. H. Riegel. Beiträge II, S. 316.

7*

schaftlichen Verkehr, so mit Barbieri (T. A. II, 199 a) und Pietro
Testa (T. A. II, 202 a), mit Caroselli (T. A. II, 97 a), Bernini
(T. A. II, 200 a), Johann del Campo (T. A. II, 313 b). Auch mit
dem Gelehrten Athanasius Kircher war Sandrart in Rom „viele
Jahre lang befreundet" (T. A. 2, 1. 55 a), und mit der Familie
des verstorbenen Malers Elsheimer stand er in Berührung
(T. A. II, 294 b). Drei von seinen römischen Freunden unter-
hielten noch in späteren Jahren, nachdem Sandrart lange von
Rom abgereist war, freundschaftliche Beziehungen mit ihm: Pietro
da Cortona (T. A. II, 201), Barbieri (T. A. II. 199 a) und Pieter
van Laer (T. A. II, 313 a).

Seinen Aufenthalt in Rom unterbrach Sandrart einmal,
indem er „mit guter Gesellschaft, um das übrige von Italien
auch zu besehen", eine Reise nach Neapel, Sizilien und Malta,
sowie durch Apulien nach Rom zurück unternahm (Biogr. S. 11 b).
Auf dieser Reise zeichnete er Ansichten italienischer Landschaften,
darunter „den damals Feuer werffenden abscheulichen Berg
Vesuvium"; ein Stich nach dieser Zeichnung befindet sich in
der Topographia Italiae, die 1688 bei Merians Erben in Frankfurt am Main erschien. Auf diesem Stich steht geschrieben, er
sei „nach dem Leben gezeichnet durch Joachimo Sandrart 1631",
auf Seite 73 und 74 der Topographie ist ferner der Ausbruch
des Vesuv beschrieben und angegeben, dass er im Jahre 1630
am 5. und 15. Dezember erfolgt sei. Sandrart hat also diese
Reise zu Beginn des Jahres 1631 unternommen. Während seines
Aufenthaltes in Neapel besuchte er die Malerin Artemisia
Gentileschi, die Tochter seines Londoner Freundes, und erhielt
von ihr den Auftrag zur Anfertigung eines Gemäldes (Biogr.
S. 11 b). Ferner besuchte er dort den niederländischen Kaufmann
Caspar di Romer, der in seinem Palast zu Neapel eine Gemäldesammlung besass, in der sich Bilder von Ribera, Aniello Falcone
und Massimi befanden (T. A. II. 191 b, 203 b).

Ueber Sandrarts Thätigkeit als Maler in Rom ist in der
Biographie Seite 9 b bis 12 b eingehend berichtet, doch lässt sich
aus diesem Bericht leider nicht die genügende Klarheit über
einzelne Daten seiner Thätigkeit erlangen. Bald nach seiner
Ankunft in Rom liess Sandrart in Folge seiner eifrigen Studien
eine so „meisterhafte Manier" erkennen, dass er nach Vollendung
zweier Gemälde zu den zwölf bedeutendsten Malern Italiens ge-
zählt wurde, die den Auftrag erhielten, für den König von

Spanien je ein grosses historisches Gemälde anzufertigen. Als durch die öffentliche Ausstellung dieser Bilder am Festtag unserer lieben Frauen da Constantinopoli Sandrart in Rom als hervorragender Künstler bekannt wurde, da sah sich der kunstliebende Marchese Vincenzio Giustiniani veranlasst, den jungen Deutschen in seinen Palast aufzunehmen. In welchem Jahr dies geschah, ist in dem Bericht nicht angegeben. Unter den Gemälden war das des Guercino nach der Biographie eine Darstellung der sterbenden Dido; falls diese identisch ist mit jener im Palazzo Spada befindlichen, die nach Woermann [1]) im Jahre 1631 entstand, so wäre Sandrart erst im Jahre 1631, also nach seiner Neapler Reise, mit Giustiniani zusammengekommen.

In dem Palast des Marchese, in dem Sandrart bis zu seiner Abreise von Rom wohnen blieb, waren Räume für Wohnungen und Künstlerateliers angewiesen. Hier war nun Sandrart zunächst als Bildnismaler thätig, und zwar mit soviel Glück, dass er von einem Kardinal an den Papst Urban VIII. empfohlen wurde, dessen Porträt zu malen er den Auftrag erhielt (Biogr. S. 10 b und 12 a). Es war dies im Sommer, als Urban VIII. auf seinem eine halbe Tagereise von Rom entfernten Schlosse Castell Gandolfo residierte (T. A. 2, I. 32 b). Das Porträt fiel so zur Zufriedenheit des Papstes aus, dass Sandrart hierauf wiederholt Aufträge zu grösseren Gemälden historischen und dichterischen Inhalts erhielt (Biogr. S. 12 a). Sandrart gab in Folge dieser Aufträge das Porträtmalen auf und verlegte sich jetzt nur noch auf das Malen grosser Historien (Biogr. S. 11 a), für welche er in dem Kardinal Barberini und anderen römischen Kunstfreunden Käufer fand. Ueber den Preis eines seiner Gemälde geriet Sandrart mit seinem Auftraggeber Cavaliere Massimi in Streit, welcher letztere schliesslich die Annahme des Bildes verweigerte, doch erhielt Sandrart bald Gelegenheit, das Bild an einen niederländischen Kaufmann zu verkaufen, aus dessen Besitz es später in den des Kardinal Richelieu (durch Vermittelung des Cavaliere d'Arpino) übergieng (Biogr. S. 11 a). Der König von Frankreich fand so grosses Gefallen an dem Gemälde Sandrarts, dass er den Künstler gleichzeitig mit Poussin und Du Quesnoy zu sich nach Paris berief, welchem Ruf indess Sandrart nicht Folge leistete (Biogr. S. 11 a). Die Nachricht von dieser Berufung Sandrarts

---

[1]) Siehe Woltmann und Woermann, Geschichte der Malerei. III. S. 158.

an den französischen Hof findet sich anderweitig nicht beglaubigt: falls sie wirklich zutreffend sein sollte und falls, wie angegeben, gleichzeitig mit der Berufung des Poussin auch Sandrart einen Ruf erhalten hat, so müsste dies erst im Jahre 1639[1]) geschehen sein, als Sandrart schon in Amsterdam sesshaft war.

Seitdem Sandrart in dem Palazzo Giustiniani wohnte, verwandte er seine Zeit nicht ausschliesslich auf seine akademischen Studien noch auf seine Thätigkeit als Maler, er war gleichzeitig auch in Anspruch genommen durch seine Stellung bei Giustiniani. Dieser, ein hochbetagter Herr (T. A. II. 190a, Biogr. S. 11b, T. A. I, 2. 40b), der über einen ungeheuren Reichtum und grossen Grundbesitz verfügte (T. A. II. 2. 190a, 191b, 2, II. 8b, 2. III. 92b), bethätigte schon seit jungen Jahren ein lebhaftes Interesse für Künstler und Kunstwerke. Einen Theil seines Palastes hatte er vollständig den Künstlern zur Verfügung gestellt, dort hatten schon Guido Reni (T. A. II. 196a), Albani (T. A. II. 191b), Caravaggio (T. A. II, 189b) und Honthorst (T. A. II. 303a) gewohnt, gleichzeitig mit Sandrart wohnte daselbst Claude Lorrain (T. A. I, 3. 71b); ebenso erhielten die Stecher für die Galleria Giustiniana in dem Palast Wohnung und Atelier (T. A. I. 361b, 362a). Seinen Garten al popolo vor der porta Flaminia hatte der Marchese den Künstlern zu freier Benutzung überlassen (T. A. I, 2. 40a, 2,. II. 8b, 2, III. 92b). Er besass eine hervorragende Gemäldesammlung (T. A. II. 362a, 190a) und eine reiche Sammlung antiker Skulpturen. Sandrart wurde bei ihm angestellt als künstlerischer Beirat (T. A. II, 2. 190a, I, 2. 40a) und als Agent für seine Kunstankäufe (T. A. I, 2. 40a, II. 349a, I. 1. 24a) und er musste täglich bei ihm vorsprechen (T.A. I, 2.40a. Biogr. S. 11b). Nach seiner eigenen Angabe hat Sandrart „in die 270 Stück" antiker Skulpturen für den Marchese zusammengekauft. Damals sammelte Sandrart zu Studienzwecken ganze Bücher voll Zeichnungen und Stichen nach antiken Statuen und fertigte auch selbst Zeichnungen nach den besten antiken Statuen aus dem Besitz des Marchese Giustiniani an (Biogr. S. 12a). Der Kupferstecher Natalis aus Lüttich hatte einige dieser Zeichnungen Sandrarts durch den Stich vervielfältigt, und als diese der Marchese zu Gesicht bekam, entschloss er sich dazu, die besten

[1]) Siehe Woltmann und Woermann. Geschichte der Malerei. III. S. 323.

seiner antiken Skulpturen in einem Abbildungswerke weiteren
Kreisen bekannt zu machen (T. A. II. 361a). Die Oberleitung
des Unternehmens und die Zeichnung der Skulpturen wurde
Sandrart übertragen (Biogr. S. 11b), der nun zusammen mit
Natalis (T. A. II, 361a) eine Anzahl Stecher für das Unternehmen
engagierte, die meist erst vom Auslande nach Rom kommen
mussten. Die Zeichnungen der Galleria Giustiniana hat nun
Sandrart keineswegs allein angefertigt, noch auch ist sein Antheil
an der Herstellung der Zeichnungen ein so grosser, als er ihn
selbst erscheinen lassen möchte; er selbst giebt an anderer Stelle
(T. A. II. 202a) an, dass er den jungen Pietro Testa zur Anfertigung von Zeichnungen geworben habe, ausserdem ergiebt
ein Blick auf die Signaturen der Stiche, dass zumeist die Stecher
selbst auch die Zeichnungen verfertigten. Als Stecher der
Galleria Giustiniana sind in der Teutschen Academie angegeben:
Michael Natalis aus Lüttich (Biogr. S. 11b; T. A. II, 361a. 362a).
Cornelis Blomaert aus Utrecht (Biogr. S. 11b; T. A. II. 298b.
362a/b). Regner Persin aus Amsterdam (Biogr. S. 11b; T. A. II.
361b). Theodor Matham aus Harlem (Biogr. S. 11b; T. A. II. 360b).
Claude I Audran aus Lyon (Biogr. S. 11b; T. A. II, 371a), Claude
Mellan und der in Rom ansässige deutsche Stecher Matthaeus
Greuter (Biogr. S. 11b). Nach Sandrarts Angabe (T. A. II, 362a) sind
diese erst im Jahre 1633 zur Ausführung des Unternehmens in
dem Palast des Marchese zusammengekommen; an derselben
Stelle giebt auch Sandrart ihrem friedlichen Zusammenleben ein
sehr ehrendes Zeugnis. Ueber das Schicksal der Kupferplatten
nach dem Tode Giustinianis giebt Sandrart T. A. I. 2. 40b
Auskunft.[1])

Im Jahre 1635 entschloss sich Sandrart zur Rückkehr in
die Heimat und nachdem er „ganze Bücher von der raresten
antichen Statuen, auch rühmwürdigster Gemälde Abrissen, so zu
seinen Studien dienlich, zusammengetragen (Biogr. 12a), und
„alle Raritäten nochmals beschen, und alles was nöthig annotirt,
auch alle virtuose Künstler höflich beurlaubet", brach er im
Anfang des Juni 1635 von Rom auf (Biogr. 12b. T. A. II. 2.
S. 201a).[2]) Sein Freund Berettini hatte die Absicht, ihn bis an die
Alpen zu begleiten und mit ihm gemeinsam die Kunstwerke in der

---

[1]) Vergl. die Angabe in der Bibliographie universelle bei „Giustiniani".

[2]) Sandrarts Vetter Le Blon war schon 1632 nicht mehr in Italien. Vergl.
das Manuskript von Fesch, abgedruckt in Woltmanns Holbein. Bd. II, S. 48 ff.

Lombardei und in Venetien zu besehen, wurde aber durch eilige Aufträge des Kardinals Barberini von seinem Vorhaben abgehalten (T. A. II, 201a). Die Reise Sandrarts ging über Florenz und Bologna nach Venedig und von hier nach Mailand. Von dort zog Sandrart nach Altorf in der Schweiz und über den St. Gotthard nach Luzern und Basel (Biogr. S. 12b). Er hatte anfangs die Absicht, über Genf zu reisen, wurde aber hierin „durch die burgundischen Räuber, die damals die Strasse unsicher gemacht" gehindert (T. A. 2, II. 81b). In Basel hielt er sich nicht so lange auf, um alle dortigen Kunstfreunde besucht zu haben (T. A. 2, II. 83a), aber den Kunstschätzen der Stadt, besonders Holbeins Passion auf dem Rathause widmete er doch eingehendes Studium (T.A. II, 3. 349a). Von Basel zog dann Sandrart, während Krieg, Hunger und Pest wüteten, mit höchster Gefahr Leibes und Lebens über Breisach, Speier, Frankenthal und Oppenheim nach Frankfurt am Main, das damals (23. Mai bis 20. August) von den Kaiserlichen belagert wurde, er gelangte in der Pfingstnacht 1635 nur durch List zwischen den Wachen hindurch in seine Vaterstadt.

Hier fand er bald als Maler eine reiche Thätigkeit, er porträtierte Bernhard von Weimar[1]) und die Offiziere der Besatzung der Stadt. Auch wurde er befreundet mit der kunstliebenden Kaufmannsfamilie de Neufville und heiratete eine Verwandte dieses Hauses, Johanna von Milkau auf Stockau. Mit dem älteren Merian stand er ebenfalls in freundschaftlichem Verkehr und erhielt dessen Sohn zum Schüler (T. A. II, 324b). Damals herrschten in Folge des Krieges in Frankfurt und Umgegend Hungersnot und Pest (Biogr. S. 12b), sogar sein Schüler Merian schwebte in Gefahr, von Bauern getödtet und verzehrt zu werden.[2]) Viele tausende kamen „zur Zeit der schröcklichen contagion" 1636 ums Leben (T. A. II, 3. 297b). Diese trübseligen Zustände bewogen den Künstler „samt den Seinigen" nach Amsterdam überzusiedeln, und er reiste über Köln zunächst nach Utrecht, wo er noch im Jahre 1637 sich aufhielt (T. A. II, 3. 298a), also wohl auch eine Zeitlang gewohnt hat, und siedelte dann in dem selben Jahre 1637 nach Amsterdam über. Der Grund

---

[1]) Sieh R. Wille. Hanau im Dreissigjährigen Krieg. Hanau. 1886. S. 190. Hiernach weilte Bernhard von Weimar vom 23. Mai bis zum 26. Juni in Frankfurt.

[2]) Aehnliche Vorkommnisse werden bezeugt in Merians Theatrum Europaeum. Theatri Europaei Continuatio III. Frankfurt 1670 (erste Ausgabe von 1639). S. 617 und 618. Abgedruckt bei Wille a. a. O. S. 251 f.

dafür, dass Sandrart damals Amsterdam zu seinem Aufenthalt
wählte, mag darin zu suchen sein, dass die Stadt im 17. Jahrhundert zu einer Weltstadt Europas emporgeblüht war, und dass
dort gerade die Bildnismaler lohnende und umfangreiche Beschäftigung fanden.

In Amsterdam wohnte Sandrart vom Jahre 1637 bis zum
Jahre 1644 oder 45 (T. A. II, 301b, 249a, 309b, Biogr. S. 17b).
Von hier aus hat er jedenfalls gelegentlich kleinere Reisen nach
den niederländischen Städten angetreten; dass er um diese Zeit
Leyden, 's Gravenhaag und Antwerpen besucht hat, wird durch
seine eigenen Angaben bezeugt (T. A. I, 41b, II, 312a, 321a,
243b). Als Künstler entwickelte er eine reiche Thätigkeit, theils
als Porträtmaler[1]), theils als Maler historischer, mythologischer
und allegorischer Bilder; seine Besteller sind einerseits niederländische Kunstfreunde und Genossenschaften (Biogr. S. 13a;
T. A. II, 321a), andererseits deutsche Fürsten und kirchliche Orden
(Biogr. S. 13b, 22b, 17b, 18a; T. A. II, 3. 316b, 362b, 249a).
Für den grossen Schützensaal der Kloveniers Doelen malte Sandrart sein künstlerisch bedeutendstes Werk, den Einzug der Maria
von Medici, Königin-Witwe von Frankreich, in Amsterdam den
1. September 1638, auf dem die Korporalschaft des Kapitän
van Swieten abgebildet ist. Durch dieses Bild reihte sich
Sandrart unter die niederländischen Maler der Schützenstücke
ein und konnte auch mit Ehren neben ihnen bestehen. Das
Bild hängt heute im Ryksmuseum zu Amsterdam. Unter den
deutschen Fürsten werden als Besitzer seiner Gemälde namentlich
hervorgehoben: Erzherzog Leopold Wilhelm, der damals in Brüssel
residierte (T. A. II. 316b, 362b), Churfürst Maximilian von Bayern
(T. A. II. 316b, Biogr. 17b, 13b) und Pfalzgraf Philipp Wilhelm
von Pfalz-Neuburg (Biogr. 17b). Einige seiner Gemälde liess
Sandrart durch den Stich verbreiten; als seine Stecher nennt er
den späteren schwedischen Hofmaler Jeremias Falck (T. A. II,
361b), sowie seine Bekannten aus Rom, Theodor Matham (T. A. II.
360/61) und Regner Persin (T. A. II, 361b).

Nach den Angaben der Biographie (S. 12/13) war Sandrart
sowohl wegen seiner weltmännischen Bildung, als auch wegen
seiner hervorragenden Kunstfertigkeit ein allgemein beliebtes
Mitglied der Amsterdamer Kunstwelt und gebildeten Kreise.

---

[1]. A. Bredius hat eine sehr interessante Urkunde über Sandrarts Schüler
in Amsterdam aufgefunden.

Dasselbe bezeugen auch die darauf bezüglichen Notizen der
Teutschen Academie. Eng befreundet war Sandrart mit seinem
Vetter le Blon, einem der gebildetsten Männer seiner Zeit, der
damals als schwedischer Agent in Amsterdam wohnte und von
Sandrart und Meyssens als Kunstmäcen gepriesen wurde (Biogr. 8 b,
T. A. II. 252a, 292a, 358b, Biogr. universelle; Meyssens Widmung
zu den „Images"). Ebenso waren die holländischen Dichter
Gaspard van Baerle und Jost van den Vondel mit dem deutschen
Künstler befreundet, der erstere machte Verse auf eine in Sandrarts
Besitz befindliche Skizze Raphaels, sowie auf von Sandrart selbst
angefertigte Gemälde, der letztere verfasste eine Klageschrift über
Sandrarts Abreise von Amsterdam (Biogr. 13a, 18a, 23a, T. A. II, 96a).

Sandrart besass damals in Amsterdam eine hervorragende
Kunstsammlung und suchte diese während seines Aufenthaltes
dortselbst möglichst zu vergrössern, indem er von Künstlern
und Kunstfreunden Werke ankaufte (Jan Both T. A. II, 312b,
Th. Kretzer T. A. II. 318a) und auf Auktionen Gemälde erwarb
(Lucas van Uffelns Ausruf T. A. I. 55b, Rubens Ausruf T. A. II.
243b).[1] Vor seiner Abreise von Amsterdam nach dem „desolaten
Teutschland" verkaufte Sandrart diese Sammlung theils auf An-
drängen Amsterdamischer Sammler, theils weil die Gefahr
des Verlustes in Deutschland eine sehr grosse war (T. A. II.
223a, 173b). Einiges verkaufte er aus freier Hand an den
schwedischen Abgesandten in Gravenhaag, Herrn Peter Spiering
von Nordtholm, „den berühmten Vatter aller Künste", mit
welchem er in guten Beziehungen stand, und an die Herren
Regner und Adrian Pau (T. A. II. 173b, 332b, 2. III. 69a,
Biogr. 13a. T. A. II, 225a), sowie an den „kunstliebenden und
vernünftigen" Buchhalter Loskart (T. A. II. 223a, 240b. 252a).
Seinem hochgeschätzten Freunde le Blon verehrte Sandrart „zu
dankbarer Erkantnus empfangener Wolthaten" Holbeins Selbstporträt (T. A. II. 251b), das Uebrige verkaufte er im öffent-
lichen Ausruf (T. A. I. 56a, Biogr. 13a).[2] Auch mit den Künstler-
kreisen Hollands pflegte Sandrart lebhaften Verkehr, in naher

[1] Vergl. Rembrandts Skizze nach dem Bildnis Castigliones von Raffael, auf
der sich eine handschriftliche Notiz Rembrandts befindet, durch die Sandrarts Angabe bestätigt wird. Phot. Braun. Albertina Nr. 707.

[2] Ueber den Verkauf von Sandrarts Handzeichnungen hat A. Bredius in
Amsterdam einen Notariatsakt gefunden, wonach die erlöste Summe vollständig mit
der von Sandrart genannten übereinstimmt.

Freundschaft lebte er mit dem aus Italien zurückgekehrten Pieter van Laer (T. A. II, 312 a) und machte mit ihm gemeinsam einen Besuch bei Gerhardt Dou in Leyden (T. A. II. 321 a). In gelegentlichen Notizen erzählt Sandrart von seinen Beziehungen zu den Künstlern Seghers, Backer und Ceuper (T. A. II. 301 b, 307 b, 316 b), dass er aber auch mit vielen anderen zeitgenössischen Künstlern persönlich bekannt war, lässt sich aus dem Wortlaut der Biographieen erkennen, so bei Rembrandt und v. d. Helst.

Sandrart war in Amsterdam, wie man aus den Angaben über den Erlös beim Verkauf seiner Sammlungen ersehen kann, ein sehr vermögender Mann, doch sollte ihm bald noch eine ungewöhnliche Bereicherung an äusseren Glücksgütern zu Theil werden. Durch Erbschaft seiner Frau fiel ihm das „Landsassengut" Stockau bei Ingolstadt im Pfalz-Neuburgischen Gebiet zu (Biogr. 13 a, T. A. II, 201 b), behufs Uebernahme dieser Erbschaft entschloss er sich zur Abreise von Amsterdam. Der Besitz dieses Gutes scheint ihm jedoch nicht unbestritten geblieben zu sein, denn in der Biographie (S. 13 b) werden Rechtsprozesse erwähnt, die er glücklich durchführte. Während seines Aufenthaltes in Stockau 1644—1660 [1]) (Lipowsky, Bayr. Künstlerlex.) blieb Sandrart unausgesetzt als Maler beschäftigt (Biogr. 13 b) und unternahm öfters Reisen im Interesse seines Berufes. Mit dem greisen Kurfürsten Maximilian von Bayern, für den Sandrart schon in Amsterdam thätig gewesen war, trat er jetzt in nahen persönlichen Verkehr; nach den Angaben der Biographie hat ihn der kunstverständige Kurfürst „sonders geliebet" (S. 13 b), sowie sein Urtheil in künstlerischen Dingen sehr hoch geschätzt (T. A. 2, II. 73 a, II, 236 b/237 a). Maximilian zeigte dem Künstler persönlich seine Sammlungen in Schleissheim und München (T. A. II, 224 b/25 a, 2, II. 73 a), im Jahr 1644, falls die Zeitangabe richtig ist, liess er sich von Sandrart porträtieren (im Alter von 72 Jahren) und wurde von ihm auf die Holbeinsche Passion aufmerksam gemacht, die er daraufhin, jedoch ohne Erfolg, zu erwerben suchte (T. A. II, 249 a, 1, 55 b). [2])

---

[1]) Vergl. betr. des Jahres der Abreise Sandrarts T. A. II, 249 a und 301 b. Hier muss sich Sandrart über die Zeit geirrt haben. was ja auch wohl möglich ist, da er erst 30 Jahre später seine Angaben gemacht hat.

[2]) Vergl. die Angabe in dem Manuskript von Remigius Fesch auf der Basler Bibliothek Nr. VII. Abgedruckt bei Woltmann „Holbein". Bd. II. S. 48 ff.

Durch seinen wiederholten Aufenthalt beim Kurfürsten ward Sandrart in München bekannt (T. A. II, 263b. 285b). Mit dem Kanzler des Kurfürsten, dem Freiherrn von Mayer, einem der eifrigsten Kunstsammler Deutschlands, kam er öfters zusammen und war auch als Maler für ihn thätig.[1] „In vertraulicher Freundschaft" lebte er viele Jahre lang mit dem Wachsbossierer Alexander Abondio d. J., der nach Rudolfs II. Tod von Prag nach München übergesiedelt war und dort im Dienste Maximilians hohes Ansehen genoss. Von diesem, der nach einer Handschrift im Königl. Kupferstichkabinet zu Dresden im Jahre 1648 starb und am 29. Mai begraben wurde, erhielt Sandrart mancherlei Künstlernachrichten für die Teutsche Academie (vergl. T. A. II. 341b. 233a).[2] Wenn Sandrart jetzt erst (nach seiner Rückkehr von Amsterdam) mit dem alten Münchener Maler Donauer bekannt worden ist (T. A. II, 233a), von dem er ebenfalls biographische Nachrichten erhalten hat, dann müsste er schon im Jahre 1643 nach München gekommen sein, da Donauer nach derselben Handschrift im Januar 1644 gestorben ist.[3]

Im Jahre 1646 wurde Sandrart durch den Besuch des Erzherzogs Leopold Wilhelm ausgezeichnet, der damals als Oberbefehlshaber der Kaiserlichen Armeen in Bayern weilte und in München bei Maximilian von Neuem auf Sandrart aufmerksam geworden war (Biogr. 17b, T. A. II. 309b).[4] Sandrart musste dann den Erzherzog zu dem Pfalzgrafen Philipp Wilhelm nach Neuburg begleiten und diente als erfahrener Führer bei Besichtigung von dessen Kunstschätzen (Biogr. 17b).

Ein Jahr darauf, als er schon beabsichtigte, eine zweite Reise nach Italien anzutreten, erlebte Sandrart das Unglück, dass ihm sein Besitztum Stockau von durchziehenden Franzosen

---

[1] T. A. 2. II. 85b.

[2] Dass Abondio d. J. noch im Jahre 1675 gelebt hätte, wie in Meyers Allg. Künstl.-Lex. angegeben wird, ist falsch. Der Verfasser des betr. Artikels scheint hier eine Notiz der T. A. falsch verstanden zu haben. Vergleiche die Handschrift von Fassmann in Heineckens Sammelband von Künstlerbiographien auf dem Kupferstichkabinet zu Dresden (Buch 2743a, fol. 168r). „Extrait aus den Todtenbüchern der Stifts und Pfarrkirch zu unser Lieben Frauen in München, die Sterbzeit der Künstler betreffend."

[3] Johann Donauer wurde nach derselben Handschrift fol. 169r am 28. Januar 1644 begraben, er war 1599 Meister geworden.

[4] cfr. Wille a. a. O. S. 531/33.

geplündert und verwüstet wurde (Biogr. 13a, T. A. II, 201a/b,
2, 1. 34a).[1]) Von dem naheliegenden Ingolstadt aus, wohin er
mit seiner fahrenden Habe geflohen war, musste er den Brand
seines Gutes am zweiten Pfingsttag 1647 mit ansehen. Im Verlaufe des folgenden Jahres baute er jedoch sein Gut schöner als
zuvor wieder auf.

Zu dem Friedens-Kongress in Nürnberg im Jahre 1649
wurde der jetzt weitberühmte Künstler von Carl Gustav von
der Pfalz berufen, um in seinem Auftrag das bekannte Banquet-
Gemälde anzufertigen; sein Atelier hatte er in dem Quartier
Carl Gustavs in der Winkler'schen Behausung aufgeschlagen.
Bei ihm liessen sich die in Nürnberg anwesenden Generale und
Fürsten porträtieren, und reich belohnt an Geld und Ehren
zog er dann wieder nach Stockau zurück.[2]) Mit dem Nürnberger
Patrizier Harsdörfer, Dichter und Mitglied der fruchtbringenden
Gesellschaft, war Sandrart damals bekannt worden und stand
später noch mit ihm in Korrespondenz (Biogr. 19a/b). Harsdörfer
liess sich durch den Anblick der Kunst Sandrarts zu hohen
Lobsprüchen begeistern (Biogr. 19a/b) und schrieb wahrscheinlich
später auch seine Biographie, die in der Teutschen Academie
abgedruckt ist. (Vergl. S. 110. Anm.)

Ungefähr im August des Jahres 1651 reiste Sandrart, von
Ferdinand III. dorthin berufen, an den kaiserlichen Hof in
Wien[3]) (T. A. II, 310a), um die Mitglieder der kaiserlichen
Familie zu porträtieren. Wahrscheinlich ist, dass Leopold
Wilhelm diesen Ruf Sandrarts nach Wien veranlasst hatte.
Sandrart kam beim Kaiser in hohe Gunst und erlangte von ihm
die Erneuerung seines Adelsbriefes (Biogr. S. 20a). Im Jahre
1652 (oder später) kehrte er wieder nach Stockau zurück
(T. A. II, 243b).

----

1) cfr. Wille a. a. O. S. 540/41.

2) S. T. A. Biogr. S. 18b/19a.

3) S. A. Houbraken, De groote Schouburgh. II. S. 170/171. Deutsche
Ausgabe von A. v. Wurzbach. S. 230. „Auch erwähnt S. van Hoogstraten in •
einem Briefe aus Wien vom 9. August 1651 einen gewissen Luix, dessen Arbeiten
ich allerdings nicht kenne, folgendermaassen: „Gerüchtweise hört man hier als
Neuigkeit die Ankunft Sandrarts, des grössten Malers Deutschlands,
der wie man erzählt Ehren und Ruhm bei dem Kaiser sucht und dem Kammer-
maler seiner Majestaet, Luix, den Rang abzulaufen und sich selbst bei Hof in
Gunst zu setzen beabsichtigt." (Franciscus Leux T. A. II, 322/23).

In Stockau war Sandrart unausgesetzt als Maler thätig, er erhielt hier besonders Aufträge für Kirchen und Klöster in Bayern und Oesterreich (Biogr. S. 17b, 19b, 20b, 22, 23, T. A. II, 309b). Aus den Beschreibungen der Kunstwerke im Kloster Lampach (Biogr. S. 20b/22a, T. A. 2, I. 34a) und bei dem Erzbischof von Salzburg (T. A. I. 42a/b, Biogr. S. 22a) geht deutlich hervor, dass Sandrart gelegentlich auch Reisen an den Ort der Bestellung unternahm. Welche Städte er aber weiterhin noch besuchte, lässt sich nicht mehr ermitteln.

Im Jahre 1660 (nach Lipowsky a. a. O.) siedelte Sandrart nach Augsburg über und blieb hier bis 1674 wohnen. Sein Gut Stockau hatte er vorher, „weil er zu einigem Leibs-Erben keine Hoffnung hatte", an seinen Freund, den Freiherrn von Mayer (s. o. S. 108) verkauft (Biogr. S. 13a/b). Auch in Augsburg war Sandrart vorwiegend als Maler für Kirchen und Klöster beschäftigt; zwei seiner Gemälde wurden vor ihrer Aufstellung öffentlich ausgestellt, das eine im Augsburger Rathaus (Biogr. S. 23b), das andere im kurfürstlichen Palais zu München (Biogr. S. 24a). Ueber das letztere erschien bei dieser Gelegenheit ein gedrucktes Traktat (Biogr. S. 24a).

Von Augsburg aus machte Sandrart im Jahre 1666 eine Reise nach Frankfurt am Main, woselbst er noch Verwandte besass (T. A. II, 3. 294b); es ist möglich, dass Sandrart schon damals wegen der Ausgabe der „Teutschen Academie" mit seinem Frankfurter Verleger und Freund Merian d. J. Unterhandlungen pflog. Jedenfalls hat Sandrart schon hier in Augsburg die Nachrichten zu seinen Künstlerbiographieen gesammelt (T. A. I, 56b).

Sandrarts Gemahlin Johanna von Milkau starb nach längerem Leiden 1672 und im folgenden Jahre 1673 am 5. November heiratete Sandrart zum zweiten Male; seine zweite Frau war die Tochter eines Nürnberger Ratsherrn: Esther Barbara Blommart. [1] Durch diese Ehe wurde Sandrart ver-

---

[1] Vergl. Joh. Georg Keysslers . . . Reisen durch Deutschland, Böhmen, Ungarn, die Schweiz, Italien und Lothringen . . . . aufs neue herausgegeben von Gottfried Schütze. Hannover 1776. 2 Bde. Bd. II, S. 1407. „Kabinet der Frau von Sandrart. Ich wende mich nun zu fünf grossen Kunstkammern, die noch in Nürnberg zu sehen sind und unter welchen ich nicht sowohl wegen der Kostbarkeit der Sachen, als wegen der Ehre, so dem Frauenzimmer gebühret, das Sandrartische obenan setze. Die Besitzerin desselben ist die Wittwe des wegen

wandt mit „viel alten wehrten lieben Befreundten" in Nürnberg
und er siedelte deshalb 1674 dorthin über. Seine Thätigkeit
als Maler setzte er auch hier fort, so arbeitete er noch im
Jahre 1679 an einem grossen jüngsten Gericht, das er schon
zu Beginn der 60er Jahre in Augsburg angefangen hatte: doch
ist von jetzt ab seine Zeit fast ausschliesslich durch seine
litterarischen Bestrebungen in Anspruch genommen (T. A. 2, II.
91 a, II, 3. 212 b „mit Hindansetzung aller meiner andern
Functionen"), und ebenso durch sein Ehrenamt als Vorsteher
der 1662 (ohne seine Mitwirkung) gegründeten Akademie der
Kunstliebenden (Biogr. S. 24 b). Zwischen den Jahren 1675 und
79 wurde Sandrart auf seine Bewerbung hin als Mitglied des
Palmenordens angenommen, wozu sein Freund Harsdörfer wohl
die Anregung gegeben hatte. Dass unser Maler auch die künstlerischen Interessen in der Stadt neu belebte, wird auch dadurch
illustrirt, dass er dem Grossmeister deutscher Kunst, Albrecht
Dürer, im Jahre 1681 bei seinem Grabe ein Denkmal errichten
liess. Vielleicht mochte er hierzu durch die Kunde von dem
Denkmal bewogen sein, das Carlo Maratti 1674 zu Ehren Raphaels
im Pantheon hatte setzen lassen.

Am 14. Oktober 1688 beschloss Sandrart sein an Erfahrungen, Verdiensten und Ehren reiches Leben.

seiner Kunst im Malen und Zeichnen berühmten Joachim Sandrart, welche sich
ein Vergnügen machet, die zu ihrem Zeitvertreib gesammlete Raritäten an Fremde
zu zeigen .... Zeichnungen und Gemälde von ihrem verstorbnen Manne, Joachim
Sandrart, von dessen Kunst Georg Philipp Harsdörfer in der Lebensbeschreibung
unseres Sandrart auf der 13. und 19. Seite diese Probe anführt, dass, als . . .
Joachimus a Sandrart in Stockau starb zu Nürnberg im Jahre 1688 im zwey und
achtzigsten seines Alters, und bekam von Harsdörfer folgendes artige Epitaphium:
Cum Sandrarte, Tuas tabulas Natura videret,
    Queis facies rerum perpetuare voles,
Obstupuit, tinxitque genas pudibunda rubore,
    Optans esse suum, quod videt Artis, opus.
Die Frau Sandrart selbst ist eine von den grössten Raritäten ihres Kabinets,
wenn man ihr munteres Alter und unvergleichliches Gedächtnis in einem Alter
von achtzig Jahren betrachtet. Sie weiss eines jeden Dinges Namen, die Personen,
von welchen sie solches bekommen, die Namen des Krautes oder Baumes, worauf
fast jede Art der Papillons ihre Nahrung suchet und sich fortpflanzet etc. Wenn
man die Lebenszeit ihres Mannes und die ihrige zusammenrechnet, so hat dieses
Ehepaar zwey Jubilaea Augustanae Confessionis erlebet, gestalten er sieben und
sechzig Jahre alt war, als er seine Frau, die damals von zwey und zwanzig Jahren
war, heirathete. Sie ist nun im zwey und vierzigsten Jahre ihres Wittwenstandes
und hat in solcher Zeit ihr Kabinet gesammlet." Nürnberg 10. Dec. 1730.

IX.

Sandrarts Kunsturtheile.

Wir haben in Sandrart einen Künstler kennen gelernt, der überall, wo er auftrat, durch die Gunst von Fürsten und hohen Standesherren ausgezeichnet und von ihnen ihres Umgangs gewürdigt wurde. Dass durch diesen Umstand Sandrart vollständig vertraut wurde mit den verfeinerten Lebensgewohnheiten und den höfischen Sitten seiner Zeit, bedarf keines Beweises, und es erklärt sich schon hieraus seine Vorliebe für gute Sitte und höfliche Umgangsformen. Aber diese ergiebt sich nicht allein aus Sandrarts persönlichen Erfahrungen, die Künstlerwelt ist überhaupt im Verlaufe des siebenzehnten Jahrhunderts äusserlich vornehmer geworden. Die Wandlung geht freilich nicht in allen Ländern um die selbe Zeit, noch auch im gleichen Umfang vor sich. In Rom konnte man schon in der ersten Hälfte des Jahrhunderts neben den Zechbrüdern der Schilderbent Künstler einherschreiten sehen, die sich in Tracht und Auftreten von Kavalieren nicht unterschieden, während in Holland erst in der zweiten Hälfte des Jahrhunderts sich eine Vorliebe für bessere Formen geltend machte. Sandrart bewegte sich überall in den Kreisen, in denen auf Sitte und Anstand gesehen ward; „er hatte, wegen seiner leutseligen Manier und höflichen Weise mit jedermann umzugehen, viel mehr vertraute Freunde, als widerwärtige Feinde" (Biogr. S. 12a). Das war in Rom; als er später nach Amsterdam kam, hat er, wie sein Biograph berichtet, „daselbst einen Kunstvollen Parnass der Edlen Mahlerey aufgerichtet, und gleich anfangs, durch hochgepriesene Werke, sich in grossen Ruhm gebracht, dass Er von männiglich nicht allein wegen seiner weltkundigen Kunst-Wissenschaft, sondern

auch wegen tugendlichen Wandels, höflichen Comportements und
zierlichen Conversationen, dergleichen allda vorher wenig Künstlere
von sich scheinen lassen, geehrt und gepriesen worden" (Biogr. 12 b).
Diese Vorzüge, durch welche Sandrart selbst sich auszeichnet,
verlangt er von allen Künstlern, er tadelt es, wenn ein Künstler
seinen Stand nicht weiss hochzuhalten und nur mit niedrigen
Leuten verkehrt (T.A.II, 326 b), dagegen wird allemal ein Künstler
gelobt, der sich „wegen seiner raren Wissenschaft und auch
sonderbaren Höflich- und Annehmlichkeit" beliebt gemacht hat
(T. A. II, 330 a). Sandrart war mit Castigliones vollendetem Corte-
giano wohlbekannt, und er zieht aus dessen Lektüre seine Nutz-
anwendungen für das Leben des Künstlers. Dieser soll „ein
vernünfftiger Hoffmann" sein und mit Jedermann, vorzüglich
aber mit den Grossen dieser Welt, zu verkehren wissen (T. A. II.
361 b. 304 a. 338 a etc.).

Neben den guten Formen verlangt Sandrart von dem
Künstler auch eine gute Moral, seine Ueberzeugung ist, dass
zwar: „bey den unwissenden, die Kunst vielen Anfechtungen
untergeben ist, doch endlich emporsteiget und zu mehrern Ehren
erhoben wird, sonderlich wann sie mit tugendsamem Leben und
wohlverhalten gezieret ist" (T. A. II, 373 b). Es ist natürlich, dass
der Künstler auch noch die dritte gute Eigenschaft besitzen soll,
die ihn zu Ehren und Ansehen bringt, das ist der Fleiss, das
unverdrossene Streben nach Vollendung in der Kunstfertigkeit
(T. A. II. 329 b. 322 a). Dieses Streben ist schon für Sandrart
Tugend. Das beweist z. B. sein Urtheil über den Kupferstecher
Waldreich (T. A. II. 365 b). worin er sagt: „kein Zweifel ist, dass,
weil er eines sittsamen, nachsinnlichen und gedultigen Gemüts,
und mehr der Tugend als schändlichem Geitz ergeben ist, er
noch denen jenigen sehr weit vorlauffen werde, welche nicht so
sehr auf ihre Ehre und Lob, als grosse Güter trachten, da Alle
die jenige, so nur um Geld arbeiten, der Tugend vergassen,
hinaber die, so immer auf wahrer Vollkommenheit denken, durch
diese auch zuletzt mit Reichtum belohnet, und mit Ehre bekrönet
werden." Von David Klöckner sagt Sandrart: „er ist conversable,
und gegen jedermann diensthaftig, darneben allezeit fleissig und
studirend, durch welche letztere Tugend er noch täglich in der
Kunst zunimmt" (T. A. II. 335 a). Da nun nach Sandrarts Anschauung ein vollendeter Künstler stets auch ein „strebsamer"
Mann gewesen sein muss, dieser letztere ihm aber undenkbar ist

ohne „tugendlichen Lebenswandel", so erklärt es sich, dass er
so häufig einen hervorragenden Künstler auch als moralisch
guten Menschen hinstellt, dass bei ihm „Kunst und Tugend"
stets gepaart sind (T. A. II, 232a). Dieser Begriff der Tugend,
wie wir ihn bei Sandrart antreffen, muss im 17. Jahrhundert
weitverbreitet gewesen sein, denn wir sehen, dass Passeri einmal
Veranlassung nimmt, sich gegen die häufige Begriffsverwechslung
von Kunst und Tugend auszusprechen. Er sagt nämlich im
Leben des Guido Reni über diesen: er zeigte sich jederzeit als
ein tugendhafter Mann, ein Wort, das das gemeine Volk nicht
wohl versteht, welches einer jeden Kunst, wozu ein wenig Genie
erfordert wird, den Namen virtù beilegt, und nicht begreift, dass
die wahre Tugend in moralischen und nicht in mechanischen
Handlungen besteht.

Es ist nur eine Konsequenz von Sandrarts Tugendbegriff,
dass er es eigentlich für unmöglich hält, dass ein bedeutender
Künstler auch mit moralischen Fehlern behaftet sein könne, und
falls dies trotzdem vorgekommen ist, vermeidet er darum
lieber, diese Fehler aufzudecken, um nicht den Kunstruhm des
„fürtrefflichen Künstlers" zu schädigen (T.A.II, 289a, 264a; vergl.
auch T. A. II, 2. 196b).

Unverkennbar ist, dass Sandrart an den Künstlern gerade
diejenigen Eigenschaften lobt, die ihm selbst zu Beliebtheit und
Ansehen verholfen haben. Er spricht gerne von seiner Sittsamkeit,
er erwähnt öfter seine Beherrschung gesellschaftlicher Formen, er
betont seine durch Fleiss und Studium erlangte technische Meisterschaft; es ist ein wesentlicher Zug seines Charakters, dass er von
dem Bewusstsein seiner Verdienste erfüllt ist und mit den durch seine
vielfachen „Tugenden" erlangten Ehren und Reichtümern sich
brüstet. Er bleibt darum auch von dem Verdachte nicht frei,
dass er diese Tugenden nicht um ihrer selbst willen ausgeübt habe, erfüllt von dem Drang, ein möglichst vollkommener
Mensch zu werden, sondern dass er vielmehr hierin allein
von dem Streben geleitet wurde, äussere Ehren und Reichtümer
zu erwerben.[1] Er, „der Gemeinnützige", hat überall Utilitäts-
rücksichten im Auge. Sein Lehrer Honthorst „war Tugend-reich,
unsträflich, höflich, darzu glückselig und sehr beliebet, wodurch
er einen überaus grossen Schatz gesamlet, indeme er sehr ge-

schwind und fleissig immer fortgesetzt, und sich sein Glück wol
zu Nutzen gemacht" (T. A. II, 304 a). Wenn man Sandrarts Biographie von Rubens durchliest, erhält man den Eindruck, als ob
Rubens bei all seinen Handlungen sich durch die Beobachtung
seines persönlichen Vortheils hätte bestimmen lassen, weil eben
Sandrart ihn nur durch seine eigene gefärbte Brille angesehen
hat und die Eigenschaften an ihm lobt oder ihm beilegt, die
ihm selbst lobens- und erstrebenswert scheinen. Der Lebens-
zweck des Künstlers ist nicht so sehr ein vollendeter Künstler
zu werden, als vielmehr durch seine Kunst und Tugend Ehre
und Reichtum zu erlangen. Wenn der Künstler so weit gekommen ist, dann darf er sich auch „durch das angenehme Netz
eines fürtrefflichen Heuraths bestricken" lassen (T. A. II, 325 a, 352 b,
307 a, 291 a, 301 b, Biogr. 12 b), doch soll der Künstler ja nicht
voreilig durch eine unzeitige Liebe alle seine Wolfahrt aufs
Spiel setzen (T. A. II, 301 a). Mit eindringlicher Warnung wendet
sich Sandrart an die deutschen Kupferstecher, „welche meinen,
dass es genug seye, bey einem Meister etliche Jahre zu ver-
harren, hernach wann sie einen Lehr-Brief erhalten, vermeinen,
sie haben nun ausgelernet, und daraufhin sich in die Fremde
begeben, in der Finsterniss ihres bösgefassten Wahns eingebildeter
Kunst herum dappen, und hernach sich bey Zeit um ein Weib
umthun, mithin aber sich in das bittere Elend und Armut stürzen,
daraus sie Lebenslänglich sich nicht wieder herfür schwingen
mögen" (T. A. II, 364 a), ebenso an die Glasschneider (T. A. II, 346 b).

Wer ist nun nach Sandrarts Meinung ein vollendeter
Künstler und wie erreicht dieser die Meisterschaft in der Kunst?
Die Bahnen, die Sandrart selbst in seiner Entwickelung ge-
wandelt ist, hält er für die allein sicher zum Ziel führenden.
Durch seine Studien in Italien ist er ein begeisterter Anhänger
der akademischen Richtung geworden (vergl. Seite 97 und 98),
wo sich ihm die Gelegenheit bietet, predigt er das Evangelium
der Akademieen. Der Künstler soll durch unermüdlichen Fleiss
eine umfassende Herrschaft über den technischen Theil der
Kunst sich erringen, seine Werke sollen sich durch eine allseitige
Korrektheit auszeichnen [1]), nirgends darf an ihnen ein Fehler zu
entdecken sein. Eine schöne Form und richtige Zeichnung soll
der Maler ebenso sehr erstreben wie die Universal-harmonie der

[1]) Vergl. Sandrarts Biographie S. 11 a „Unser H. von Sandrart" etc.

Farben [1], mit der Nachahmung der Antike [2] soll das Natur-
studium sich verbinden, theoretische Kenntnisse und litterarisches
Wissen [3] sollen die technischen Fertigkeiten unterstützen. Die
dargestellten Personen sollen ihrem Alter, Geschlecht und ihren
Handlungen [4] in Auftreten und Bewegung in jeder Beziehung
entsprechen, die Handlung selbst soll sittsam sein [5], sich durch
die Ausbildung natürlicher Affekte auszeichnen [6], von geistreicher
Invention Zeugnis ablegen, Komposition und Ordination soll [7]
„nach allen Regeln der Kunst wol ausgebildet" sein. Mehr
kann man von einem vollendeten Künstler nicht gut verlangen,
als Sandrart es thut, und doch vergisst er einen Punkt in sein
Programm aufzunehmen: die Naivetät der Empfindung, die unmittelbare aus innerem impetus erfolgende echt künstlerische
Produktion. Sandrart verdankt fast Alles dem Fleisse und der
künstlerischen Ueberlegung, darum verlangt er auch dasselbe von
seinen Fachgenossen. Es ist ein Unglück für den Künstler,
wenn er die Ausbildung der Akademieen nicht genossen [8] und
Italien nicht gesehen hat, und es ist eigentlich zu verwundern,
wenn er gleichwohl Bedeutendes geleistet hat. Dass ein Maler
aus innerem Drang, aus dichterischem Empfinden ein Kunstwerk
geschaffen hat, das kommt ihm gar nicht in den Sinn, er kennt
nur das verstandesmässige Arbeiten, die bewusste Absicht, diesen
oder jenen Effekt hervorzurufen.

Auch in dem Stoffgebiet bevorzugt Sandrart bestimmte
Richtungen. Das harmlos Natürliche, die Freuden eines an-
spruchslosen Daseins sind ihm verschlossen: von den holländischen Genrebildern, die nur „gemeines Leben" darstellen, ist

---

[1] Vergl. T. A. II, 3. S. 315b/316a „Es ist den Kunstmahlern" etc.; ferner
T. A. II, 3. S. 367b „Die Kunst des rechten wol. mahlens, natürlichen colorirens,
rundirens und gründens, also der rechten universal-harmonie."

[2] Vergl. T. A. II. 2. S. 195a/b „Und diesen dannenhero" etc.; ferner Biographie S. 11a, T. A. I, S. 103a Nr. 19. — Das Kopieren nach antiken Statuen
wird ebenso empfohlen wie das nach antiken Gemälden. Raphaels Werke werden
öfters als antike Gemälde bezeichnet (T. A. II, 315b, 330a, 336a, 189a).

[3] Sandrart pflegt die Kunst als Wissenschaft zu bezeichnen (s. Biogr. 12b/13a).
Betreffs des Studiums der Perspektivschriften s. oben S. 78. Vergl. auch T. A. I, 3.
S. 89a/b, 79a.

[4] Vergl. Sandrarts Biographie S. 22a. Ferner T. A. I, 3. S. 75b/76a.

[5] Vergl. Biogr. S. 11a, 17b.

[6] Vergl. Biogr. S. 19a/b. T. A. II, S. 327a.

[7] Vergl. T. A. II, 3. S. 335b, 328a.

[8] Vergl. T. A. II, 3. S. 326a.

er nicht sehr begeistert, sein Sinn schwebt in höheren Regionen.
Der Künstler soll eine packende Wirkung erzielen, die Gedanken
sollen in geistreicher Weise angeregt werden.[1]) In religiösen
und mythologischen Darstellungen und in solchen, die der alten
Geschichte ihren Inhalt entlehnten, erhält der Künstler die
günstige Gelegenheit, durch Nebeneinanderstellung kontra-
stierender Affekte, durch Hervorkehrung seines antiquarischen
Wissens diesen Zweck zu erreichen. Will oder kann ein Künstler
sich nicht so hoch versteigen, dann bleibt ihm ja auch die
Möglichkeit, durch täuschende Naturnachahmung vermittels
seiner Perspektivkenntnisse seinen „sinnreichen Geist" zu be-
währen, der Beschauer hält den gemalten Gegenstand für
wirklich existierend und wird sich erst, indem er darnach
greift, der gelungenen Täuschung bewusst. Oder der Künstler
malt „wolgleichende Contrafäte", die vollkommen der Natürlich-
keit entsprechen. Freilich ein Porträt ist noch keine „sinn-
reiche Invention". Ein Maler, der darnach strebt, seine Werke
„mit Ueberfluss wol-aufgeräumter Gedanken" auszustatten, wird
stets auch bemüht sein, ein reiches mythologisches Wissen zu
erwerben [2]), dann kann er zeigen, wie hoch sein schöner Geist
„in der Poesie, Allusionen, Inventionen und guten Gedanken gestiegen". Darum ist das Studium des Ovid unerlässlich; Sandrart
übersetzt ihn seinen Zeitgenossen nach Mander, in der Vorrede
wird Ovid „die Bibel der Maler" genannt. Sein mythologisches
Wissen befähigt den Maler weiterhin, die so beliebten Allegorieen,
Conclusiones und Emblemata in geistreicher Weise darzustellen.
Ueberall bemerken wir, dass sich Sandrart an den Verstand des
Beschauers wendet; wie konnte dies auch anders möglich sein,
da ihm selbst die Sammlung des Gemüts, die natürliche Empfindung unbekannt geworden waren? Der Künstler soll möglichst schnell produzieren, einmal, weil das gesteigerte Verlangen
nach dem Besitz von Kunstwerken dies nötig macht, dann aber
auch, weil das langsame Malen ein Zeichen seiner Unfähigkeit
ist. Die akademische Ausbildung, die ursprünglich den Kampf
der Gründlichkeit gegen die Flüchtigkeit bedeutete, wird auf
diese Weise ein Mittel zur Ueberstürzung in der Arbeit, sie
beschleunigt den Verfall der Kunst, anstatt ihn aufzuhalten.

---

[1] Vergl. Biogr. 10b, 17b, 19b. Beispiele finden sich allenthalben.

[2] Vergl. das kaiserl. Konzept zu einem allegor. Gemälde Biogr. S. 20a.
S. T. A. II. 327b, 328a, 337b. — Vergl. Springer. Bilder. 2. Aufl. II. 218.

Sandrart ist stolz darauf, dass er Geschwindmaler ist, er lobt
seinen Lehrer Honthorst, weil er „mit der Mänge grosser nach
dem Leben gemahlter Werke, biblischer Historien, und Poetischer
Gedichte, so er sehr geschwind, seinen Gebrauch nach verfärtiget,
sein Haus sehr berühmt gemacht", er tadelt den Leydener Maler
Gerhard Dou, der durch seine Langsamkeit den Leuten zu sitzen
alle Lust benahm, „so dass sie ihre sonst liebliche Physiognomie
verstellet und aus Ueberdruss ganz geändert, wodurch dann seine
Contrafäte auch verdriesslich, schwehrmütig und unfreundlich
worden, und das wahre Leben, welches der Mahler und Künstler
höchstnöthiges Stuck ist, nicht vorgestellet" (Biogr. 321 a). Diejenigen Künstler, die ohne Zeichnung und Untermalung sofort
ihre Bilder auf die Leinwand werfen, sind nach Sandrart „die
erfahrenste und hurtigste", und zeigen, dass sie ihre Arbeit auf
eine „gute Speculation und Wissenschaft gründen" (T. A. I. 3. 66/67).

X.

Sandrarts bona fides.

Sandrart widmet den alten deutschen Meistern und ebenso
den grossen italienischen Künstlern des Cinquecento eine un-
bedingte Verehrung, anders verhält er sich den Künstlern seines
Jahrhunderts gegenüber: „Zu den Zeiten Dürers und seiner Nachfolger stand die Kunst in Deutschland in hoher Blüthe, sie geriet
aber leider bald wieder in Verfall. Adam Elsheimer versuchte
der Kunst in Deutschland wieder zu Ehre und Ansehen zu ver-
helfen, aber ein ungünstiges Schicksal entriss ihn in jungen
Jahren seiner Thätigkeit, seitdem war in Folge der Kriegesnöthe
die Kunst in Deutschland wieder in Vergessenheit geraten." „Das
gnädige Schicksal erbarmete sich dieser Finsternis, und liesse
der Teutschen Kunst-Welt eine neue Sonne aufgehen: die die
schlummernde Fräulein Pictura wieder aufweckte, die Nacht zer-
triebe und ihr den Tag anbrechen machte. Diese ist der Wohl-
Edle und Gestrenge Herr Joachim von Sandrart etc." (Biogr. 3 b.)
Sandrart hält sich für den bedeutendsten deutschen Künstler
seiner Zeit, und er wird auch von seinen jüngeren Zeitgenossen
willig als solcher anerkannt, aber er glaubt auch mit den hervorragenden zeitgenössischen niederländischen, französischen und
italienischen Künstlern auf einer Stufe zu stehen. Hierdurch
wird natürlich auch sein Urtheil beeinflusst. Allerdings muss
anerkannt werden, dass er stets bestrebt ist, objektiv zu sein,
dass er sein Urtheil ohne Voreingenommenheit zu fällen pflegt,
aber er sucht es doch nicht zu vermeiden, seine ästhetische
Ueberzeugung als die bessere geltend zu machen, und von seinem
Standpunkt aus Anerkennung und Tadel abzumessen. Dies zeigt

sich z. B. in seinem Urtheil über Rembrandt und in der Art.
wie er über Rubens licentiose Manier und den Mangel an devoter
Bewegung sich äussert (T. A. II, 326 a, 343 a, Biogr. 17 b, T. A. 2.
II. 1 a, T. A. II, 301 b). Es empfiehlt sich darum bei der Kritik
von Sandrarts Biographieen, wenn man auch im Allgemeinen an
seiner Unparteiischkeit zu zweifeln keinen Grund hat, in jedem
einzelnen Fall sich an den Standpunkt zu erinnern, den er in
ästhetischer und moralischer Beziehung vertritt.

Allerdings ist auch Sandrart dem Vorwurfe nicht entgangen,
der schon oft gegen Biographen erhoben wurde und dem sich
auch sein grosser Vorgänger Vasari nicht entziehen konnte, dass
er nämlich für oder gegen den geschilderten Künstler Partei
ergriffen oder auch sich geflissentlicher Flüchtigkeit schuldig
gemacht hätte. Mir selbst hat sich nach öfterer aufmerksamer
Prüfung der Nachrichten der Teutschen Academie kein Grund
zu dieser Annahme ergeben, doch ist es nötig, in zwei besonderen
Fällen, in denen Sandrart wohl zuerst der Parteinahme be-
schuldigt wurde, zu untersuchen, ob etwas Wahres an solchen
Vorwürfen ist.

Der erste Fall betrifft den Utrechter Maler Hendrick ter
Bruggen. Ueber diesen berichtet Sandrart, der ihn während
seiner Lehrzeit bei Honthorst in Utrecht zweifelsohne gekannt
hat, abweichend von de Bie. Er sagt nämlich, T. A. II, 3. S. 308.
„Eben um selbige Zeit florirte Heinrich Verbrug, der bey dem
berühmten Blomart allda gelernet, und nachdem er sich Italien
wol zu Nutzen gemacht, wieder in sein Vatterland Utrecht gekommen; weil er aber nach seiner eignen Inclination, zwar durch
tiefsinnige jedoch schwermütige Gedanken in seinen Werken,
die Natur und derselben unfreundliche Mängel sehr wohl; aber
unangenehm gefolgt, so hat auch ein unfreundliches Glück seine
Wohlfahrt biss ins Grab zu seinem Schaden verfolgt, und ist er
Anno 1640 allda verschieden."

Es ist nun wohl zweifellos, dass Sandrart die Notizen des
de Bie gelesen hat, da er die Biographie des Hendrick ter
Bruggen nach der Reihenfolge bei de Bie der Teutschen Academie einverleibt. Er benutzt jedoch das geringe Material bei
de Bie nicht, weil er aus eigener Erfahrung besser und eingehender unterrichtet ist, ein Verfahren, das sich bei Sandrart
öfters nachweisen lässt. Seine Kritik der Kunstweise Terbruggens
erscheint auch nicht durch bösen Willen, sondern lediglich durch

Sandrarts Kunstauffassung bestimmt zu sein. Aber Sandrart soll
einen wichtigen Moment im Leben des Terbruggen absichtlich
verschwiegen haben. Der berühmte Rubens soll nämlich bei
seiner Reise nach Holland auch diesen aufgesucht und sich
lobend über ihn geäussert haben. So behauptet Heinrich Ter-
brugg, der Sohn, und so ist es auch auf einem Kupferstich von
P. Bodart, wohl nach den Angaben des Sohnes, zu lesen: „was
ein geroomt groot Historie Schilder naer I' leven, levensgrote
op de Italiense manier, boven alle anderen soo uytsteckende dat
dien vermaerden P. P. Rubens heeft tot Utrecht verelaert, de
Nederlanden door reyst en een Schilder gesocht, en maer Een
met name Henrik Ter Brugghen te hebben gevonden."

Wie verhält sich nun aber die Sache, wenn Sandrart von
der Aeusserung des Rubens und von einem Besuch dieses so
bedeutenden Künstlers bei ter Bruggen Kenntnis gehabt hat, ja
sogar selbst hierbei zugegen gewesen ist, und wenn er trotzdem
diesen Umstand zu erwähnen unterlassen hat?

Bekanntlich erzählt Sandrart im Leben des Rubens, wie
dieser im Jahre 1627 seinen Lehrer Honthorst in Utrecht besuchte, und er fährt dann also fort (S. 291 b): „Als er ferner den
Abraham Blomart, Cornelius Pullenburg, und andere,
besuchen wollte, Honthorst aber, wegen etwas Unpässlichkeit,
ihn nicht begleiten konte, begehrte er mich mit ihme zu schicken,
wie ich ihme dann auch alles zu seinem grossen Contento gewiesen." Von diesem Besuch des Rubens in Utrecht ist in der
Teutschen Academie nur noch einmal, und zwar im Leben des
Holbein (252 a) die Rede, jedoch wird niemals in dem Leben
der Utrechter Künstler, die Rubens damals besucht hat, von
diesem Zusammentreffen mit Rubens specielle Erwähnung gethan.
Es ist dies leicht erklärlich. Denn Sandrart erzählt ja nicht von
dem Besuch des Rubens, um zu zeigen, wie hoch dieser den
Blomaert, den Poelenburg oder den Honthorst geschätzt habe,
sondern lediglich in dem Bestreben, seine eigenen persönlichen
Beziehungen zu Rubens dem Leser vor Augen zu führen. Im
Uebrigen hält er aber den Besuch des Rubens für die Bedeutung
jener Künstler nicht so wichtig, als dass er in jeder einzelnen
Biographie hiervon hätte Erwähnung thun sollen.

In einem andern Licht erschien jedoch die Auszeichnung
durch Rubens' Besuch dem Sohne des Hendrick ter Bruggen,
für ihn ist dieselbe der überzeugende Beweis von der Bedeutung

seines Vaters, er glaubt, dass Sandrart nur aus bösem Willen von
jener keine Erwähnung gethan hat. Damit nun jenes wichtige
Moment in dem Leben seines verstorbenen Vaters nicht in Vergessenheit gerate, und um dem Vater die von Sandrart vor-
enthaltenen Ehren nachträglich zu Theil werden zu lassen, sendet
er eine „Notification oder Kundmachung an alle Liebhaber der
Malerei" aus, in welcher er gegen Sandrart heftig polemisiert.
„Er nimmt", wie Houbraken berichtet, „das Verschweigen des
oben erwähnten Umstandes so übel, dass er das Sprüchwort: es
ist für einen lebenden Esel leicht, einen todten Löwen mit Füssen
zu treten, auf Sandrart anwendet." Richard ter Bruggen hält
also seinen Vater für einen Löwen in der Kunstwelt. Diese Auffassung scheint aber nicht allgemein verbreitet gewesen zu sein,
denn sonst hätte sicher Meyssens Veranlassung genommen, sein
Porträt den images de divers hommes d'esprit sublime einzuverleiben.

Haben denn nun die Beschwerden des Richard ter Bruggen
gegen Sandrart betreffs des Punktes, dass dieser den Besuch des
Rubens bei seinem Vater aus Missgunst verschwiegen habe,
irgendwelche Berechtigung? Wir sagen nein, und zwar aus
folgenden Gründen: Der Besuch des Rubens bei den in Utrecht
damals lebenden Künstlern ist noch kein Beweis für die Kunstfertigkeit und den Ruhm jedes einzelnen derselben. Dass auch
Sandrart dieser Ansicht war, geht aus dem vorher angeführten
Umstande hervor, dass auch bei den anderen Utrechter Künstlern
jener Besuch des Rubens nicht von ihm erwähnt wird. Wenn
nun noch hinzukommt, dass Sandrart an und für sich die
künstlerischen Erfolge des Verbruggen nicht hoch anschlug, so
hatte er also auch keine Veranlassung, von dem Besuch Erwähnung zu thun.

Es ist darum auch ungerechtfertigt, wenn Houbraken die
Beschwerden des Richard ter Bruggen zum Beweise der Voreingenommenheit Sandrarts geltend macht. Aber auch was Houbraken selbständig zur Begründung seines Vorwurfs gegen
Sandrart vorbringt, ist nicht im Stande, diesen Vorwurf zu recht-
fertigen. Es betrifft dies das Folgende: Sandrart erzählt in dem
Leben des Jordaens (T. A. II. 336 a/b), dass durch die Vorzüglich-
keit seiner „natürlichen guten Manier der Oelfarben" dieser dem
Rubens gefährlich zu werden drohte, und dass darum der Letztere
dem Jordaens die Anfertigung von Teppichcartons, wozu er

selbst kleine Oelskizzen lieferte, zur Ausführung in Wasserfarben
übertrug, um so den gefürchteten Konkurrenten der Oeltechnik
zu entfremden und in seiner Manier zu schwächen. Diese seine
unedle Absicht habe Rubens auch zum Theil erreicht. Sandrarts
Erzählung giebt Houbraken in seiner Schouburg wieder und
fährt dann fort: „Mir aber scheint es, dass Sandrart mit Voreingenommenheit für den Einen oder für den Anderen schriebe.
Diese eben erzählte Geschichte von Rubens und Jordaens ist ein
Beweis dafür. Denn angenommen, dass Rubens einen besonderen
Plan damit vorhatte und ihm die Sache so schön vorzustellen
wusste, dass er seine Absicht wirklich erreichte, und — angenommen — dass eine doppelte Absicht hierbei im Spiele war,
so geschah doch Jordaens damit ein grosser Dienst. Denn man
muss, wie ein italienisches Sprüchwort sagt, lange gehen, um in
den Mittelpunkt der Gelegenheit zu kommen." Durch diese
Argumentation beweist Houbraken absolut nichts. Zur Rechtfertigung seines Vorwurfs gegen Sandrart hätte er vielmehr nachweisen müssen, dass erstens die von ihm erzählte Geschichte gar
nicht passiert wäre, oder auch nicht in der von Sandrart geschilderten
Weise vorgekommen wäre, und dass zweitens Sandrart, von der
Unwahrheit seiner Erzählung überzeugt, trotzdem dieselbe wiedergegeben habe, oder dass er ohne weitere Prüfung dieselbe weitererzählt habe. Houbraken hat aber diesen Beweis zu erbringen
gar nicht einmal versucht, sondern etwas ganz Anderes behauptet,
worauf es gar nicht ankam.

Ob nun an der von Sandrart erzählten Geschichte etwas
Wahres gewesen ist, lässt sich heute nicht mehr feststellen.
Jedenfalls aber erscheint die Annahme ausgeschlossen, dass
Sandrart die Geschichte selbst erfunden habe, um Rubens in
dem Urtheil der Nachwelt herabzusetzen, denn in dessen Biographie äussert er sich in jeder Beziehung sympathisch über
den Charakter des Rubens als Mensch, wir finden sogar, dass er
dem Rubens Motive zu seinen Handlungen unterlegt, die ihm
selbst als äusserst lobenswert erscheinen, dass dieser ihm gewissermaassen als das Ideal eines vernünftigen und hochstrebenden
Künstlers erscheint (vergl. Seite 115 oben).

Die Erzählung von Rubens und Jordaens hat zu Sandrarts
Zeiten cursiert, und dieser hat, was ihm als glaubwürdig mit-
getheilt worden, weiter berichtet, da er auch noch durch andere
Umstände in dem Glauben an die Wahrheit der Erzählung unter-

stützt wurde. Denn er kannte einmal den „Vorzugsstreit" der
beiden Meister, dann aber kannte er die spätere schwächere
Manier des Jordaens, die er oder Andere auf die Beschäftigung
im Auftrage des Rubens zurückführt, und die ihm als Kenn-
zeichen der Wahrheit seiner Geschichte gilt. Dass ein Schriftsteller eine für die geschilderte Person nachtheilige Geschichte
nach vorheriger Prüfung weitererzählt, das ist an und für sich
noch nicht zu tadeln, im Gegentheil, die Erzählung einer solchen
Geschichte ist sogar geboten im Interesse der Objektivität, besonders, wenn sie geeignet ist, den geschilderten Charakter in
einem neuen Lichte erscheinen zu lassen. Dieser Meinung ist
auch Houbraken selbst, denn er nimmt einmal Veranlassung,
hierüber besonders sich auszulassen, indem er sagt (gr. Schouburg III. p. 27. Wzb. S. 307): „Hier wird es aber wohl nötig
sein, dem Leser ein für allemal zu sagen, dass ich bei meiner
Arbeit nicht die Absicht habe, Jemanden zu verunglimpfen:
denn ich habe die Handlungen meiner Kunstgenossen so ver-
zeichnet, wie sie mir von unparteiischen Leuten mitgetheilt
wurden, ohne an den Thatsachen aus Neid oder Hass etwas zu
mildern oder zu übertreiben: in Folge dessen habe ich den Rat
jener naseweisen Kritiker, welche verlangen, dass ich alle Fehler
und Gebrechen der Maler, die mir in ihrem Leben begegnen,
übergehen und nicht verzeichnen möge, als wenn sie Alle ein
tadelloses Leben geführt hätten, nicht beachtet. Houbraken,
der für sich selbst hierin den Vorwurf der Voreingenommenheit zurückweist, falls er eine für den geschilderten Künstler
ungünstige Geschichte berichten würde, und der mit Vorliebe
Geschichten erzählt, die in ihrem Inhalt pikant und lästernd
sich zum Theil als direkt unwahr, zum Theil als stark übertrieben herausgestellt haben, und die häufig für den Charakter
des Künstlers ohne Belang sind, derselbe Houbraken zeiht
seinen Vorgänger Sandrart der Parteilichkeit, ohne ihm dieselbe nachweisen zu können oder den Nachweis auch nur zu
versuchen.

Sandrart aber hatte eine viel zu vornehme Sinnesart, als dass
er versucht hätte, sein Buch dazu zu benutzen, aus Gunst oder
Missgunst derartige Geschichten zu verbreiten. Dieselben finden
sich in der Teutschen Academie äusserst selten, und wenn
wirklich einmal Sandrart in die Lage versetzt ist, Nachtheiliges
berichten zu müssen, dann vermeidet er lieber die Namen der

blossgestellten Personen zu nennen (T. A. 1l, 3. 349a, 350a, 366a: T. A. 2, III. 79 b), oder er unterdrückt überhaupt nähere Mittheilungen (s. oben S. 114).

Aber wenn auch Sandrart stets bestrebt ist, in Bezug auf andere Künstler maassvoll und objektiv zu sein, so ist er doch in seinen Angaben über seine eigene Person nicht immer zuverlässig. Der Grund hierzu liegt darin, dass er von seinen Vorzügen und Verdiensten sehr eingenommen ist, und dass er gerne von seinen Zeitgenossen als einer der bedeutendsten Künstler und Gelehrten angesehen werden möchte. Dadurch lässt er sich gelegentlich zu Uebertreibungen und falschen Angaben verleiten. Es ist schon oben S. 55 u. 56 darauf hingewiesen worden, dass er in der Ausbeutung fremder Schrift- und Stichwerke bei Abfassung und Herstellung der Teutschen Academie sehr viel geleistet hat, und ebenso ist schon gesagt worden (S. 103), dass die Angaben über seinen Antheil bei Herstellung der Galleria Giustiniana unzutreffend sind. Ueberall, wo sich ihm die Gelegenheit bietet, nimmt Sandrart Anlass, von seinem Verkehr mit Fürsten und Hochgeborenen, mit hervorragenden Künstlern, Gelehrten und Dichtern zu sprechen: seinen Namen stellt er neben die der besten Künstler aus früherer und aus seiner Zeit, die Anerkennung, die nach ihm seine Person und seine Werke gefunden haben, ist überall eine grossartige, und es laufen hierbei Angaben mit unter, die der Berichtigung bedürfen. Er verschmäht es zum Beispiel nicht, um die Naturwahrheit seiner Gemälde glaubhaft zu machen, die abgedroschene Fabel von den Trauben des Zeuxis in veränderter Form aufzutischen. In Rom will er bald nach seiner Ankunft unter die zwölf ersten Maler Italiens gerechnet worden sein: da ist es doch auffallend, dass Passeri an keiner Stelle seiner Biographieen von ihm Notiz nimmt, obwohl sich dazu schon Gelegenheit geboten hätte (so im Leben des Fiammingo). Wenn wir ihm glauben sollen, so haben Du Quesnoy und P. Testa es nur ihm zu verdanken, wenn sie aus gedrückter Lage zu Beschäftigung und Anerkennung gelangt sind. Claude Lorrain ist nur durch Annahme seiner Manier, direkt nach der Natur zu malen, ein so bedeutender Landschafter geworden (T. A. II, 332a). Gelegentlich allerdings widerspricht Sandrart sich selbst, so in dem letzteren Fall. Er sagt nämlich darüber an anderer Stelle in dem theoretischen Theil, dass er zu seinen

Landschaften anfangs nur Zeichnungen nach der Natur benutzt
habe, bis er durch Claude Lorrain dazu veranlasst worden
sei, wie dieser Farbenskizzen nach dem Leben zu malen
(T. A. I. 3. 71 b). Man vergleiche auch Sandrarts Angaben über
den Versuch der Erwerbung von Holbeins Passionsbildern in
Basel (T. A. I, 55 b, II, 249 a). Wir werden darum gut thun,
alle die Nachrichten, in denen Sandrarts Person betheiligt ist,
mit einiger Vorsicht aufzunehmen.

XI.

Die Art von Sandrarts Geschichtsschreibung.

In der Vorrede zu den Biographieen der niederländischen
und deutschen Künstler (T. A. II, 3. 211/212) spricht Sandrart
die Hoffnung aus, dass er für seine schweren Mühen auch den
gebührenden Dank ernten werde, „sonderlich darum", fährt er
fort, „weil bisshero von Teutscher Nation keiner gefunden
worden, der sich dessen (wie oft man sich gleich, solches werk-
stellig zu machen, verlauten lassen), unterfangen hätte. Mir
wäre solches, wo es geschehen, in Wahrheit eine nicht geringe
Beyhülffe gewesen, als wordurch ich, sonderlich in Beschreibung
der berühmtesten Hoch-Teutschen Mahler, manche Mühe ge-
spahret hätte, da ich in Ermanglung dessen, alles erst gleichsam
aus dem Staube suchen, ausspühren, und desswegen hier
und dar vielfältige Nachfrag haben müssen." Auch hier lässt
sich nachweisen, dass Sandrart, von dem Bestreben geleitet, sein
Verdienst möglichst gross erscheinen zu lassen, in seinen Angaben stark übertrieben hat. Wie aus vielen Stellen der
Teutschen Academie hervorgeht, gab es zu Sandrarts Zeiten
eine grosse Anzahl von Sammlern, die in ihren Kabineten und
Kunstbüchern mit Vorliebe Werke der älteren deutschen Meister
vereinigten. Sie wussten die Manieren der einzelnen Künstler
zu unterscheiden, legten sich Verzeichnisse von ihren Holzschnitten und Kupferstichen an und zahlten hohe Preise, um
ihre Sammlungen zu vervollständigen. Sandrart selbst hatte
zweimal umfangreiche Sammlungen zusammengebracht und sich
hierbei eine für seine Zeit bedeutende Kennerschaft angeeignet.
Als er nun daran ging, seine Nachrichten über die älteren

deutschen Künstler niederzuschreiben, da hätte er sich in
doppelter Weise ein Verdienst bereiten können: einmal, indem
er alle thatsächlichen Vorkommnisse in dem Leben jener, die
sich aus erhaltenen Urkunden, Briefen etc. ermitteln liessen,
zusammenstellte, und dann, indem er ein möglichst vollkommenes
Verzeichnis ihrer Werke anlegte. Es sind dies keineswegs
ideale Anforderungen, die an ihn gestellt werden; so gut wie
andere dies seiner Zeit gethan haben, hätte er es auch fertig
bringen können, und wir verlangen ja auch nicht eine nach
heutigen Begriffen vollständige Biographie von ihm. Aber
Sandrart hat weder das Eine noch das Andere zu leisten sich
beflissen. Dass er die Werke nicht vollständig aufführt, das
entschuldigt er mit der „beliebten Kürze" seines Buches,
und das Wenige, was er an biographischen Nachrichten über
die einzelnen Künstler erfahren hat, hält er für genügend.
Aber aus dem Staub hervorgesucht und vielfältige Nachfrage
gehalten hat Sandrart nicht. Das, was er berichtet, das war zu
seiner Zeit unter den Sammlern in Augsburg und Nürnberg und
in anderen Mittelpunkten des Kunstinteresses ganz gut bekannt.
Das beweist die Art seiner an positiven Mittheilungen über
ältere Künstler armen Nachrichten. Wenn er in der Fortsetzung
seiner oben angeführten Aeusserung und S. 233a behauptet, dass
die „alten" Maler Vetter, Donauer und Abondio ihn vielfach mit Nachrichten versehen hätten, so können wir darin nur
wieder einen Beweis seiner Sucht erkennen, die Verdienste und
Mühen seines Unternehmens möglichst bedeutend erscheinen zu
lassen. Denn es lassen sich keine wesentlichen Nachrichten
nachweisen, die mit einiger Wahrscheinlichkeit auf jene Gewährs-
männer zurückgeführt werden dürften.

Man könnte in dem Umstande, dass Sandrart einzelne
Manuskripte in sein Werk aufgenommen hat, den Beweis erblicken, dass er eifrige Forschungen anstellte; indes waren diese
für ihn damals leicht zu erlangen, und das gänzliche Fehlen
weiterer urkundlicher und sonstiger handschriftlicher Nachrichten
lässt gerade erkennen, dass Sandrart nach dieser Richtung hin
nicht viel aus dem Staub gesucht hat.

Sandrarts Mittheilungen über die älteren deutschen Künstler
bestehen zumeist einmal in dem Erzählen dessen, was die
Tradition über deren Wirken erhalten hat, sodann in Bilderbeschreibungen. Angaben über die Schicksale einzelner Gemälde

und in Urtheilen über deren Kunstcharakter. Hierbei hat sich
nun Sandrart allerdings mannigfache Fehler und Ungenauigkeiten zu Schulden kommen lassen, und die neuere Kritik hat
in vielen Fällen seine Nachrichten und Ansichten richtig stellen
müssen; man darf darum aber nicht seine Biographieen allein
hiernach beurtheilen und ihm in jeder Beziehung Oberflächlichkeit und Urtheilslosigkeit vorwerfen, wie dies öfter geschehen
ist. Man wird gut thun, sich daran zu erinnern, dass Sandrart
vielfach der Kunstgeschichte den Weg gewiesen hat, das Richtige zu
erkennen. Man erinnere sich nur beispielsweise der Worte Woltmanns
über die Holbein'sche Passion zu Basel in der zweiten Auflage von
„Holbein und seine Zeit". 1874. Bd. I. S. 168: „In neuerer Zeit
wurde dem Bilde gewöhnlich eine geringere Würdigung als früher
zu theil. Ein Kenner wie Rumohr hat es Holbein sogar ab-
sprechen wollen, und ein ähnliches Urtheil wurde in übertriebener
Form in neuerer Zeit durch Holbeins englischen Biographen ge-
fällt. Ebenso bekennt der Verfasser dieses Buches (Woltmann)
in der ersten Auflage die Passion bei weitem nicht genug gewürdigt zu haben. Die Künstler und Kenner des 17. Jahrhunderts
bewährten ein besseres Urtheil. Noch immer gelten Sandrarts
Worte: Das allervortrefflichste und die Krone von aller seiner
Kunst, ist die Passion Christi, in acht Feldungen auf einer Tafel
gemahlet, das zu Basel auf dem Rahthaus wol aufbewahret
wird; etc. T. A. 2. II. S. 82 b."
    Da Sandrart der einzige Quellenschriftsteller für die alt-
deutschen Künstler ist, so wird man immer nötig haben, ihn
über jene Zeit zu Rate zu ziehen, so lückenhaft und unvollkommen seine Nachrichten auch sind, und in jedem einzelnen
Falle prüfen müssen, inwieweit seine Angaben auf Glaubwürdigkeit Anspruch besitzen. Am meisten noch verdienen seine Mittheilungen über die Standorte und Schicksale einzelner Bilder
Beachtung. Als Sammler hatte er hieran grösseres Interesse
und er berichtet darum öft und gern, was er in seinem Leben
davon erfahren hat.
    Solche Angaben sind gelegentlich im Stande, uns in dem
urkundlich zu führenden Nachweis der Echtheit eines Bildes auf
das wertvollste zu unterstützen. Das lässt z. B. der folgende Fall
erkennen. Seit dem Bekanntwerden der Darmstädter Madonna
handelte es sich bekanntlich darum, festzustellen, welches das
echte Gemälde Holbeins sei, die Madonna in Darmstadt oder jene

9

in Dresden. Man konnte hierbei auf zweierlei Weise die richtige
Erkenntnis zu erlangen suchen. Einmal, indem man durch eine
Aufstellung der Genealogie der Bilder, d. h. durch Bestimmung
des Weges, auf dem jedes der beiden Gemälde aus den Händen
seines Verfertigers von dem ersten Besitzer bis zu dem letzten
gelangte, die Echtheit des einen durch äussere Beglaubigung
nachwies, oder aber, falls man auf diese Weise nicht zum Ziele
gelangte, indem man bei einem Vergleich der Bilder sowohl untereinander als mit unzweifelhaft echten Gemälden des Meisters das
Urtheil von als Autoritäten anerkannten Kunstkennern entscheiden
liess. Beide Wege sind eingeschlagen worden. In Dresden er-
klärten sich im Jahre 1871 die Kunstkenner zu Gunsten der
Darmstädter Madonna, und dieser Entscheid stimmte mit den
Untersuchungen Woltmanns überein, in denen dieser die äusseren
Schicksale der Bilder klarlegte.[1])

Darnach lässt sich das Darmstädter Bild mit Sicherheit
zurückverfolgen bis zu seinem ehemaligen Amsterdamer Besitzer
Jasper Loskart (Versteigerungskatalog von 1709). Von hier
aus fand Woltmann Anknüpfungspunkte mit älteren Nachrichten,
die die Abstammung des Bildes von Holbein, seine Ueberführung
in den Besitz von Sandrarts Freund le Blon bezeugen (Manuskript von Remigius Fesch auf der Baseler Bibliothek), und die
uns von dem Weiterverkauf in Amsterdam Kunde geben. Woltmann fand diese letzte Nachricht in einer Notiz der Biographie
Holbeins von Sandrart (T. A. II. 3. 252 a): „Dieser Herr (le Blon)
hat lang vorher (vor 1645) auf inständiges Bitten, dem Buchhalter
Johann Lössert, für 3000. Gulden verkauft, eine stehende
Maria auf eine Tafel gemahlt, mit dem Kindlein auf dem Arm,
unter der ein Teppich, worauf etliche vor ihr knien, die nach
dem Leben contrafätet seyn, davon in unsern Sandrartischen
Zeichen-Buch die Original-Handriss die Herrlichkeit dieses edlen
Bilds zu erkennen geben." Vergl. T. A. 2. II. 90 a.

Woltmann stellt nun die Annahme, dass der Name Lössert
eine deutsche Umgestaltung des Namens Loskart sei und macht
dieselbe glaubwürdig durch den Hinweis darauf, dass Sandrarts
Schreibweise der Eigennamen sehr häufig eine schwankende ist.
Dann würde also das Bild seit seinem Ankauf von le Blon bis
zu seiner Versteigerung im Besitze der Familie Loskart ge-

---

[1]) Vergl. die Litteraturangaben in Woermanns Katalog der Dresdner Galerie.
2. Auflage 1892, S. 608.

blieben sein, und die „genealogische" Tafel der Besitzer der Holbeinschen Madonna wäre ohne Lücken.

Die Annahme, dass die Namen Lössert und Loskart identisch sind, hätte Woltmann mit dem höchsten Grade der Wahrscheinlichkeit versehen können, wenn es ihm bekannt gewesen wäre, dass derselbe Buchhalter Johann Lössert noch zweimal von Sandrart erwähnt wird und zwar jedesmal in anderer Schreibweise, die aber in beiden Fällen dem Namen Loskart noch viel näher kommt. Das eine Mal im Leben Dürers T. A. II, 223a: „Eben auf solche Art habe ich auf ein halb Blat Papier von Dürers eigner Hand gezeichnet gehabt, wie etliche Tugenden vor Gericht bestehen, darinnen alle Bilder, auch die Gebäude samt denen Ornamenten, mit der Feder also ausschraffiret gewesen, wie obgedachte Stuck des Passions, welche die Amsterdamische Kunstliebhabere mit grosser Verwunderung zum öftern beschen, auch keine Ruh gehabt haben, biss ich diese Handriss, eines halben Bogen gross, dem Kunst-liebenden und vernünftigen Buchhalter Johann Losert für 300 Gulden baares Gelds überlassen, der zwar noch viel von dieser und anderer Hand gehabt, aber diese für die bäste geschätzt hat." Das andere Mal im Leben des Lucas von Leyden T. A. II, 240b: „Mehr ist von ihme ein köstliches Stuck zu Amsterdam bey dem Buchhalter Jan Lossert, so die Historie der Kinder von Israel abbildet, wie sie um das güldene Kalb tanzen und banquetiren."

Nun lässt sich aber die Geschichte des Dresdener Bildes ebenfalls bis ins 17. Jahrhundert und nach Amsterdam zurück verfolgen, es hat also eine Verdoppelung des Bildes stattgefunden, und zwar nach Woltmanns auf die Angaben des Baseler Manuskriptes gestützter Annahme zur Zeit, als Le Blon der Besitzer war, ebenso wahrscheinlich aber auch erst später im Besitz der Familie Loskart. Es müsste darum, um den durch Dokumente zu führenden Beweis der Echtheit des Darmstädter Gemäldes zu vervollständigen, nachgewiesen werden, dass die Angabe Sandrarts über die von Le Blon an Loskart verkaufte Madonna auf das Original Bezug hat und dass die Verdoppelung des Bildes schon bei Le Blon stattgefunden hat. Dieser Nachweis konnte allerdings nicht geführt werden, jedoch es hat dann die Entscheidung des Jahres 1871 die Echtheit der Darmstädter Madonna erwiesen. Immerhin aber lehrt dieser Fall, wie wertvoll die Notizen Sandrarts gelegentlich sein können.

9*

Der Wert von Sandrarts Nachrichten wird einigermaassen beeinträchtigt durch ähnliche Ungenauigkeiten wie die falsche Schreibweise des Namens Loskart. Es liesse sich ein langes Verzeichnis solcher Fehler und Irrtümer der Teutschen Academie aufstellen, indess erscheint uns ein Eingehen auf dieselben zwecklos, da einerseits schon Vieles in Einzeluntersuchungen richtig gestellt ist, anderseits die Berichtigungen besser in der Form von kurzen Anmerkungen zu dem noch herauszugebenden von fremden Quellen unabhängigen Theil der Teutschen Academie gemacht werden.

Der Grund zu solchen Mängeln des Buches liegt theils darin, dass Sandrart häufig seinen Angaben kein so grosses Gewicht beimisst und sie darum nicht so ausführlich behandelt, wie dies heutzutage verlangt wird, theils aber hauptsächlich darin, dass er erst wenige Jahre vor Erscheinen des Werkes an dessen Ausführung dachte und so in die Lage kam, über Vieles berichten zu müssen, worüber er nur noch durch Erinnerungen aus ferner Zeit unterrichtet war.

Allerdings wird an zwei Stellen der Teutschen Academie behauptet, dass Sandrart schon in früheren Jahren sich Aufzeichnungen gemacht habe. In der Biographie S. 12b heisst es, dass Sandrart von Rom abgereist sei, „nachdem Er alle Rariteten nochmals beschen, und alles, was nöhtig, annotirt, auch alle virtuose Künstler höflich beurlaubet"; und in dem Leben des Nicolaus Knupfer aus Leipzig (T. A. II, 3. 307a) sagt Sandrart: es ist seiner Werke „Lob an allen Orten erschollen, dahero ich auch Willens gewesen, dieselbe eigentlich zu beschreiben, bin aber wegen meiner beschleunigten Abreiss von dannen, selbige zu sehen, verkürzet worden" (1644, als er in Amsterdam war). Aber diese Notizen müssen nicht schon in Rücksicht auf das zu schreibende Buch gemacht worden sein; wenn überhaupt welche gemacht wurden, scheinen sie nur in Beschreibungen und Beurtheilungen von Kunstwerken bestanden zu haben.

Jedenfalls beweist der Charakter der Künstlernachrichten selbst, dass Sandrart häufig nur die Erinnerung zu Rate gezogen hat. „Etliche Jahre" hat ja, wie Sandrart selbst sagt (T. A. II, 212b), das Schreiben, Zeichnen und Korrigieren in Anspruch genommen, aber dass er „von vielen Jahren her den Stoff hierzu gesamlet", wie er nach Mander übersetzt (T. A. I, 3. 56b), das erscheint nicht glaubwürdig. Der Zeitpunkt, wann Sandrart zuerst daran

ging, systematisch (wenn man so sagen darf) Nachrichten für die
Biographieen zu suchen, liesse sich annähernd feststellen, wenn
das Todesdatum des jüngeren Abondio sich ermitteln liesse, von
dem sich Sandrart Nachrichten über die älteren deutschen
Künstler verschaffte. Man würde aber wohl fehl gehen, wenn man
annehmen wollte, dass Sandrart etwa schon in Amsterdam in
der Absicht, später sein Buch zu schreiben, sich Aufzeichnungen gemacht habe. Viel wahrscheinlicher ist es, dass er erst
nach seiner Niederlassung in Augsburg den Plan fasste, Künstler-
biograph zu werden, also zu einer Zeit, wo er schon die
lebendigen Beziehungen zu Kunst und Künstlern in Italien
und in den Niederlanden verloren hatte. Wenn wir diesen Zeitpunkt nach 1660 und Ort annehmen und noch berücksichtigen,
dass Sandrart das meiste nur aus seiner eigenen Erinnerung
schreibt, ohne von Anderen Nachrichten aufzunehmen, so erklären
sich auch die räumlichen und zeitlichen Grenzen seiner Biographieen. Das jüngere Künstlergeschlecht ist ihm eigentlich
nur in Deutschland bekannt, seine Nachrichten über die Künstler
in Italien hören im Allgemeinen auf mit dem Jahre seiner Rückkehr aus Italien 1635, er entschuldigt sich darum gelegentlich,
dass er über die spätere Zeit nicht unterrichtet ist (T. A. II, 3.
349 b). Ebenso reichen seine Nachrichten über die Künstler in
den Niederlanden auch nur bis zum Jahre 1644, der Zeit seiner
Abreise von Amsterdam. Ueber das Leben und die Bedeutung des
Salvator Rosa ist Sandrart nur sehr oberflächlich unterrichtet, die
flandrischen Künstler Snyders, Th. v. Thulden und Gonzales Cocques
sind ihm ganz unbekannt, über die glänzenden Vertreter der noch
fortblühenden holländischen Kunst weiss er gar nichts zu berichten. Und obwohl die Teutsche Academie erst 1675 erschien,
so suchen wir doch vergebens darin nach den Namen von Ostade,
Wouwermann, Terburg, Jan Steen, Potter, Ruysdael, sowie von
Pieter de Hoogh und dem Delft'schen van der Meer, von Metsu
und Maes, endlich von Adriaen van de Velde, Hobbema, Netscher
und anderen.

Auch durch die 1679 und 1683 gegebenen Zusätze ver-
mochte Sandrart nicht jene Lücken genügend auszufüllen. An
zwei Stellen des zweiten Haupttheiles von 1679 hat Sandrart
neue Nachrichten kunstgeschichtlichen Inhalts beigefügt. Erstens
in der Beschreibung der „Kunst- und Schatzkammern hoher
Potentaten, Chur-Fürsten und Herren" (T. A. 2, II. S. 71 ff., vergl.

oben Seite 34 und 35, sowie Seite 67 und 68). Davon haben
die kurzen Angaben über die Kunstkabinete von Wien, München,
Dresden und Berlin nur sehr geringen Wert, etwas mehr vielleicht die über Heidelberg. Eingehend ist die Sammlung der
Herren von Stubenberg wohl nach Angaben der Besitzer besprochen. Auch das Kapitel über Nürnberg und die dort bewahrten Reichs-Insignien verdient Beachtung. Die Beschreibung
der Sammlung Ayrer in Nürnberg und die genaueren Angaben
über die altdeutschen Meister des Kupferstichs samt ihren bei-
gefügten Monogrammen sind sicher auf den damaligen Inhaber
zurückzuführen. Dagegen stammen wohl aus eigener Kenntnis
Sandrarts die Nachrichten über Kunstwerke in Augsburg, Zürich,
Basel, Bern, wogegen noch einige Beiträge von den für Sandrart
thätigen Schweizer Kupferstechern Jacob Thurneysen und Conrad
Meyer geleistet worden sein mögen.

Die Beschreibung der Kunstsammlung des Freiherrn von
Mayr in München und Stockau stammt jedenfalls von jenem
selbst her, der mit Sandrart befreundet war. Am eingehendsten
ist dann am Schlusse des ganzen Kapitels Sandrarts eigene
Sammlung aufgezählt, darunter zweifellos manche Angaben,
die noch heute kunstgeschichtliches Interesse bieten können.
Hiervon abgesehen, giebt aber diese ganze Abtheilung keineswegs ein auch nur einigermaassen vollkommenes Bild von dem
Bestande der damaligen Kunstsammlungen in Deutschland, sie
enthält nur äusserst lückenhaft zusammengetragene Notizen.

Ebenso ist auch die Fortsetzung der Künstlernachrichten
T. A. 2, III. S. 68 ff. ohne das Bemühen geschrieben, über die
wichtigsten Künstler der Mittelpunkte des Kunstlebens Nachrichten
darzubieten. Vielmehr giebt Sandrart nur das, was ihm in Nürn-
berg durch den Zufall oder durch seine geringen Beziehungen zu
Künstlern des Auslandes an Künstlernachrichten sich darbot.
Einige Berichte sind eingehender und dann stammen sie wohl
von den Künstlern selbst her, oder von ihnen nahe stehenden
Bekannten Sandrarts. Die ergänzenden Nachrichten über ältere
Künstler sind nur geringwertig. Diejenigen über zeitgenössische
Künstler in den Niederlanden konnte Sandrart von dem auf der
Durchreise damals bei ihm weilenden Johann Erasmus Quellinus
dem Jüngeren erhalten haben; auch geht aus der Mittheilung bei
Jordaens hervor, dass er von dorther Briefe empfieng. Doch ist
der Inhalt aller jener Nachrichten ziemlich dürftig.

Die eingehenderen Mittheilungen über Thomas Blanchet hat Sandrart wohl ebenfalls brieflich aus Lyon erhalten. Wenn sich ferner Sandrart über die Schweizer Künstler seiner Zeit recht gut unterrichtet zeigt, so stammen die Nachrichten wohl zweifellos von seinen beiden Stechern Jacob Thurneyser von Basel und Conrad Meyer aus Zürich. Die Ergänzungen über Nürnberger und süddeutsche Künstler, ebenso die Mittheilungen über einige Kupferstecher, die für Sandrart gearbeitet haben, rühren von eigener Kenntnis des Künstlers her. Auch was er über die Gebrüder Kneller in Lübeck und über Nicolaus Gass in Frankfurt zu sagen weiss, wird er durch sein persönliches Zusammentreffen mit jenen Künstlern in Nürnberg bez. in Frankfurt erfahren haben. Die eingehenden Angaben über Benjamin Block hat ihm wohl dieser, der mit einer Nürnbergerin verheiratet war, selbst zugeschickt, und Block wird auch als Quelle für einige Nachrichten über Künstler in Nord- und Mitteldeutschland zu betrachten sein.

Was nun Sandrart in der lateinischen Ausgabe der Teutschen Academie von 1683 an neuen Künstlernachrichten hinzufügt (vergl. Seite 45, 54/5 und 88), das ist ein ebenso buntes Gemisch, wie in dem zweiten Haupttheil. Neu hinzugekommen sind einige Nachrichten über italienische Künstler, ja sogar ein Bericht über den Spanier Murillo; dies hat Sandrart wohl von den aus Italien nach ihrer Heimat zurückgekehrten deutschen jüngeren Künstlern, vielleicht von Hopfer oder Merian erhalten. Im Uebrigen wird Sandrart auch für diesen Band die gleichen Quellen benutzt haben, wie für den vorhergegangenen von 1679. Die Angaben sind nicht allzureich, doch kann manches davon auch heute noch direkt oder indirekt für die Kunstgeschichte von Wert sein. —

Aus dem Umstande, dass Sandrart meist nur aus der Erinnerung berichtet, erklärt sich noch ein anderer häufig vorkommender Fehler: die falschen Zeitangaben. Im Allgemeinen vermeidet er es lieber, genaue Daten zu nennen und hilft sich gelegentlich durch Wendungen, wie „zu meiner Zeit", „ungefähr um das Jahr bezw. in dem Alter", oder er begnügt sich damit, runde Summen der Jahre anzugeben; die meisten Daten über Künstler seines Jahrhunderts sind von de Bie und Meyssens entnommen. Wenn er selbst aber sich veranlasst sieht, bestimmte Zeitangaben zu machen, dann erweisen sie sich oft genug als falsch.

Nicht nur, dass er unzuverlässig ist in seinen Daten in dem Leben Anderer (Poussin, Cortona, Valentin, W. Hollar, Mieris etc.), sondern er irrt sich auch in den Zeitangaben über sein eigenes Leben (Sandrart und Leopold Wilhelm, Sandrart und Donauer, Sandrart und Giustiniani, Sandrart in Rom). Es ist darum immerhin gewagt, wenn man seine Zeitangaben als Grundlagen zu Berechnungen nimmt. Denn Sandrart schrieb doch nur für seine Zeitgenossen und Nachkommen im Sinne der Geschichtsschreiber seiner Zeit.

Es offenbart sich in den fehlerhaften Namen und Daten eine gewisse Oberflächlichkeit, die sich auch noch in anderer Weise äussert. Indem sich nämlich Sandrart der Arbeiten seiner Vorgänger bedient, entnimmt er von diesen die Nachrichten über einige Künstler, von denen er auch selbst etwas zu berichten weiss, doch schliesst er nicht immer seine eigenen Notizen jenen entnommenen an, sondern er giebt sie selbstständig, am anderen Orte, so dass diese Künstler doppelt behandelt sind, in zwei Fällen sogar von Sandrart als verschiedene Personen angesehen werden. Der Nürnberger Engelhard ist auf Seite 231a nach Neudörfer als Daniel Engelhart besprochen und erscheint auf Seite 345 als Heinrich Engelhart; so ist ferner Peter de Witte auf Seite 286 nach Mander übersetzt und auf Seite 235/36 als Peter Candito unabhängig von Mander behandelt. Ebenso kommen die Künstler Martin von Valkenborch und Paul Morcelsen doppelt vor, sowie ferner (das eine Mal als Stecher, das andere Mal als Maler besprochen) P. Testa, C. Cort, Castiglione und F. Barozzi. Schon dieser Umstand, abgesehen von der grossen Anzahl besprochener Künstler, veranlasst uns, Sandrart gerne Glauben zu schenken, wenn er (mit Mander) betont, dass er bestrebt gewesen sei, jeden Künstler in seine Academie aufzunehmen und dass, falls er einen übergangen haben sollte, dies stets nur aus Unkenntnis, niemals aber aus bösem Willen geschehen sei (T. A. II, 212b mit eigenem Zusatz). Ja, wir sehen sogar, dass er in der Ausführung seiner Absicht in den entgegengesetzten Fehler verfällt, dass er nämlich viel zu viele Künstler einer Besprechung unterzieht und dadurch häufig unbedeutende Männer aufgenommen hat. Denselben Fehler haben vor und nach ihm noch manche Künstlerbiographen begangen, schon Bellori macht daraus dem Baglione einen Vorwurf und ebenso muss man dies dem de Bie, Houbraken und

Weyermann anrechnen. Denn dieser eine Fehler hatté manche weiteren im Gefolge, die sich auch bei Sandrart bemerklich machen. Das Material wuchs dadurch so sehr an, dass er es unterlassen musste, den bedeutenden Künstlern eine grössere Aufmerksamkeit zu schenken, und so entschuldigt er sich oft gerade da mit der „beliebten Kürze" seines Werkes, wo wir eingehendere Mittheilungen gern entgegengenommen hätten. Sandrart weiss ja allerdings die Verdienste der hervorragenderen Meister mit genügender Sachkenntnis zu würdigen. Da er nun über jeden Künstler etwas sagen will, so begnügt er sich häufig mit ästhetischen Phrasen (besonders betreffend seiner deutschen Zeitgenossen), die uns von der Entwickelung und der Manier eines Künstlers durchaus keine Kenntnis verschaffen, die vielmehr durch ihre gleichmässige Wiederkehr vollständig inhaltsleer geworden sind. Oder um nur überhaupt etwas mitzutheilen und nicht den blossen Namen anzuführen, erzählt er, was er gerade von den Künstlern zu berichten weiss: Biographisches, Künstlergeschichten, persönliche Erinnerungen, Bilderschicksale, Beschreibungen und Urtheile, Familiennachrichten und dergl. mehr. Alles ohne Ordnung und Methode neben einander gestellt, und einmal nur Biographisches, das andere Mal nur Beschreibung und Beurtheilung, ohne sich am richtigen Ort in angemessener Weise zu beschränken.

Nur in einer Beziehung lässt sich bemerken, dass Sandrart zurückhaltend ist, und zwar in dem Erzählen von Anekdoten und Künstlergeschichten, die doch vor wie nach ihm von den Biographen gerne aufgetischt wurden; der Grund wird wohl nur darin zu finden sein, dass er dadurch zu oft gegen seine „geliebte Kürze" zu verstossen fürchtete. Aber gerade Sandrart ist vorgeworfen worden, dass er keine Gelegenheit vorübergehen liesse, solche Geschichten zu erzählen.[1]) Man hat ihm jedoch darin sicher Unrecht getan, und er ist nur dadurch in den Ruf gekommen, ein Anekdotenjäger zu sein, dass zwei seiner äusserst selten vorkommenden Erzählungen durch den Widerstreit der Meinungen, den sie erregten, allgemein bekannt wurden: die Geschichte von dem Schleifer zu Florenz (T. A. 2. II. S. 8/9) und die Darstellung von Dürers Verhältnis zu seiner Frau. Er erzählt eben, wie gesagt, was ihm mittheilenswert erscheint, da-

---

[1]) Siehe Woltmann. Holbein und seine Zeit. 2. Aufl. I. S. 125.

runter auch solche Geschichten, aber keineswegs mit besonderer
Vorliebe. Nur an einer Art von Geschichtchen findet Sandrart
Gefallen, es ist dies die Anekdote nach klassischem Muster, wie
von den Trauben des Zeuxis. Hier lässt sich sogar erkennen, dass
Sandrart, der allem Anschein nach nur über eine geringe Phantasie
verfügte, selbst erfindet. Alle anderen Geschichten hat er
keineswegs selbst erfunden, noch auch sie mit einer Spitze gegen
den Einen oder Anderen versehen. Ueberblickt man die Summe
von Biographieen der Teutschen Academie, so erstaunt man über
die verhältnismässig geringe Anzahl von Künstlergeschichten im
Vergleich mit den Gewohnheiten eines Mander und Houbraken.

Trotz aller Mängel der Biographieen Sandrarts hat die
Kunstgeschichte seinen Aufzeichnungen vielfache Bereicherung
ihrer Kenntnisse zu verdanken gehabt. Die Fülle der einzelnen
Mittheilungen ist eine so grosse, dass man für jede Zeit Wertvolles
darunter finden kann. Seither hat sich die Kritik vornehmlich
seinen Angaben über die älteren Künstler zugewandt; seinen
Aeusserungen über die Kunst und Künstler seiner Zeit hat
man erst in einzelnen Fällen höhere Beachtung geschenkt (Elsheimer, Claude Lorrain). Aber gerade alle diese letzteren Angaben sind am zuverlässigsten, wenn man Sandrarts Notizen
über die Künstler, die er in Italien kennen gelernt hat, mit den
Biographieen der italienischen Quellenschriftsteller vergleicht,
erkennt man, dass er in gar nicht so wenigen Fällen besser
unterrichtet ist als jene, und dass er oft in der Lage ist, ein
helleres Licht auf die Aeusserungen der Italiener zu werfen.
Seine vielfachen Nachrichten über die Kunst des 17. Jahrhunderts
in Deutschland sind bisher fast ganz unbeachtet geblieben; der
Grund liegt darin, dass die Kunstgeschichte der Kunst des
17. Jahrhunderts in Deutschland überhaupt wenig Beachtung
bislang geschenkt hat; mit einigen Worten waren die Kunst-
bestrebungen von mehreren Menschenaltern abgethan, selbst die
Lokalforschung hat seither noch keine erheblicheren Versuche
gemacht, einen schärferen historischen Einblick zu gewinnen.
Die geschichtliche Forschung hat aber doch die Pflicht, den
Perioden des sogenannten Verfalls ganz dieselbe Aufmerksamkeit
zuzuwenden als der Entwickelung der Blütezeiten.

Die Bedeutung Sandrarts als Quellenschriftsteller wird wieder
steigen (nachdem er früher vielfach überschätzt, später maasslos
getadelt wurde), wenn man seiner Nachrichten über jene Zeit

bedürfen wird. So zwanglos und unmethodisch diese immerhin
sein mögen, gerade das Memoirenartige seiner Aufzeichnungen
ist geeignet, uns nach allen Richtungen hin Einblicke in die
mannigfachen Interessen seiner Zeit zu gewähren. Der volle
Wert von Sandrarts Nachrichten wird aber erst dann richtig
erkannt werden, wenn man dieselben unabhängig von allen
fremden Bestandtheilen durchzulesen in der Lage sein wird,
und wenn man alsdann sein Buch nicht aufschlägt in derselben Weise, wie man etwa ein Künstlerlexikon benutzt, um
für die Biographie eines einzelnen Menschen sich eine Nachricht
zu holen, sondern wenn man den gesamten Mittheilungen, in
denen sich vielfach zerstreut Vergleichsmomente und Berührungs-
punkte auffinden lassen, die Beachtung schenkt, die sie verdienen.

XII

Verzeichnis der Kupferstiche des ersten Haupttheiles der Teutschen Academie.

1. Titelbild. Im Vordergrunde die Personifikationen der drei Schwesterkünste Malerei, Skulptur und Architektur durch drei weibliche Figuren in antiker Gewandung. Die Malerei in der Mitte auf einem Sockel vor einem rechts von Putten gehaltenen Bild. Im Mittelgrunde links oben schwebt Hermes heran, von Putten umgeben, auf das Werk der Malerei hinweisend. Im Hintergrunde sind antike Bautheile coulissenartig vorgeschoben. links oben schwebt die in Wolken thronende Athena. Der Stich ist bezeichnet links unten: *J. de Sandrart Invent.* Rechts unten: *C. G. Amling sculp.* In der Mitte unten im Plattenrande steht: *Cum Gratia et Privilegio Sac . Caes . Majest.*

2. Brustbild Sandrarts in ovalem Rahmen mit der Umschrift: *vivre pour mourir : et mourir pour vivre.* Am Fussende des Rahmens Sandrarts Wappen: in dreigetheiltem Feld drei Trauben hangend. In der Krone des Wappenhelms ein Pelikan, seine Jungen nährend. Der Rahmen steht auf einem Sockel, auf diesem die folgende Inschrift: *Nobilissimo ac Praestrenuo Dn. Joachimo à Sandrart in Stockau, Serenissimi Principis Comitis Palatini Neoburg. Consiliario gravissimo, Viro undequaq. Excellentissimo, Seculi nostri Apelli famigeratissimo, Antiquitatum et Elegantiarum technicarum Promocondo consummatissimo, hanc sui Imaginem, aeternitati sacrum omni Observantia*

D. D. D.

J. Ulrich Mair pinxit.   *Philipp Kilian Chalcographus.*

3. **Titelbild.** Weibliche Gewandfigur mit Putten als Personi-
fikation der Architektur. Im Grund: altrömische Bauten.
Rechts oben ein Blatt mit der Aufschrift: *Der Teutschen
Academie ersten Theils erstes Buch von der Architectur oder
Bau-Kunst.* Unten in der Mitte: *Cum Privilegio Sac. Caes.
Majestatis.* Darunter Chiffre *A.* Links unten: *J. D. Sandrart
delineavit.* Rechts unten: *R. Collin sculpsit Antverpiae.*
4. auf Seite 6. Grosses antikes Prachtgefäss, um dessen Bauch
ein Bacchisches Relief. Am oberen Plattenrande stehen vier
Verse. — Ohne Bezeichnung. — Copie nach Ag. Veneziano
Bartsch XIV, p. 388 No. 543; Passavant VI, p. 65 No. 143.
5—42. 38 Platten Architekturtheile, mit latein. Ziffern
I—XXXVIII nummeriert und mit erklärenden Beischriften
versehen, gestochen von Johannes Frank von Augsburg
(vergl. T. A. II, 3. S. 365 b).
5. *I. Der Rustica oder Toscana Intercolumnen.* Nachstich nach
Andrea Palladio. I quattro libri dell' Architectura. In
Venetiis. 1642. fol. lib. I. p. 15, 17. Ohne Angabe des
Stechers.
Die folgenden Platten Nr. II—XXIV incl. sind Nachstiche
der entsprechenden Platten von Abraham Bosse:
α) Traité des manieres de dessiner les ordres de l'Architecture antique en toutes leurs parties etc. à Paris, chez
l'auteur en l'isle du Palais, sur le Quay vis-à-vis celuy de
la Megisserie. 1664. avec privilege. Mit Widmung an Colbert.
44 Platten fol. nummeriert mit lateinischen Zahlen.
β) Des ordres de colomes en l'Architecture, et plusieurs
autres dependances dicelle. à Paris, chez le dit Bosse.
avec Privilege. 1664. 16 Platten fol. nummeriert mit
lateinischen Buchstaben von B—R.
γ) Representations geometrales de plusieurs parties de Basti-
ments faites par les Reigles de l'Architecture antique etc.
Paris, chez l'auteur. 1659. avec privilege. 11 Platten mit
erklärendem Text, fol. nummeriert mit arabischen Zahlen.
Alle drei Folgen sind gewöhnlich in einen Band zusammen-
gebunden; auf der Platte mit der Widmung an Colbert ist
noch zu lesen: avec Privilege pour vingt Années. 1665.
Die Nachstiche haben annähernd dieselbe Grösse wie die
Originale und enthalten die Inhalts- und Maassangaben ins
Deutsche übertragen; der erklärende Text darauf ist öfter

142

gekürzt. Sie sind von derselben sauberen und sorgfältigen
Ausführung, doch ohne Bezeichnung des Stechers.

6. *II. „Toscan Arcus oder Bogen."* Nachstich nach Bosse *a.*
No. III. ggs.

7. *III. Toscana.* Toskanisches Portal mit eingehenden Maassangaben. Nachstich nach Bosse *γ.* No. 2. ggs.

8. *IV. Toscana.* Toskanische Säule mit Gebälk. Nachstich
nach Bosse *β.* No. B. ggs.

9. *V. Dorica.* Bogengang mit dorischer Säulenordnung. Nachstich nach Bosse *a.* No. IV. ggs.

10. *VI. Dorica.* Dorisches Portal mit Profilansicht. Nachstich
nach Bosse *γ.* No. 3. ggs.

11. *VII. Dorica.* Dorisches Portal. Nachstich nach Bosse *γ.*
No. 8. ggs.

12. *VIII. Dorica.* Dorische Säule mit Gebälkstücken. Nachstich nach Bosse *β.* No. C. ggs.

13. *IX. Dorica.* Dorische Säule mit Gebälkstücken. Nachstich nach Bosse *β.* No. D. ggs.

14. *X. Jonica.* Bogengang mit jonischer Säulenordnung. Nachstich nach Bosse *a.* No. V. ggs.

15. *XI. Geometrische Vorstellung der Fläche und des Profil einer
Thür mit Pilastern gezieret nach Regeln der Jonica.* Jonisches
Portal mit Profilansicht. Nachstich nach Bosse *γ.* No. 4. ggs.

16. *XII. Jonica.* Portal mit Pilastern jonischer Ordnung. Nachstich nach Bosse *γ.* No. 9. ggs.

17. *XIII. Jonica.* Jonische Säule mit Gebälkstücken. Nachstich nach Bosse *β.* No. c. ggs.

18. *XIV. Ausfürliche vorstellung des Cappitels der Jonica.* Ansichten des jonischen Kapitaels. Nachstich nach Bosso *a.*
No. XXI. ggs.

19. *XV. Toscana. Dorica. Jonica.* Profilansichten der toskani-
schen, dorischen, jonischen Säule und Gebälktheile. Nachstich nach Bosse *a.* No. VIII. Nicht ggs.

20. *XVI. Corintia.* Bogengang mit korinthischer Säulenordnung.
Nachstich nach Bosse *a.* No. VI. ggs.

21. *XVII. Vorstellung nach der Geometria eines Portals .... nach
Regel der Corinthia.* Portal mit korinthischen Pilastern. Nachstich nach Bosse *γ.* No. 5. ggs.

22. *XVIII. Corintia.* Portal mit Pilastern korinthischer Ordnung.
Nachstich nach Bosse *γ.* No. 10. ggs.

23. *XIX. Corinthia.* Korinthische Säule mit Gebälk. Nachstich nach Bosse β. No. F. ggs.

24. *XX. Composita.* Bogen mit Säulen der Composita. Nachstich nach Bosse α. No. VII. ggs.

25. *XXI. Al weilen dises Portal Composito . . . .* Portal der Composita mit Profilansicht Nachstich nach Bosse γ. No. 11. ggs.

26. *XXII. Composita.* Gebälk und Säule der Composita. Nachstich nach Bosse β. No. G. ggs.

27. *XXIII. Dorica. Jonica. Corinthia. Composita.* Bogenansätze auf Pfeilerecken der dorischen, jonischen, korinthischen und Komposita-Ordnung. Nachstich nach Bosse α. No. XXXI. Nicht ggs.

28. *XXIV. Etliche Ornamente, welche dienen zu den Frisen der Jonica, Corinthia, Composita . . . .* Fries-Ornamente und Piedestale. Nachstich nach Bosse β. No. 4. ggs.

29. *XXV.* Drei Beispiele von Mauergliederungen. Vergl. hierzu T. A. I. 1. S. 20. Nachstiche nach Serlio: Regole Generali di Architettura. Venetiis 1559. fol. libro IV. fol. 8ª· 13ª· 15ª·

30. *XXVI. Colonna Traiana.* Abbildung der Trajanssäule und dreier Obelisken. Nachstiche nach Serlio. Architettura libro III. fol. 57ª· 59ª·

31—42. *XXVII—XXXVIII.* Grundrisse und Ansichten von antiken Tempeln Roms. Nachstiche nach Palladio. l'Architettura. Venetiis 1642. fol. Die Ansichten der Tempel sind sorgfältiger ausgeführt mit klarerer Abwägung der Schattenpartieen. Die Maassangaben auf den Originalstichen sind von Sandrart wiedergegeben. Die Grösse ist die gleiche.

31. *XXVII. Des Pantheon oder la Ritonda, in Rom geometral-Grundlegung.* Grundriss des Pantheon. Nachstich nach Palladio lib. IV, pag. 75.

32. *XXVIII. Pantheon jetzo genandt la Ritonda.* Halbe Vorderansicht des Pantheon. Nachstich nach Palladio lib. IV. pag. 76. ggs.

33. *XXIX. Des Pantheons Profil.* Halbe Seitenansicht des Pantheon. Nachstich nach Palladio lib. IV. pag. 78. ggs.

34. *XXX. Des Pantheon oder la Ritonda in Rom innerliche Baugestalt.* Halber Querschnitt des Pantheon. Nachstich nach Palladio lib. IV. pag. 81.

35. *XXXI. Des Tempels Jupiters in Rom sambtlichen Baues, Vorhofs und Eingangs Geometral-Grundlegung.* Grundriss des Jupitertempels. Nachstich nach Palladio lib. IV, pag. 42.

36. *XXXII. Der Tempel Jupiters in Rom . . .* Halbe Seitenansicht des Jupitertempels. Nachstich nach Palladio lib. IV, pag. 43. ggs.

37. *XXXIII. Der Tempel Jupiters am Berg Quirinal zu Rom . .* Halbe Vorderansicht des Jupitertempels. Nachstich nach Palladio lib. IV, pag. 44. ggs.

38. *XXXIV. Templum Vestae.* Grund- und Aufriss des Tempels der Vesta. Nachstich nach Palladio lib. IV, pag. 91, 92.

39. *XXXV. Templum Bachi.* Grund- und Aufriss des Tempels des Bacchus. Nachstich nach Serlio Architettura lib. III, pag. 18, 19.

40. *XXXVI. Der Tempel Nervae Traiani zu Rom . . .* Halbe Vorderansicht des Tempels des Nerva Trajanus. Nachstich nach Palladio lib. IV, pag. 24. ggs.

41. *XXXVII. Des Tempels Traiani in Rom, sämbtlichen Baues, Vorhofs und Eingangs, Geometral-Grundlegung, Sambt Innerliche Baugestalt.* Grundriss und halber Aufriss des Tempels des Nerva Trajanus. Nachstich nach Palladio lib. IV, pag. 25. ggs.

42. *XXXVIII. Der Tempel Nervae Traiani . . .* Aufriss einer Seitenhälfte des Nervatempels. Nachstich nach Palladio lib. IV. pag. 26.

43. Titelvignette zum ersten Theil des ersten Buchs der Teutschen Academie: eine Putte, mit Architekturzeichnen beschäftigt. In vier Kartouchen, inmitten jeder der vier Seiten der Umrahmung sind die Worte zu lesen: *Ars Numerus Mensura Pondus.* Ohne Bezeichnung des Nachstechers. — Nach Sandrarts Angabe T. A. II. 3. S. 337 b gestochen von Georg Christoph Eimert d. J.

44. Titelkupfer zu den Stichen des 2. Buchs des ersten Theils der Teutschen Academie. Darauf sind dargestelt eine Herme, eine Statue und ein Relief. Die Darstellung der Statue (Venus?) ist eine kleinere Wiederholung der gleichen von Galleria Giustiniana, Band I., pl. 37. Daselbst bezeichnet: Cl. Mellan G. del et sc. Bei Sandrart ist der Lorbeerkranz in der erhobenen Hand ergänzt. Die Darstellung ist gegenseitig. Oben in einer Steinplatte die Inschrift: *Der Teutschen*

Academie ersten Theils zweytes Buch von der Scultura oder Bildereykunst. Links unten bezeichnet: *J. v. Sandrart del. G. And. Wolfgang sc.*

45. *b) Marsias, geschundener Satyrus, antich Bild der Anatomie, im Pal. von Pr. Justinian.* Bezeichnet rechts unten: *J. G. Waldreich sculp.* ggs. Kleinerer Nachstich von Galleria Giust. I., pl. 60. Daselbst bezeichnet: Joachino Sandrart del. C. Bloemaert sculp.

46. *c)* Manierierte Darstellung der Laocoonstatue (ohne die Söhne) mit falscher Ergänzung der Schlange. Die Statue ist vollständig missverstanden und durchaus nicht in antikem Geiste wiedergegeben. Unten bezeichnet: *Laocoon, Priester im P. G. Belreder. Werk von Agesand. Polidor. u. Artemidor.* Links unten: *Sandrart del 1675.* Rechts unten: *J. J. Thourneyser Helvet. Basileensis sculp. Lugduni.*

47. *d) Antinous, Favorit von Kais. Adriano: im Päpstl. Garten Belveder.* Unten links bezeichnet: *J. D. Sandrart del.* Mitte: *cum priril S. C. M.* Rechts: *R. Collin sculps. Antrerp.* Im Kupferstichkabinet zu Dresden sind zwei Röthelzeichnungen Sandrarts nach derselben Statue, gegensinnig und etwas grösser.

48. *e) Faunus Waldgott im Palast de Medices.* Unten bezeichnet, links: *Sandrart delin.* Mitte: *Cum Privilegio S. C. M.*, rechts: *Richard Collin sculpsit.* Replik von Friedrichs-Wolters Bausteine. 2. Aufl., No. 1217. Im Kupferstichkabinet zu Dresden grössere gegenseitige Röthelzeichnung Sandrarts.

49. *f) Alexander, mit dem Pferd Bucephalus: auf dem Berg Quirinale zu Rom. Werk von Phidias.* Kleinerer Nachstich nach Lafreri, Speculum Romanae Magnificentiae. Dort dieselbe Beischrift. Rechts unten bezeichnet: Romae 1584. Cl. ducheti formis. ggs. — Fr. W. 1270. Matz-Duhn, antike Bildwerke in Rom. 1881. Bd. I No. 959. p. 260 ff.

50. *g) Gladiator, der Fechter bey Pr. Justinian.* Links unten bezeichnet: *Sandrart del.* Rechts unten: *Waldreich sc.* — Kleinerer Nachstich v. Gall. Giust. I., pl. 115. Daselbst bezeichnet: Joachi Sandrart del. Mich. Natalis sculp.

51. *h) Paetus und Aria Röm. Ehe Paar: im Palast von Pr. Ludovisi zu Rom.* Links unten bezeichnet: *J. D. Sandrart del.* Rechts unten *R. Collin scul. Antv.* Ansicht von vorne. Eine Seitenansicht ist in No. 63 der Kupferstiche des 2. Haupttheils

aufgeführt. Fr. W. 1413. Siehe Schreibers Katalog der Villa Ludovisi No. 92, S. 112. Kolossalgruppe: Gallier und sein Weib. Im Kupferstichkabinet zu Dresden grössere gleichseitige Röthelzeichnung Sandrarts.

52. i) *Pasquin, gestümmelte Statua von Alexander M. und Clitus; am Pal. des Pr. Ursini.* — Mit ungenauer Wiedergabe der Pasquinaden. — Aehnlich bei J. J. Boissard. Topographia I. 1597. M. 3. Matz-Duhn. Bd. I, S. 271/2, No. 965. - Fr. W. 1397.

53. k) *Hercules stehend mit der Löwenhaut bey Pr. Justinian.* Bezeichnet links unten: *J. D. Sandrart del.* Rechts unten: *P. Kilian sc.,* kleinerer Nachstich von Gall. Giust. I., pl. 16. Daselbst bezeichnet: Joachino Sandrart del. C. Blomaert sculp. Nicht ggs.

54. l) *Hercules im Palast von Pr. Farnese.* Bezeichnet unten: *Sandrart delinearit. R. Collin sculps. Antverpiae.* Siehe Lafreri. Sp. Rom. Magn. ggs. Fr. W. 1265.

55. *Apollo, Bild von Delphis und Oraculum im Päpstl. Garten Belreder.* Bezeichnet unten links: *J. D. Sandrart del.* Mitte: *Cum Privilegio S. C. M.* Rechts: *R. Collin scul. Antverpiae.* ggs. Fr. W. 1523. — Im Kupferstichkabinet zu Dresden eine grössere ggs. Röthelzeichnung Sandrarts.

56. n) *Silenus, Weingott im Palast von Prinz Justinian.* Bezeichnet unten links: *Sandrart delin.* Mitte: *R. Collin sculp.* Kleinerer Nachstich von Gall. Giust. I. pl. 138. ggs. Daselbst bezeichnet: Joach. Sandrart del. *J. Comin F.* Die Statue ist jetzt im Museo Torlonia (Replik der Statue in Villa Albani). Visconti, Cat. del Museo Torlonia No. 283 (siehe Schreiber in Arch. Ztg. 1879. S. 68). — Im Kupferstichkabinet zu Dresden ist eine gleich grosse ggs. Röthelzeichnung Sandrarts, die dem Stich als Vorlage gedient hat.

57. o) *Centaurus im Palast von Pr. Borghese zu Rom werck des Agesanders.* Bezeichnet unten: *Sandrart del. R. Collin sculp. Antverpiae.* — Fr. W. 1421.

58. p) *Venus, Liebgöttin im Garten deren von Medices in Rom Werck von Phidias.* Bezeichnet links unten: *J. D. Sandrart delin.* Rechts unten: *Richard Collin sculp. Antverpiae.* — Fr. W. 1460. Dütschke. Uffizien Cat. No. 548, S. 246. — Im Kupferstichkabinet zu Dresden ist eine gleich grosse ggs. Röthelzeichnung Sandrarts, die dem Stich als Vorlage diente.

59. *q) Die drey Gratien oder Huld Göttinnen bey Pr. Justinian.* Unten die Worte: *Tres sunt, Euphrosyne, Charites, Aglaja, Thalia.* Bezeichnet unten links: *Sandrart delineavit.* Mitte: *Cum Privilegio Sac. Caes. Majest.* Rechts: *R. Collin sculps. Antv.* — Statuengruppe.

60. *r) Alt und junger Faunus bey P. Justinian.* Kleinere Nachstiche nach Gall. Giust. II, fol. 47. ggs. Daselbst bezeichnet Joachino Sandrart del. M^d Natalis f. — Hier ohne Bezeichnung.

61. *s) Minerva Sospitatrix, Weisheit Göttin im Pal. von Pr. Justinian.* Bezeichnet rechts unten: *Melchior Küsell f.* Gleiche Darstellung im Gegensinn auf der Titelplatte zum 3. Buch des ersten Theils der „Teutschen Academie". Daselbst bezeichnet: Richard Collin sculpsit Antverpiae. — Kleinerer Nachstich nach Gall. Giustiniana I, pl. 3. — Fr. W. 1436.

62. *t) Flora Blum Göttin im Palast von Prinz Farnese zu Rom.* Bezeichnet links unten: *J. D. Sandrart del. R. Collin sculp. Antverp.* — Fr. W. 1484. Im Kupferstichkabinet zu Dresden ist eine gleich grosse und gleichseitige Röthelzeichnung Sandrarts.

63. *r) Sibylla Cymana: im Palast von Pr. Justinian zu Rom.* Vorn links Tempelreste, im Grunde Arkadentheile. Die abgebildete römische Bildnisstatue ist nicht identisch mit der auf der nächsten Tafel wiedergegebenen. Links unten bezeichnet: *J. v. Sandrart delin.* — Die Tafel fehlt in einigen Exemplaren der Teutschen Academie. Im Kupferstichkabinet zu Dresden ist eine gleich grosse ggs. Röthelzeichnung Sandrarts, die dem Kupferstich als Vorlage diente.

64. *w) Sibylla Cumana: im Palast von Pr. Justinian zu Rom.* Weibliche Gewandstatue. Ohne Bezeichnung. Kleinerer Nachstich von Gall. Giust. I, pl. 78. Daselbst bezeichnet Joach. Sandrart del. Mich. Natalis sc. Nicht ggs.

65. *y) Bacchans, Bachus Priesterin bey Pr. Justinian.* Weibliche Gewandstatue. Stich ohne Bezeichnung. Kleinerer Nachstich nach Gall. Giust. I. pl. 47. Daselbst bezeichnet Joachi Sandrart del. Mich. Natalis sc. Nicht ggs.

66. *aa) Antich Gefaesse, mit einem Opfer der Iphygenia im Palast de Medices.* Abbildung zweier Vasen, von denen die im Titel genannte jetzt in den Uffizien (s. Dütschke No. 537, III. S. 239 ff.). Im Grund links Eros mit Delphin. Fr. W. 1581.

10*

(s. de Cavalleriis III/IV fol. 63). Daselbst bezeichnet Alpheus in Arethusae fontem profluens. In Aedibus Farnesianis. Bezeichnet rechts unten: *J. G. Waldreich sculp.*

67. *bb)* Abbildungen von Fussbekleidungen an antiken Statuen. Unten die Schrift: *Zu Rom nach underschidtlichen Antiken Statuen von Marmorstein nachgezeichnet.* Darunter rechts unten bezeichnet: *J. Frank sc.*

68. *cc)* Fortsetzung der Abbildungen von pl. bb mit der gleichen Schrift und Bezeichnung.

69. *dd) Cleopatra Koenigin in Egypten im Vaticun. Diss Bild ward von Kais. Augusto im Triumph zu Rom eingeführet.* Querfol. Bezeichnet links unten: *Sandrart delin.* Rechts unten: *Richard Collin sculpsit Antverpiae.* Abbildung der Statue der schlafenden Ariadne im Vatikan. — Fr. W. 1572. Im Kupferstichkabinet zu Dresden ist eine gleich grosse ggs. Röthelzeichnung Sandrarts, die dem Stich als Vorlage diente.

70. *ee)* Miscellantafel, darauf dargestellt fünf Gemmen (Medaillen), über jeder eine Bezeichnung. a) *Vespasian u. Domitilla, kaiserl. geschenk: Kleinod,* b) *Der Faunen Opfer,* c) *Des Patr. Jacobs und seiner Rahel Verliebung,* d) *Opfer der Vestalinnen zu Rom,* e) *Alt-Römischer Desultor od. Pferd-springer.* — Ohne Bezeichnung des Stechers. Vergl. T. A. I, 2. S. 40 b.

71—82. pl. 1—12. Porträts auf antiken Steinen und Münzen. Miscellantafeln. Nachstiche nach: Illustrium Imagines ex antiquis marmoribus numismatibus et gemmis expressae quae exstant Romae major pars apud Falvium Ursinum. Theodorus Gallaeus delineabat | Romae ex Archetypis incidebat Antverpiae 1598. Antverpiae, ex officina plantiniana sumptibus Theodori Gallaei. — Die Namen, welche bei Ursinus-Galle jedem Porträt beigelegt sind, werden auch von Sandrart wiedergegeben. Dagegen sind die bei Ursinus-Galle jedem Porträt hinzugefügten Angaben bezüglich des Besitzers, des Standorts und des Materials der Medaillons von Sandrart nicht wiederholt. Wohl befinden sich am Fusse der Platten 2, 3, 6, 7, 9 solche Angaben wieder, die jedoch sich nicht auf alle Medaillons der betreffenden Tafeln beziehen und auch nicht auf die untersten der Tafeln.

71. *1.* a) *Alexander Magnus* = Galle pl. 5. ggs. b) *Alexander et Olympias* = Galle pl. 6. ggs. c) *Alexander Epirota rex* = Galle pl. 7. ggs. d) *Alexander Theopator* = Galle pl. 8. ggs. e) *Amilcar* = Galle pl. 9. ggs. f) *Amyntas rex.* = Galle pl. 10. ggs.

72. *2.* a) *Antiochus rex.* = Galle pl. 18. ggs. b) *Antiochus et Cleopatra* = Galle pl. 19. ggs. c) *M. Antonius* = Galle pl. 23. ggs. d) *M. Antius Restio* = Galle pl. 21. ggs. e) *Apulejus* = Galle pl. 25. ggs. Von Sandrart die Inschrift Apulejus und die Aehre im Rund weggelassen. f) *Apollonius Teaneus* = Galle pl. 24. ggs. Bei Sandrart am Fusse der Platte die Worte: *Roma apud fulvium Ursinum in nomismate aereo.*

73. *3.* a) *Ariarathus rex* = Galle pl. 29. ggs. b) *Carneades* = Galle pl. 42. ggs. c) *Cynegirus* = Galle pl. 51. ggs. d) *Demosthenes* = Galle pl. 55. ggs. e) *Demetrius rex* = Galle pl. 52. ggs. f) *Hellen* = Galle pl. 64. ggs. Am Fusse dieser Platte bei Sandrart: *Roma in gemma | et nomismate argenteo.*

74. *4.* a) *Augustus et Livia* = Galle pl. 39. ggs. b) *Byzas Heros* = Galle pl. 40. ggs. c) *Cleopatra* = Galle pl. 45. ggs. d) *P. Cornelius Scipio Africanus* = Galle pl. 48. ggs. (Siehe Schreiber, Cat. der Villa Ludovisi No. 91.) e) *Diomedes Heros* = Galle pl. 57. ggs. f) *Hannibal* = Galle pl. 63. ggs.

75. *5.* a) *Demetrius Nicator rex* = Galle pl. 53. ggs. b) *Hercules et Hylas* = Galle pl. 66. Nicht ggs. c) *Hesiodus* = Galle pl. 68. ggs. d) *Horatius* = Galle pl. 73. ggs. e) *Hyacinthus* = Galle pl. 74. Nicht ggs. f) *Hylas* = Galle pl. 75. Nicht ggs. Bei Sandrart sind alle sechs Porträts in ovalem Rahmen dargestellt, während bei Galle nur c, e, f ebensolche Umrahmung haben und die anderen im Rund dargestellt sind.

76. *6.* a) *Cimon* = Galle pl. 46. Herme ohne Kopf mit Inschrift. b) *L. Junius Brutus* = Galle pl. 81. ggs. c) *Leodamas* = Galle pl. 84. ggs. Doppelherme mit Inschrift. (S. Visconti, Icon. gr. pl. 30 n. 5. (p. 143), G. P. Bellori, Vet. ill. imagines (p. 3a) tab. 83.) d) *Milo crotoniata* = Galle pl. 93. ggs. e) *Mithridates rex* = Galle pl. 95. ggs. f) *Pergamus Heros* = Galle pl. 101. ggs. Bei Sandrart am Fusse der Platte unter Nummer e und f die Angabe: *apud Fulvium Ursinum in nomismate aereo.*

77. *7.* a) *Juba rex* = Galle pl. 77. ggs. b) *Julia Augusti filia* = Galle pl. 79. ggs. c) *C. Julius Caesar* = Galle pl. 80. ggs. d) *M. Junius Brutus* = Galle pl. 82. ggs. e) *Mago et Dionysius Uticensis* = Galle pl. 86. ggs. f) *Marcellus Augusti Nepos* = Galle pl. 87. ggs. Am Fusse dieser Platte die Angabe: *Roma apud Ursinum | in gemma*, zu No. e und f.

78. *8.* a) *C. Marius C. F.* = Galle pl. 88. ggs. b) *Numa rex.* = Galle pl. 97. ggs. c) *Papinianus et Plautilia* = Galle pl. 100. ggs. d) *Perseus rex.* = Galle pl. 102. ggs. e) *Philetaerus* = Galle pl. 105. ggs. f) *Philippus Macedo* = Galle pl. 107. ggs. Bei Galle Rundbild, bei Sandrart Reliefplatte.

79. *9.* a) *Cn. Pompejus Magnus* = Galle pl. 113. ggs. b) *M. Porcius Cato* = Galle pl. 116. ggs. c) *Ptolemaeus rex* = Galle pl. 120. ggs. d) *Pyrrhus rex* = Galle pl. 123. ggs. e) *T. Quinctius Flaminius* = Galle pl. 126. ggs. f) *Romulus rex* = Galle pl. 127. ggs. Am Fusse dieser Platte die Angabe bei Sandrart: *Roma apud Ursinum in gemma | et nomismate argenteo.*

80. *10.* a) *Theocritus. apud Ursinum in marmore* = Galle pl. 142. gls. (Relief.) b) *Thucydides. apud Ursinum in marmore* = Galle pl. 144. gls. (Doppelherme.) c) *Pythagoras. In nomismate aereo* = Galle pl. 124. gls. d) *Zenon. ap. Card. Farnesium in marmore* = Galle pl. 151. ggs. e) *Virgilius. apud Ursinum in nomism. aereo* = Galle pl. 148. ggs. (Gemme.) f) *M. Tullius Cicero. apud Matthaeum in marmore* = Galle pl. 146. ggs. (Büste.) Die Platte ist ohne Bezeichnung.

81. *11.* a) *Sex. Pompeius* = Galle pl. 115. ggs. b) *Sallustius* = Galle pl. 128. c) *Sappho* = Galle pl. 129. ggs. d) *Solon* = Galle pl. 135. ggs. e) *Tatius Sabinus rex.* = Galle pl. 139. ggs. f) *Terentius* = Galle pl. 140. ggs.

82. *12.* a) *L. Antonius* = Galle pl. 22. ggs b) *Zaleucus* = Galle pl. 150. ggs. c) *Anacreon* = Galle pl. 11. ggs. d) *Oeneus Heros* = Galle pl. 99. ggs. e) *Diogenes* = Galle pl. 56. ggs. (Herme.) f) *M. Mettius epaphrodius grammaticus grecus. M. Mettius Germanus fec.* = Galle pl. 91. Statue, am Fusse die Inschrift. g) *Herodotus* = Galle pl. 67. ggs. (Herme.)

83. *13.* Darauf abgebildet vier Köpfe antiker Statuen mit beigelegten Namen: kleinere Nachstiche im ggs. nach den gleichen Abbildungen in der Galleria Giustiniana.

a) *Castor* = Gall. Giust. II. fol. 43, 1. b) *Cybele* = Gall. Giust. II. fol. 43, 2. Die Platte 43 der Gall. Giust. ist bezeichnet: Joachino Sandrart de: M⁰ˡ Natalis sc. c) *Fedra* = Gall. Giust. II. fol. 57, 2. d) *Agrippina* = Gall. Giust. II. fol. 57, 1. Die Platte ist bei Sandrart links unten bezeichnet: *J. Franck sc.*

84. *14.* a) *Aspasia* (Gemme). Nachstich nach Canini: Iconographia. Cioè Disegni d'imagini de Famosissimi Monarchi. Regi, Filosofi, Poeti ed Oratori dell' antichità cavati da Jovani Angelo Canini. In Roma 1669. fol. Daselbst pl. 29 bei Sandrart im ggs. b) *Bacchanda* (Gemme). ggs. Nachstich nach Canini pl. 101 b. c) *Vas marmoreum.* Vase mit Silensköpfen. d) *Apollo* (Büste). e) *Bacchus biformis.* Doppelherme. Nachstich nach Canini pl. 98. Die Platte ist bei Sandrart bezeichnet links unten: *Sandrart del.* Rechts unten: *R. Collin sculp. Antv.*

85. Titelvignette zu dem 2. Buch des 1. Theils der Teutschen Academie, darin dargestellt eine Putte mit Skulpturarbeiten beschäftigt. In der Umrahmung sind Kartouchen angebracht mit folgenden Aufschriften: *Venustas, Cognitio muscul., Symmetria, Affectus, Actio, perfectio, physiognomia, dispositio.* — Ohne Bezeichnung des Stechers, nach Sandrarts Angabe T. A. II, 3. S. 337 b gestochen von Georg Christoph Eimert d. J. (siehe No. 43).

86. Auf S. 52 des 2. Buchs Beschluss. Stich 162 mm breit, 133 mm hoch. Abbildungen antiker Skulpturen, darunter die Figur des Marsyas. Ohne Bezeichnung.

87. Titelkupfer. *Der Teutschen Academie ersten Theils drittes Buch, von der Pittura oder Mahlerey-Kunst.* Minerva Sospitatrix, gleiche Darstellung im ggs. wie No. 61, daselbst gestochen von Küsell. Hier bezeichnet unten links: *J. D. Sandrart del.* Mitte: *Cum Privilegio Sac. Caes. Majestatis.* Rechts: *Richard Collin sculpsit Antverpiae.* (Siehe Galleria Giustiniana 1, p. 3.

88. S. 65 des 3. Buchs. Abbildung eines Leuchters mit Versen, deren Schluss lautet: *Der Leuchter ist gestellet, wer sich zu ihm gesellet, und ämsig sucht, der findt.* Ohne Bezeichnung des Stechers. Ggs. Nachstich nach Enea Vico, Bartsch XV, p. 367, No. 491.

89. Auf S. 69. Figur aus Mich. Angelos Schlachtenkarton hier abgebildet zur Lehre der Anatomie des Körpers. Bezeichnet unten in der Mitte: *J. D. Sandrart Invent. R. Collin sc. Antr. Ggs.* freie Kopie nach der ähnlichen Figur in dem Stich des Ag. Veneziano, Bartsch XIV, p. 423, 472.

90. Auf S. 71. Kupfer am Schluss des Kapitels „Vom Landschaft Mahlen". Darstellung des foro Boario (s. T. A. 2, l. pl. VIIa). Ohne Bezeichnung des Stechers. Vergl. cap. XIII, No. 9.

91. Auf S. 76. Antike Skulpturen, in der Mitte eine Heraklesstatue. Ohne Bezeichnung des Stechers.

92. Auf S. 85. Wappenhelm mit Krone und Arabesken. In der Krone ein Nest voll junger Pelikane, die zum Theil von der Mutter mit ihrem Blut genährt werden, zum Theil von auf den Arabesken stehenden Putten Trauben angeboten bekommen. Oben auf den Seiten stehen Verse, die auf das Bild Bezug nehmen. Sandrarts Wappenbild. Unbezeichnet.

93—96. Vier Platten, enthaltend Zeichnungen zur Lehre der Perspektive. Ohne Bezeichnung. Nummerirt No. *14—24.* Die Nummern 1—13 incl. sind Holzschnitte im Text. Einige dieser Abbildungen finden sich ebenso bei Serlio. Regole generali di Architettura Venet. 1559, fol. So ist No. 14, 15, 16 gleich Serlio II, fol. 33, No. 23 gleich Serlio II, fol. 20, No. 24 gleich Serlio fol. 17. Der Holzschnitt auf S. 98 (T. A.) ist gleich Serlio I, fol. 8.

97. Titel zum II. Theil der Teutschen Academie, darauf eine in freier Weise nach antikem Vorbild gestaltete Statue der ephesischen Artemis als Sinnbild der Natur. Am oberen Rande der Platte sechs Verse, in denen der Künstler zum Studium der Natur ermahnt wird.

98. Titelleiste. Akanthusornament.

99. *B.* Auf einer Folioplatte zwei Stiche, oben: a) Bildliche Darstellung der Erfindung der Zeichenkunst (bei Tage unter freiem Himmel), b) gleiche Darstellung (zur Nachtzeit, im Zimmer, bei künstlichem Licht). Links unten bezeichnet: *Sandrart inr. G. A. Wolfgang f.*

100. *C.* Miscellantafel, enthaltend vier Porträts frei nach der Antike, mit den Benennungen: a) *Polygnotus von Athen,* b) *Polygnotus von Thasus,* c) *Phidias, Maler und Bildhauer von Athen,* d) *Zeuxis von Heraclea, Maler.* — Ohne Be-

zeichnung des Stechers. Ph. Kilian (cfr. T. A. II, 3.
S. 364b).

101. *D.* Gleiche Tafel, mit den Benennungen: a) *Parrhasius von
Ephesen. Mal.* b) *Demon von Athen. Mal.* c) *Pausias von
Sicyonien Mal.* d) *Glycera von Sicyonia.* e) *Nicias von Athen
Mal.* f) *Atenion von Maronaea Mal.*

102. Kupfer auf S. 24 des 1. Buchs des II. Theils der T. A.,
enthaltend zwei Löwenköpfe und eine Löwentatze, mit der
Aufschrift: *ex ungue leonem.* — Ohne Bezeichnung des
Stechers. Ph. Kilian (cfr. T. A. II, 3. S. 364b).

103. Illustration der Fabel von Apelles und dem Schuster
(s. Text S. 32b) mit der Ueberschrift: *Sutor non ultra
crepitam.* — Ohne Bezeichnung des Stechers. Ph. Kilian
(cfr. T. A. II, 3. S. 364b).

104. *E.* Gleiche Platte wie D, mit den Benennungen: a) *Melanthius
von Cycion. Mal-ler.* b) *Apelles.* c) *Protogenes von Caunus
Mal-ler.* d) *Quintus Pedius Mal-ler.* e) *Praxitelis Bildhaur.*
f) *Mecenas.* Links unten bezeichnet: *J. V. Sandrart del.*
Rechts: *P. Kilian scul.*

105. *F.* Miscellantafel, enthaltend römische Geräte etc., meist
gegenseitige Nachstiche nach einem Stiche bei Lafreri,
Speculum Romanae Magnificentiae. — Die untere Hälfte
der Tafel scheint von Sandrart selbst herzurühren, nach
seiner eigenen Aussage T. A. II, 1. S. 43a/b ist die Büste in
der Mitte „L. Scipions Statue" von ihm in Rom nach der
Antike gezeichnet, doch behauptet er dasselbe auch von den
Instrumenten. Rechts unten bezeichnet: *G. C. Eimart sculp.*
(s. Text S. 43/44). Vergl. Bottari, Museum Capitolinum.

106. *G.* Die Reihen mit Instrumenten sind derselben Tafel von
Lafreri entnommen wie auf pl. F. Im Vorgrunde eine
Statue (s. Text S. 47a) aus Pal. Giust. Bezeichnet unten
rechts: *G. C. Eimart sculp.* Vergl. cap. XIV, Nr. 22.

107. *H.* Mit den Benennungen: a) *Homerus.* b) *Heraclitus.*
c) *Hippocrates.* d) *Socrates.* e) *Sophocles.* f) *Demosthenes.*
Bezeichnet unten in der Mitte: *Sandrart del.,* rechts: *B. Kilian
sculp.* (siehe T. A. II, 1. S. 51). Betr. Homerus siehe Gio.
Pietro Bellori. Veterum illustrium imagines (pars 2a) tab. 52.
Im Kupferstichkabinet zu Dresden ist eine gegenseitige,
viel grössere Röthelzeichnung Sandrarts, die wohl dem

Stich als Vorlage gedient hat. Diese ist bezeichnet rechts
unten: Sandrart. Romae 1629.

108. *I.* Wie H., mit den Benennungen: a) *Plato.* b) *Theophrastus.*
c) *Aristoteles.* d) *Seneca.* e) *Democritus.* f) *Diogenes.* Bezeichnet unten links: *Sandrart del.,* rechts: *B. Kilian sculp.*
(siehe Text T. A. II. 1. S. 51/52, II, 3. S. 364 b).

109. Auf S. 56 Wiederholung des Abdrucks der Platte Nr. 4.
Ohne Bezeichnung.

110—119. Platte *K—T.* Miscellantafeln mit Bildnissen italienischer
Künstler, zu dem 2. Buch des 2. Theils der Teutschen
Academie gehörig. Die Bildnisse, gewöhnlich sechs auf
einer Tafel in verschiedener Umrahmung, sind um ein
Drittel grössere Nachstiche nach den Holzschnitten, die
den Vite des Vasari in der Giunta beigegeben sind. Doch
haben sie häufig infolge der flüchtigen Zeichnung nur
oberflächliche Aehnlichkeit mit jenen. (Vergl. auch die
Prefazione pag. XV, der 4. Ausgabe des Vasari, besorgt
von Bottari. Rom 1759/60.)

110. *K.* a) *Giovanni Cimabue* = Vasari. Giunta I, p. 82. ggs.
b) *Gaddo Gaddi* = Giunta I, p. 111. ggs. c) *Stefano* =
Giunta I, p. 140. ggs. d) *Giotto Pittore, Scult: et Architetto* = Giunta I, p. 118. ggs. e) *Simone Sanese* = Giunta I,
p. 169. f) *Agnolo Gaddi* = Giunta I, p. 195. ggs. Die Platte
ist unten in der Mitte bezeichnet: *G. C. Eimart sculpsit.*

111. *L.* a) *Giovann da Fiesole. Dominic. Münch. Mahl.* = Giunta II,
p. 358. b) *Lippo von Florenz. Mahler.* = Giunta I, p. 222.
Nicht ggs. c) *Franssco Petrarcha Poeta.* d) *Laura.* Kopie
nach E. Vico. Bartsch XV, p. 332, No. 237. e) *Theophrastus
Paracelsus.* Vermutlich Nachstich nach dem Holzschnitt
von Jobst Amman (siehe A. Andresen. Der deutsche peintre-
graveur. I. S. 206, No. 18). f) *Giovanni Battista Alberti.
Archi: und Bild.* (s. Giunta II, p. 366. ggs.). Die Platte ist
nicht bezeichnet.

112. *M.* a) *Giovanni Bellino Mahl: Venet.* cfr. Ridolfi I, p. 46 =
Giunta II, p. 429. ggs. b) *Andrea Mantegna Mahl.* = Giunta II,
p. 487. ggs. c) *Pietro von Pernsiae Mahl.* = Giunta II, p. 507.
ggs. d) *Lionardo da Vinci. Mahl.* = Giunta III, p. 1. ggs.
e) *Giorgione von Castel: Franco M.* = Giunta III, p. 12. ggs.
f) *Bramante von Urbino. Archit.* = Giunta III, p. 27. ggs.

113. *N.* a) *Guliano da S. Gallo* = Giunta III, p. 55. ggs. b) *Piero di Cosimo* = Giunta III, p. 20. ggs. c) *M. Properzia di Rossi Scultrice Bollong.* Vollständig abweichend von Vasari. Giunta III, p. 171. d) *Andrea da Fiesole* = Giunta III, p. 107. ggs. e) *Domenico Puligo* = Giunta III, p. 103. ggs. Die Platte ist bezeichnet links unten: *Joachimo de Sandrart delin.,* rechts unten: *Jacob Sandrart sculp.*

114. *O.* a) *Raphael Senzio von Urbin. Malh.* Anders Giunta III, p. 64. b) *Antonio von Corregio M.* ' Bei Giunta III, p. 16 leerer Rahmen. c) *Joh. Franc. Penni genant Factor. M.* = Giunta III, p. 145. ggs. d) *Andrea del Sarto. Malh.* = Giunta III, p. 149. ggs. e) *Polidoro von Curavaggio M.* = Giunta III, p. 197. ggs. f) *Rosso von Florenz Malh.* = Giunta III, p. 204. Nicht ggs. Die Platte ist bezeichnet links unten: *J. v. Sandrart d.,* rechts unten: *P. Kilian s.*

115. *P.* a) *Jullio Romano Mal. u. Architec.* = Giunta III, p. 324. ggs. b) *Francesco Mazzoli Parmigiano Mal.* = Giunta III, p. 230. ggs. c) *Gioanni da Udine. Mal.* = Giunta III, p. 576. ggs. d) *Perino del Vaga. Mal:* = Giunta III, p. 348. ggs. e) *Jacomo da Puntorino. Mal:* = Giunta III, p. 474. ggs. f) *Gio: Fran: Rusticho. Pilt: u. Archi:* Florent: = Giunta III, p. 597. ggs. Die Platte ist bezeichnet links unten: *J. v. Sandrart deline.,* rechts unten: *Philipp Kilian sculp.*

116. *Q.* a) *Francesco Salviati. Flor. Mahler.* = Giunta III, p. 625. ggs. b) *Baccio Bandinel Flor. Bildhauer.* Anders als Giunta III, p. 423. c) *Taddeo Zucharo Mahler.* = Giunta III, p. 656/686. ggs. d) *Michael Angelus Bonarotus Flor. Mahler Bildhauer u. Archit.* = Giunta III, p. 685/717. ggs. e) *Marc. Antonio von Bolognie. Kupferstecher* = Giunta II, p. 294. ggs. f) *Francesco Primaticcio Mahl. u. Archit. Bolog.* = Giunta III, p. 797. ggs. Die Platte ist bezeichnet links unten: *Joachimo de Sandrart delineavit,* rechts unten: *Jacob Sandrart sculpsit.*

117. *R.* a) *Tiziano Uccello von Cador. Mahl.* cfr. Ridolfi I, p. 134. b) *Arioste Poeta von Ferare.* Kopie nach E. Vico. B. XV, p. 234, No. 341. c) *Jacomo da Ponte Bassano Mahl.* cfr. Ridolfi I, p. 372. d) *Jacob Robusti deto il Tinctoret. M.* cfr. Ridolfi II, p. 2. ggs. e) *Marieta Tintoretta. Mahlerinn.* Anders bei Ridolfi II, p. 70. f) *Paulo Caliari. Veronese Mahl.* cfr. Ridolfi I, p. 282. ggs. Die Platte ist nicht be-

zeichnet. Sie ist gestochen von Ph. Kilian (cfr. T. A. II, 3. S. 364 b).

118. *S.* a) *Giorgio Vasari. Mahl. u. Archit.* = Giunta III, p. 980. ggs. b) *Joseph von Arpino. Mahl.* c) *Annibal Caracco v. Bollognie M.* cfr. Bellori p. 17. d) *Michel Angelo Marigi v. Caravagi.* cfr. Bellori p. 201. ggs. e) Leeres Oval (s. Text S. 199 a und pl. T, c). f) *Gioanni Lanfranc. v. Bollongnie M.* cfr. Bellori p. 365. ggs. Die Platte ist nicht bezeichnet. Sie ist gestochen von Ph. Kilian (cfr. T. A. II, 3. S. 364 b).

119. *T.* a) *Vincentius Justinianus. Margr. zu Basan.* Kleinerer Nachstich im Gegensinn nach Galleria Giustiniani I, p. 2. Daselbst bezeichnet unten in der Mitte: Claude Mellan Gall' del. et sculp. Romae. 1631. sup. pm. b) *Gio. Loren. Bernin. Bild. u. Baum.* cfr. Stich von Lioni 1622. ggs. c) *Gioan. Franc. Barbiero da Cento Ma.* Nach einer Zeichnung von B. selbst in Sandrarts Besitz (s. Text S. 199 a), cfr. Stich v. Lioni 1623 (s. Ritratti di alcuni celebri pittori y. F. Amidei. 1731). d) *Pietro Beretino da Cortonna. M.* e) *Pietro Testa Lucheso. Mahl.* f) *Higiemonte Indianer M.* (s. Text T. A. I, 3. S. 100 b). Die Platte ist bezeichnet links unten: *J. r. Sandrart deli.,* rechts unten: *P. Kilian s.*

— T. A. II. Theil 3. Buch. —

120. *AA.* a) *Johann von Eyck Mahl.* b) *Huberto von Eyck Mahl.* c) *Martin Schoen von Calenbach. Mahl.* d) *Michael Wolgemuth Mahl.* e) *Peter Vischer Pilth.* f) *Adam Krafft. Pilth.* Die Platte ist bezeichnet links unten: *J. r. Sandrart del.,* rechts unten: *P. Kilian f.*

121. *BB.* a) *Albrecht Durer der Aelter.* b) *Albrecht Durer v. Nurmberg Mahl. v. Kupferstecher.* c) *Lucas Kranach der Aelter.* d) *Hans Burchmair v. Augspurg Mahl.* (rechts oben Monogramm Dürers). e) *Hans von Kulmbach. Mahl.* f) *Albrech Altorfer Mahl.* Die Platte ist bezeichnet links unten: *J. v. Sandrart del.,* rechts unten: *Philipp Kilian s.*

122. *CC.* a) *Bartholome Boham Mahl und Kupferstecher* (links im Grunde das Monogramm Barthel Behams). b) *Jacob Binck Mahl und Kupferstecher* (rechts im Grunde das Monogramm von J. Bink). c) *Georg Pens Mahler und Kupferstecher* (links im Grunde das Monogramm von G. Pencz). d) *Matheus Grinwaldt Mahler* (links im Grunde das Monogramm Dürers).

Vermutlich das Porträt von H. B. Grien, cfr. Woltmann in Zeitschrift f. b. K. I, S. 285 (s. Zeichnung in der Sammlung Habich). e) *Christoff Amberger von Augspurg Mahl.* f) *Hans Sebalt Beham Mahler u Kupferstecher* (links im Grunde sein Monogramm). Die Platte ist ohne Bezeichnung. Sie ist gestochen von Ph. Kilian (cfr. T. A. II, 3. S. 374 b).

123. *DD.* a) *Lucas von Leyden Mahl und Kupferstecher.* Kopie nach dem Stich von Wierix nach Dürers Porträt. b) *Quintin Messies Mahl.* Freie Kopie nach dem Stich von Wierix nach dem Selbstporträt des Künstlers. c) *Henrich Aldegraef von Soest Mahl u Kupf.* Ggs. Kopie nach dem Selbstporträt des Künstlers (B. VIII, No. 189, p. 419). d) *Johan von Calcker Mahl.* e) *Joan von Mabus Mahl.* Freie Kopie nach Wierix. f) *Johan Schoorl Mahl.* Freie Kopie nach Wierix nach dem Gemälde des Antonio Moro. Die Platte ist links unten bezeichnet: *J. v. Sandrart del.,* rechts unten: *P. Kilian f.*

124. *EE.* a) *Hans Holbein der Aelter Mahler zu Augspurg* (cfr. T. A. II, S. 249 a). b) *Sigmund Holbein, Mahler zu Augspurg.* Nach Woltmann in den Mittheilungen der k. k. Central-kommission zur Erforschung und Erhaltung der Baudenkmale Bd. VIII, Wien, S. 274 stimmt dieses Porträt, das Sandrart nach einer Zeichnung des jüngeren Hans Holbein in seinem Besitz wiedergiebt, mit einer Handzeichnung des jüngeren Holbein im Berliner Kupferstichkabinet so sehr überein, dass man vermuten möchte, es sei dasselbe Exemplar, wenn nicht die Inschriften verschieden wären. c) *Hans Holbein der Jünger.* d) *Nicolaus Manuel.* Nach Grüneisen „Nicolaus Manuel" bei Cotta. 1837. S. 194 anm. 2 ist dieser Stich bei Sandrart nach keinem bekannten Original gefertigt und hat auch keine Aehnlichkeit mit den ächten Bildnissen Manuels (cfr. T. A. 2, III. S. 8 b). Die Platte ist bezeichnet links unten: *Sandrart delineav.,* rechts unten: *R. Collin. sc. Antv.*

125. *FF.* a) *Joos Maurer Mahler von Zürich. Obiit A⁰ 1580. Aet. 50.* b) *Tobias Stimer Mahler von Schafhausen.* c) *Dietrich Meyer Mahler von Zürich. Starb A⁰ 1659. Æ. 88.* d) *Heinrich Wägmann Mahler von Zürich.* e) *Conrad Gyger Mahler in Zürich Starb A⁰ 1674. aet. 77.* f) *Conrad Meyer Mahler in Zürich Natus A⁰ 1618. fecit A⁰ 1675.* Die Platte ist ohne weitere Bezeichnung.

126. *GG.* a) *Johannes Pocksperger M.* b) *Franz Flores v. Andorf M.* Nachstich nach Mander, fol. 159. ggs. und kleiner. Daselbst links unten das Zeichen von J. H. Wierix. c) *Wilhelm Caio von Breda M.* Nachstich nach Wierix. d) *Christofel Schwarz v. Ingolstadt* (s. T. A. S. 264a). Nach einer Zeichnung von H. Goltz. e) *Carel Vermander Mahl und Poet* (cfr. Hymans, Mander I, IV). Kopie nach dem Stich von J. Saenredam, nach H. Goltzius. f) *Martin Hemskirch v. Harlem. M.* Nachstich nach Mander, fol. 164. Daselbst das Monogramm von Hondius. ggs. Die Platte ist ohne Bezeichnung. Sie ist gestochen von Ph. Kilian (cfr. T. A. II. 3. S. 364b). Ueber die Bildnisse in Manders Schilderboeck vergl. J. F. van Someren, Catalogus van Portretten van Nederlanders. Amsterdam 1880. Bd. 1, p. 202.

127. *HH.* a) *Johann Bolonie Bildh.* Abweichend von dem Porträt bei Mander nach Hondius. b) *Peter Breugel Mahl.* ggs. Nachstich nach dem Stich von Aeg. Sadeler nach dem Gemälde von Spranger (cfr. Hymans I, S. 301). c) *Bartholome Spranger Mahl.* Nachstich nach dem Porträt auf dem Stich von Aegid. Sadeler bei Hondius. Ueber die Bildnisse in der Sammlung des Hondius siehe Someren I, p. 197. d) *Jost von Wingen Mahl.* Nachstich nach S. Frisius. e) *Johann von Ach.* Kopie nach dem Stich von H. Hondius (cfr. Hymans II, S. 225). f) *Joseph Heinz Mahl.* Nachstich nach einem gr. Blatt. Querfol. von Eg. Sadeler nach Sprangers Erfindung gestochen Prag 1606. — Bezeichnet rechts unten: *Waldreich fe.*

128. *II.* a) *Adam van Oort.* Nachstich nach de Bie S. 37. ggs. Daselbst bezeichnet links unten: Jacobus Jordaens pinxit, Mitte unten: Hend. Snyers sculp., rechts unten: Jo. Meyssens exc. Ueber die Bildnissammlung des Meyssens und über die Bildnisse bei de Bie vergl. Someren I, p. 199 ff. b) *Octavio van Veen.* Nachstich nach de Bie S. 39. ggs. Bezeichnet links unten: Gert van Veen pinxit, Mitte unten: Aegid Ruchel sculpsit, rechts unten: Joan Meyssens excudit. c) *Guido Rhenus.* Nachstich nach de Bie S. 51. Daselbst bezeichnet links unten: Guido Rhenus pinxit, rechts unten: J. Meyssens fecit et excudit. d) *Adam Elsheimer.* Nachstich nach de Bie S. 49. Daselbst bezeichnet Mitte unten: W. Hollar fecit, rechts unten: J. Meyssens

pinxit et excudit. e) *Abraham Blomaert.* Nachstich nach
de Bie S. 45. ggs. Daselbst bezeichnet links unten: Her.
Blomaert delin., Mitte unten: Hen. Snyers sculpsit, rechts
unten: J. Meyssens excudit. f) *Petrus Paulus Rubens.* Nachstich nach de Bie S. 57. Daselbst bezeichnet rechts unten:
J. Meyssens exc. Kleiner ggs. Nachstich nach van Dycks
„Icones" (s. Wibiral, L'iconographie d'Antoine van Dyck etc.
1877. Leipzig. No. 62). Die Platte ist bezeichnet rechts
unten: *Waldreich f.*

129. *KK.* a) *Horatius Gentilesco.* Nachstich nach van Dycks
„Icones". Wib. 83. b) *Artemisia Gentilesca.* c) *Henricus
Steenwyck.* (vergl. Hymans 11, 67). Kopie nach P. Pontius
nach van Dyck. d) *Simon Vovet.* Kleinerer Nachstich nach
van Dycks „Icones". Wib. 74. e) *Roeland Savery.* Nachstich
nach de Bie S. 125. ggs. Daselbst bezeichnet links unten:
Adam Willaerts delin., rechts unten: Jo. Meyssens fecit et
excudit. f) *Georgius Houfnaglius.* Ggs. Nachstich nach dem
Stich von Jan Sadeler von 1591. Daselbst mit des Hondius
Verlagsangabe. Die Platte ist ohne Bezeichnung des
Stechers.

130. *LL.* a) *Michael Mierevelt.* Ggs. Nachstich nach van Dycks
„Icones". Wib. 26. Stich von W. J. Delff. b) *Jacobus
Callot.* Nachstich nach van Dycks „Icones". Wib. 76.
c) *Gerardus Honthorst.* Nachstich nach van Dycks „Icones".
Wib. 52. d) *Ant. van Dyck.* Nachstich nach dem Porträt
auf dem Titelblatt von van Dycks „Icones". Wib. 4. ggs.
e) *Adrianus Brouwer.* Kleiner ggs. Nachstich nach van Dycks
„Icones". Wib. 21. f) *Cornelius Poelenbourch.* Nachstich
nach van Dycks „Icones". Wib. 35. Die Platte ist ohne
Bezeichnung.

131. *MM.* a) *Johan Torrentius von Amsterdam Mahl.* b) *Wendel
Dietterlein von Strassburg Mahl. und Archi.* c) *Matthaeus
Gundelach von Cassel. Mahl.* d) *Elias Holl von Augspurg
Baumeister.* e) *Susanna Mayrin von Augspurg.* f) *Joh. Ulrich
Mayr von Augspurg Mahler.* Die Platte ist bezeichnet links
unten: *G. A. Wolfgang f.*

132. *NN.* a) *Francisco de Quenoi, alias Fiamengo Bildhauer.* (cfr.
Bellori S. 269) ggs. b) *Peter de Laar alias Bambots Mahler.*
c) *Nicolaus Poussin Mahl.* (cfr. Bellori. kleiner). d) *Claudius
Gilli alias Lorenois Mahl.* e) *Daniel Segers Soc: Jesu Mahl.*

Ggs. Nachstich nach de Bie S. 213. Daselbst bezeichnet links unten: J. Livens pinxit, rechts unten: J. Meyssens excudit. f) *Johann Both. Mahler.* Ggs. Nachstich nach de Bie S. 157. Daselbst bezeichnet links unten: Abr. Willers pinxit, Mitte unten: C. Waumans sculpsit, rechts unten: J. Meyssens excudit. Die Platte ist bezeichnet links unten: *Sandrart del.*, rechts unten: *R. Collin sculp. Antv.*

133. *OO.* a) *Michel le Blon Der König. Majest. von Sweden Agent.* (Unter der Schrift ist eine frühere wegradiert.) b) *Aegidius Sadeler Kupferstech.* c) *Georg Petele Pilt. v. Augspurg.* d) *Matheus Merian Kupferstecher.* (Unter der Schrift ist eine frühere wegradiert.) e) *Renbrant Mahl. zu Amsterdam.* f) *Carol Screta v. Pray. Mahler.* Die Platte ist bezeichnet links unten: *J. v. Sandrart del.*, rechts unten: *Philipp Kilian s.*

134. *PP.* a) *Paulus Pontius v. Antorf. Kupf.* Nachstich nach van Dycks „Icones". Wib. 59. ggs. b) *Lucas Vorstermans v. Ant. Ku.* Ggs. Nachstich nach van Dycks „Icones". Wib. 166. c) *Steffano della Bella v. Flor. Kupf.* Nachstich nach de Bie S. 161. Daselbst bezeichnet links unten: Stocade pinxit, Mitte unten: W. Hollar fecit, rechts unten: Joannes Meyssens excudit. d) *Artus Quellinus. v. Antorf. Bild.* Nachstich nach de Bie S. 505. Bezeichnet links unten: Erasmus Quellinus pinxit, rechts unten: Richardus Collin sculpsit 1662. e) *Petrus de Jode v. Ant. Kupfers.* Nachstich nach de Bie S. 511. Daselbst bezeichnet links unten: Tho. Willeborts pinxit, Mitte unten: Petr. de Jode sculpsit. rechts unten: Jo. Meyssens excudit. f) *Lucas Kilian v. Augsp. Kupf.* Die Platte ist ohne Bezeichnung.

135. *QQ.* a) *Matthaeus Merianus, Matthaei filius.* b) *David Klöcker Ehrnstrahl R. M. J. Sweden M.* c) *Johann Hedrich Schönfeld Mahl. zu Augspurg.* d) Das Oval ist unausgefüllt. e) *Wenczel Jamiczer Bilt. zu Nurmberg.* f) *Anna Maria von Schurman Mahl und Bilt. v. Utrecht.* Die Platte ist bezeichnet links unten: *Joach. v. Sandrart delin.*, rechts unten: *Ph. Kilian f.*

136. Holzschnitt mit einer Darstellung des Milo auf S. 163 T. A. I, S. 46.

137. Dieselbe Darstellung S. 182 wie No. 136, mit Versen.

138. Kupfer mit phantastischer Darstellung des Gorgoneions mit begleitenden Versen auf S. 221. Ohne Bezeichnung.

139. S. 229. Neudruck von No. 89.

140. S. 247. Antiker Relieffries mit Versen. Ohne Bezeichnung.

141. S. 252. Darstellung von Sphinxen mit begleitenden Versen. Ohne Bezeichnung.

142. S. 296. Putten in antiker Landschaft. Ohne Bezeichnung.

143. S. 325. Neudruck von No. 102.

144. S. 372. Neudruck von No. 141.

145. S. 376. Neudruck von No. 88.

146. Ansicht von Stockau auf dem Titelblatt zu Sandrarts Biographie. Unbezeichnet. Mit Erklärung der einzelnen Gebäude am oberen Rande. Vergl. XIV, No. 64.

XIII.

Verzeichnis der Kupferstiche des zweiten Haupttheils der Teutschen Academie.

1. Titelbild. Allegorie der Künste. Auf den Stufen eines Thrones, den Minerva inne hat, sind rechts drei Frauen gelagert, die Personifikationen der drei Schwesterkünste, versunken in Betrachtung ihrer Werke; links zwei Putten um einen Globus beschäftigt, mit Fernrohr und Zirkel, die Wissenschaft darstellend. Links zur Seite des Thrones die Gruppe zweier Frauen, zu deren Füssen ein Schwan, im Grunde ein Palmbaum als Allegorie der Poesie. Rechts vom Throne Merkur heranschwebend, im Grunde die Halle eines Schlosses sichtbar. Am Fusse der Platte die Worte: *Cum Privilegio Sac. Caes. Maiest.*, links unten: *J. de Sandrart inventor*, rechts unten: *R. Collin sculpsit Antverpiae.*

2. Brustbild Sandrarts. Die Anordnung im Allgemeinen dieselbe wie auf No. 2 des Kap. XII. Sandrarts Wappen ist grösser und verdeckt die Mitte des Sockels, es ist mit Palmzweigen umwunden, an welchen in der Mitte unten eine Medaille hängt, deren Avers einen Palmbaum zeigt (es fehlt der Pelikan in der Krone des Helmes). Sandrart selbst trägt um die Brust dieselbe Medaille (resp. denselben Orden) an einem breiten Band. Dem Sockel fehlt die Inschrift, statt derselben ist links eine Medaille mit der Umschrift: *vivre pour mourir | mourir pour vivre.* Auf derselben ist ein Pelikan dargestellt, seine Jungen mit seinem Blut nährend. Rechts eine Medaille mit der Umschrift: *Der*

Gemein nutzige ragt weit hervor. Auf derselben ist ein Palmbaum abgebildet. Am unteren Rande steht: *Par son tres humble serriteur R. Collin MDCLXXIX.*

3. *I.* Statue der Wölfin, Romulus und Remus säugend. Freier Nachstich nach Lafreri, Speculum Romanae Magnificentiae. Weigel 48. ggs. Im Grund die Façade eines Palastes des Capitol. Oben links die ungenaue Wiedergabe der Schrift auf dem Stich bei Lafreri: *Aeneum signum lupae, Romulum et Remum lactantis, in Capitolio,* rechts: *Der Wölfin Bild von Ertz im Capitolio, die Romulum und Renum gesäugt.* Auf dem Sockel der Statue die Inschrift: *Der Teutschen Academie zweiten Theils erstes Buch. von der Architectur oder Bau-Kunst.* Am Fusse des Sockels die Inschrift: *Cum Gratia et Privilegio sac. Caes. Maiest.,* rechts unten bezeichnet: *J. J. Sandrart fecit.*

4. *II.* Stadtplan von Rom. Nachstich von fast gleicher Grösse des Planes von Pyrrho Ligorio, wie er sich in dem Werke des Donatus: Roma vetus ac recens. ed. 3. Romae 1665. 4° hinter der Vorrede angebunden findet. Links oben die lateinische Inschrift ebenso wie bei Donatus, darunter die deutschen Worte: *Vorstellung der Stadt Rom, wie sie vor alten Zeiten gebaut gewesen.* Ohne Angabe des Stechers. 4°.

5. *III.* Platte mit zwei Stichen. a) *Horatiorum et Curatiorum Sepulchrum ad Albam olim exstructum. — Der Horatier und Curiatier Grabmal, so weiland bey Alban erbaut, und noch also zu sehen.* b) *Insula instar navis, cum templo Aesculapii et Osiridis. — Die Schiff-Insel, sammt des Asculapij und Osiridis Tempel.* Aehnliche Darstellungen, doch ohne die Gebäude des Hintergrundes bei de Rubeis, Illustrium urbis Romae Aedificiorum et ruinarum monimenta. lib. II. 1649. pl. 140a. Vergl. bei Lafreri, Spec. Rom. Magn. Weigel 3. Robert-Dumesnil, Le peintre-graveur français VIII, p. 100, No. 42. St. du Perac.

6. *IV. Simulacrum Osiridis. — Das Götzenbild Osiridis.* In einer Nische die Statue des Osiris. Nachstich nach Donatus pag. 81. Zu beiden Seiten je eine Priesterstatue; diese ist nach Sandrarts eigener Angabe von ihm selbst nach einer Statue in Rom nachgezeichnet und hier in zwei Ansichten wiedergegeben (siehe T. A. 2, I. S. 55a). Ohne Bezeichnung des Stechers.

7. *V. Capitolii veteris magnificentia.* — *Des alten Capitolij vor-malige Herrligkeit.* Nachstich gleicher Grösse nach Donatus pag. 113. Daselbst bezeichnet: Ant. Alamannus delineavit. — Ohne Bezeichnung des Stechers.

8. *VI.* Die Platte ist in vier Felder geteilt, darauf: a) *Columna Rostrata.* — *Schifspizen Seule.* ggs. kleinerer Nachstich nach Lafreri. b) *Columna Militaria.* — *Meilen-Zeiger.* c) *Obeliscus in Campo Mart.* — *Stundzeichender Obeliscus.* d) *Col: Meta Sudans.* — *Das Schweisziel.* Ohne Bezeichnung des Stechers.

9. *VII.* a) Ansicht des Campo vaccino. Links lateinische, rechts deutsche längere Unterschriften. Aehnliche Darstellung T. A. I, 3. S. 71. b) *Palatium vetus Caesarum.* — *Der alte Palast Röm. Kayser.* Nachstich von gleicher Grösse nach Donatus pag. 225. Auf dem Stich selbst erklärende Beischriften. Ohne Bezeichnung des Stechers. Nicht ggs.

10. *VIII.* a) *Circus maximus.* — *Der grosse Rennplatz.* Gleich grosser Nachstich nach Donatus pag. 343. Nicht ggs. b) *Palatii et Circi vestigia.* — *Des Kayserl. Pallasts und Rennplatzes überbliebenes Gemäuer* (besser als bei de Rubeis Aed. et ruin. Rom. pl. 25b). Original bei Lafreri. Die Platte ist rechts unten bezeichnet: *Joh. Meyer fecit.*

11. *IX.* a) *M. Curtii Sepulchrum.* — *M. Curtij Grabmal.* b) *Antonini et Faustinae templum.* — *Antonini und Faustinae Tempel.* Kleinerer Nachstich nach Lafreri, Spec. Rom. magn. W. 19. Daselbst Ueberschrift: Hoc templum in foro Romano situm, cuius integram vides formam et si ex parte sit dirutum, sic tamen olim fuisse vel prae ruinae manifestissime ostendant. Rechts unten bezeichnet: Ant. Lafrerii aeneis formis cum grafia et privilegio Romae an. MDLXV. Ohne Bezeichnung des Zeichners oder Stechers.

12. *X. Arcus Septimii.* — *Septimij Triumphbogen.* Ansicht und Grundriss. Kleinerer Nachstich nach Lafreri. Speculum Rom. Magn. W. 23. Bei Lafreri die volle Inschrift, bei Sandrart nur die Worte: *Imp. Caes. Lucio Septimio. M. Fil. Severo Pio.* Bei Lafreri bezeichnet rechts unten: Ant. Lafreri Sequanus excudit Romae MDXLVII. — Auf einem späteren Neudruck dieses Stiches ist die Bezeichnung rechts unten wegradiert und in der Mitte unten die Bezeichnung angebracht: Romae Claudii ducheti Formis 1583. Hier ohne Bezeichnung des Stechers.

13. *XI. Columna Trajana. — Kays. Trajani Bilder Seule.* Die
Darstellung dieser Säule ist besser als bei Donatus und
Anderen, doch schlechter als bei Lafreri. Die Bauten des
Forum Trajanum bei Sandrart sind moderne Neubauten.
Ohne Bezeichnung.

14. *XII.* a) *Templum Jani. — Des Jani Götzen-Tempel.* Gleich
grosser Nachstich nach dem Stich bei Nardini, Roma antica.
Romae 1666. 4°. b) *Domus congregationis publici. — Ge-
mein Versammlungs - Haus.* Kleinerer ggs. Nachstich von
Lafreri, Spec. Rom. Magn. W. 8. Daselbst bezeichnet:
Jani Quadrifontis templum Romae in foro Boario. Die
Staffage ist Zusatz von Sandrart. Bei Lafreri bezeichnet:
Jani Quadrifrontis templum, sic Romae ex marmore in foro
Boario, rechts unten: Ant. Lafreri formis Romae 1564.
Ein früherer Stich derselben Platte war rechts unten be-
zeichnet: Thoma Barlachi excudebat MDL. — Bei Sandrart
ohne Angabe des Stechers.

15. *XIII.* a) *Romuli et Remi templum. — Des Romuli und Remi
Tempel.* b) *Vestigia Templi Pacis. — Des Frieden-Tempels
Anzeig.* Bei Scamozzi (Discorsi sopra l'antichità di Roma
1582. Ven. (40 Tafeln) p. 4) beide Darstellungen auf einer
Platte zusammenhängend wiedergegeben. Bei Sandrart be-
zeichnet rechts unten: *Joh. Meyer fecit.*

16. *XIV. Arcus Titi Vespasiani. — Kays. Titi Vespasiani Triumphbogen.* Ansicht und Grundriss. Kleinerer Nachstich nach
Lafreri. Speculum Rom. Magn. W. 22. — Ohne Bezeichnung bei Sandrart.

17. *XV. Arcus Constantini Magni. — Kays. Constantini des Grossen
Triumphbogen.* Ansicht und Grundriss. Kleinerer Nachstich
nach Lafreri, Spec. W. 24. Daselbst volle Inschrift, doch
ohne den Grundriss. Nicht im ggs. Auf einem früheren
Druck Lafreris nach derselben Platte fehlt diese Bezeichnung.

18. *XVI.* a) *Amphiteatrum Flavium vulgo Colossaeum. — Kays.
Flavij Vespasiani rundes Schauspiel-Haus. insgemein Colossaeum.*
Kleinerer Nachstich nach Lafreri. gross. Querfol. Nicht bei
Weigel. b) *Templum Fortunae. — Der Glücks Tempel.*
Kleinerer Nachstich nach Lafreri, Spec. W. 7. Daselbst
Schrift: Templum Fortunae virilis ad ripas Tiberis in foro
piscario nunc Mariae Aegiptiacae sacratum. — B. XV, 99.

Beatrizet. — Rechts unten die Verlagsfirma: Tomasius Barl. exc. MDL. Bei Sandrart ist die Platte ohne Bezeichnung.

19. *XVII.* a) *Castellum aquae Martiae, ejusq. vestigia.* — *Wasserhaus aquae Martiae, und dessen Anzeig.* Der Stich ist malerischer als bei Dosius, Reliquiae aedificiorum urbis Romae descriptae et a Joh. de Cavalleriis aeri incisae. 1569. pag. 25. b) *Sepulchrum Septizonii.* — *Septizonij Grabmal.* Kleinerer Nachstich nach Lafreri, Spec. W. 16. — Die Gebäude des Hintergrundes und die Staffage links im Vorgrunde sind ebenfalls nachgestochen; von Sandrart ist die Staffage rechts im Vorgrunde weggelassen. Bei Lafreri auf der Vorderwand des Gebäudes volle Inschrift. Daselbst bezeichnet unten in der Mitte: Claudii Ducheti formis Romae 1582, rechts unten: Ambrosius brambella fec. — Bei Sandrart ohne Bezeichnung.

20. *XVIII. M. Ant. Antii Lupi Sepulchrum.* — *M. Ant. Antij Lupi grabmal.* Dreiviertelansicht mit Hintergrund. Rechts unten bezeichnet: *Joh. Meyer fecit.* (Bei Lafreri, Spec. W. 33 Ansicht von vorn.)

21. *XIX. P. Vibii Mariani Sepulchrum.* — *P. Vibij Mariani grabmal.* Bezeichnet links unten: *Johann von Sandrart delin. Romae 1650,* rechts unten: *Joh. Meyer fecit.* Gleiche Darstellung im Ggs. bei Lafreri, Spec. W. 34.

22. *XX.* a) *Sepulchrum Metellorum, vulgo Capo di Bove.* — *Der Metellorum Grabmal, insgemein Capo di Bove.* Gleich grosse Abbildung im Ggs. bei Dosius-Cavallerii. b) *Aureliani templum Solis.* — *Kays. Aureliani Sonnen Tempel.*

23. *XXI.* a) *Mausoleum Augusti.* — *Kays. Augusti herrliches Grabmal.* Kleinerer Nachstich nach Lafreri, Spec., woselbst unterschriebener erklärender Text. Bezeichnet rechts unten: Romae, impensis Antonij Lafreri 1575. b) *et vestigia ejus, und dessen Anzeig.* Bei Sandrart ohne Bezeichnung.

24. *XXII. Columna Antonini.* — *Kays. Antonini Ehrenseule.* Bezeichnet rechts unten: *Joh. Meyer fecit.* (Besser bei Lafreri. W. 48.) Hier mit Neubauten in der Umgebung.

25. *XXIII.* a) *Pantheon Agrippae.* — *Agrippae Götter Tempel insgemein la Retonda.* Kleinerer Nachstich nach Lafreri, Spec. (Beatrizet). b) *Pyramides Egyptiacae.* — *Egyptische Pyramiden.* „Nach Zeichnung des curiosen Herrn Joh. Michael

Maendlein zu Nürnberg" (T. A. 2, 1. S. 26). Die Platte ist rechts unten bezeichnet: *Johann Franck scul.*

26. *XXIV. Porta Naevia, alias Maior. in formis aquae Claudiae. cum ichnographia.* — *Die Stadtpforte Naevia, sonst die Grosse genannt, in Gestalt der aquae Claudiae; sammt dem Grundriss.* Ansicht und Grundriss. Ohne Bezeichnung. Bei Lafreri, Spec. W. 25 mit voller Inschrift dargestellt, doch ohne den Grundriss.

27. *XXV.* a) *Mausoleum s. Moles Hadriani.* — *Das Kayserl. Grabmal Hadriani.* Kleinerer Nachstich nach Lafreri, Spec. Daselbst mit beigefügtem erklärenden Text. Die auf dem Stich von Lafreri befindlichen Maassangaben sind auch von Sandrart wiederholt. b) *Hodie Arx S. Angeli.* — *Heut zu Tag die Engelsburg.* Bezeichnet rechts unten: *Joh. Meyer fecit.* — Vergl. die bessere Abbildung bei Labacco. Libro d'Antonio Labacco, appartenente a l'Architettura nel qual si figurano alcune notabili antiquità di Roma. Venezia. 1576.

28. *XXVI. Obelisci IV. in Esquiliis, in Vaticano, in Laterano, in ingressu portae Flaminiae.* — *Kegel-Seulen, auf denen Esquilinischen, Vaticanischen, und Lateranischen Stadtbergen, wie auch im Eingang der Flaminischen Pforten.* Ohne Bezeichnung. Jedenfalls Nachstich. Die Stiche bei Donatus sind nicht benutzt.

29. *XXVII.* Stadtplan von Rom (am Schluss des ersten Theils angebunden). Links unten bezeichnet: *Johann Meyer fecit. Tiguri,* rechts oben: No. *XXVII.* Auf einer Leiste oberhalb des Planes die lateinische Inschrift: *Recentis Romae Ichnographia et Hypsographia sive Planta et Facies ad Magnificentiam qua prioribus annis urbs ipsa directa exculta et decorata est.* Links oben unter einem Bildnis Innocentius' XI, Odescalchi steht auf einer Drapierung die Aufschrift: *Der Statt Rom Grundris und Vorstellung, wie der Zeit alle alten Ruinen, samt neuen Gebeuen, Kirchen und Palatien, aufs herrlichst erhoben nnd gezieret, unter ieziqem Pabst Innoc. XI. anzusehen sein. A°. MDCLXXVII. Zu den anderten Theil der Teutschen Akademie Joachimi von Sandrart gehörig. Cum Privilegio S^{ac.} C^{ae.} Maj.* Rechts oben, umrahmt von den Wappen der vierzehn Regionen, die Schrift: *Die XIV Regiones oder Haubtmannschaften der Statt Rom, welche R. Augustus zu erst also abgetheilt, davon die I. XII und XIII von den*

Gothen abgebrant, nachmals aber alle XIV anderst getheilt,
erbaut und benamset worden, deren Wappen hierum zu sehen.
Rechts und links unten je ein Index der hervorragenderen
Bauten Roms. In der Mitte unten die Ansichten von
folgenden sieben Kirchen: *Basilica S. Petri in Vaticano;*
Basilica S. Pauli; Ecclesia S. Sebastiani; Basilica S. Joannis
in Laterano; Eccl. S. Crucis in Hierusalem; Ecc. S. Laurentii
extra muros; Basilica S. Mariae majoris. — Freier Nachstich
des einen der beiden von Gio. Battista Falda gestochenen
Pläne, erwähnt bei Bartsch, Bd. XXI, S. 252, und daselbst
auf das Zeugnis von Gori, lettere istoriche hingewiesen
(cfr. Jordan, Topographie der Stadt Rom im Altertum.
I. S. 108, No. 8, 9, 10, 11).

30. *XXVIII. St. Peters Kirch auf dem Berg Montori.* Ansicht mit
halbem Grundriss. Ohne Bezeichnung.

31. *XXIX. Grundris des Palasts zu Caprarola.* Ohne Bezeichnung. Diese und die folgenden Platten sind Nachstiche
nach dem Werke: Palazzi di Roma de piu celebri architetti
disegnati da Pietro Ferrerio pittore et architetto. libro primo.
Bei de Rossi, Rom und Paris, pl. 1—42. pl. 43. Nuovi disegni
dell' architetture, e piante de palazzi di Roma dè piu celebri
Architetti disegnati et intagliati da Gio: Battista Falda
dati in luce da Gio. Giacomo de Rossi in Roma alla Pace
con privil del Som. Pontefice. libro secondo. pl. 43—108. —
Die Nachstiche nach Falda sind alle von gleicher Grösse
wie das Original; bei Falda ist öfter ein Maassstab auf der
Platte beigedruckt, ferner sind daselbst nur pl. 1—102
nummeriert, und es folgen hierauf noch sechs Platten ohne
Nummerierung. — Platte **XXIX** ist nachgestochen nach
Falda, p. 61.

32. *XXX. Des Palasts zu Caprarola aeusserliche Gestalt.* Ohne
Bezeichnung. Doppelblatt. Nachstich nach Falda, p. 59. ggs.

33. *XXXI. Des Palasts zu Caprarola innerliche Gestalt.* (Aufriss.)
Ohne Bezeichnung. Doppelblatt. Nachstich nach Falda, p. 60.

34. *XXXII. Des Röm: Rahts und Volcks Palast auf dem Capitolio.*
Ohne Bezeichnung. Doppelblatt. Nachstich nach Falda, p. 44.

35. *XXXIII. Der Herren Conservatori Palast auf dem Capitolio.*
Ohne Bezeichnung. Doppelblatt. Nachstich nach Falda, p. 45.

36. *XXXIV. Der Päbstliche Palast auf dem Berg Cavallo.* Ohne
Bezeichnung. Doppelblatt. Nachstich nach Falda, p. 96. ggs.

37. *XXXV. Dessen Innerliche Gestalt.* Ohne Bezeichnung. Doppelblatt. Nachstich nach Falda, p. 48. ggs.
38. *XXXVI. Des Cardinals Burgesi Palast zu Rom.* Ohne Bezeichnung. Doppelblatt. Nachstich nach Falda, p. 54.
39. *XXXVII. Des Cardinals Burgesi Lustgarten ausser Rom.* Ohne
Bezeichnung. Doppelblatt. Ggs. Nachstich nach Falda, p. 55.
40. *XXXVIII. Des Cardinals Chigi Palast zu Rom.* Ohne Bezeichnung. Doppelblatt. Nachstich nach Falda, p. 108.
41. *XXXIX. Des Prinzen Altieri Palast.* Ohne Bezeichnung.
Doppelblatt. Nachstich nach Falda, p. 86.
42. *XXXX. Wohnhaus des Herrn Joseph Costa.* Ohne Bezeichnung.
Doppelblatt. Nachstich nach Falda, p. 98.
43. *XXXXI. Prinzen Justiniani Palast.* Ohne Bezeichnung. Doppelblatt. Ggs. Nachstich nach Falda, p. 62.
44. *XXXXII. Der Herren Falconier Palast. halber Theil.* Ohne
Bezeichnung. Nachstich nach Falda, p. 73. Daselbst ganze
Ansicht des Baues.
45. *XXXXIII. Der Herren von Aste Palast.* Ohne Bezeichnung.
Nachstich nach Falda, p. 84.
46. *XXXXIV. Garten Haus Joh. di Rosse.* Ohne Bezeichnung.
Nachstich nach Falda, p. 102. Der Name des Besitzers ist
dort: Giacomo de Rossi.
47. *XXXXV. St. Peters Kirch vorwarts anzusehen auf dem Vaticano.*
Doppelblatt. Links unten: *cum gratia et Privi S. C. M.*, rechts
unten: *Johann Franck sculpsit.*
48. *XXXXVI. St. Peters Kirch, zur Seiten, auf dem Vaticano.* Ohne
Bezeichnung. Doppelblatt. Rechts unten in dem Stich:
J. Franck sc.
49. *XXXXVII. Gandolfs Castell. Paebstl. Land-Residenz.* Links
unten: *Cum Grat. et Privi S. C. M.*
50. *XXXXVIII. Fontan auf dem Platz der H. Dreieinigkeit.* Bezeichnet rechts unten: *Susanna von Sandrart fecit.* Doppelblatt. Ggs. Nachstich nach Falda, le fontane di Roma nelle
piazze e luoghi publici della citta, con li loro prospetti, come
sono al presente. disegnate et intagliate da Gio: Battista
Falda. date in luce con direttione e cura da Gio. Giacomo
de Rossi, dalle sue stampe in Roma alla Pace. con Priv.
de S. Pont. Libro primo (s. Bartsch XXI, S. 240) p. 15.
Die Unterschrift daselbst lautet: Fontana nella piazza della
Trinità de Monti, nel Rione di Campo Marzo, Architet? del

Cav. Gio. Lorenzo Bernini. Bezeichnet links unten: G. B.
Falda del et inc., rechts unten die Adresse des Verlegers.
Bei Beiden die gleiche Grösse.

51. *XXXXIX. Fontan in dem Vorhof des Fürstlichen Palasts
Bracciano.* Bezeichnet rechts unten: *Susanna von Sandrart
fecit.* Doppelblatt. Ggs. Nachstich fast gleicher Grösse nach
Falda, le fontane I. 27. Daselbst Angabe: Fontana del
piazza cortile del Palazzo del Sig. Duca di Bracciano, à Monte
Giordano, nel Rione di Ponte, Architeta di Antonio Casoni.
Bezeichnung des Stechers und Verlegers wie vorher.

52. *L. Fontan auf dem Platz Colonna.* Doppelblatt. Ggs. Nachstich fast gleicher Grösse nach Falda, le fontane lib. I. p. 24.
Daselbst Angabe: Fontana in Piazza Colonna Architeta di
Giacomo della Porta. Bezeichnung des Stechers und Verlegers wie vorher. Ohne Bezeichnung bei Sandrart.

53. *LI. Fontan des Fürsten von Pallestrina.* Doppelblatt. Ohne
Bezeichnung. Ggs. Nachstich gleicher Grösse nach Falda,
le fontane lib. I. p. 16. Daselbst Angabe: Fontana del Sign.
Prencipe di Pallestrina sù la Piazza Barberina, alle radici
del Quirinale in Via felice, nel Rione di Trevi. Architeta del
Cav. Gio. Lorenzo Bernini. Bezeichnung des Stechers und
Verlegers wie vorher.

54. *LII. Fontan vor des Cardinals Lodovisi Palast zu Frescada.*
Ohne Bezeichnung. Doppelblatt. Ggs. Nachstich fast gleicher
Grösse nach Falda: Le fontane delle ville di Frascati, nel
Tusculano, con li loro prospetti. Parte seconda, disegnate
et intagliate di Gio. Battista Falda etc. — Der Verleger derselbe. — p. 12. Angabe des Stechers und Verlegers ebenso
wie in dem ersten Buch des Werks.

55. *LIII. Fontan und Prospect zu Eingang des Oldobrandinischen
Palasts.* Doppelblatt. Ohne Bezeichnung. Ggs. Nachstich
fast gleicher Grösse nach Falda, le fontane II. p. 3. Daselbst
Angabe: Fontana, e Prospetto sopra il viale de Cipressi, nel
primo ingresso della villa Aldobrandina di Belvedere à
Frascati, Architettura di Giacomo della Porta Architetto
di tutta la villa, con ginochi d'acque di Oratio Olivieri
Romano. Bezeichnung des Stechers und Verlegers dieselbe
wie vorher.

56. *LIV. Theatrum des Cardinals Oldobrandini zu Frescada.*
Doppelblatt. Links unten: *Cum Grat et Privi S. C. M.,* rechts

unten: *Joh. Meyer fecit.* Nachstich fast gleicher Grösse nach Falda, le fontane II. p. 6. Daselbst Angabe: Veduta, e prospetto del gran' teatro dell' acque della Villa Aldobrandina di Belvedere à Frascati. Nicht ggs. Bei Falda noch erklärender Text daruntergedruckt. Bezeichnung des Stechers und Verlegers wie vorher.

57. *LV. Fontan auf dem Platz Navonna.* Ohne Bezeichnung. Ggs. Nachstich nach Falda, le fontane I, p. 20. Daselbst Angabe: Altra Veduta della Fontana in piazza Navona, Architettura del Cav. Gio. Lorenzo Bernini. Bezeichnung des Stechers und Verlegers wie vorher.

58. *LV und 56.* a) *Lampach ein Kloster S. Benedicti. ord. in Oestreich.* Ohne Bezeichnung. b) *Stockau Adelicher sitz und Hoffmarck.* Ansicht aus der Vogelperspektive. Ohne Bezeichnung.

59. Titelvignette zum ersten Theil dieses Bandes. Putte mit Architektur-Entwürffen in reichem Rahmen. Ohne Bezeichnung.

60. Schlussvignette dieses Theils S. 96. Kampf zwischen phantastischen Ungeheuern. Ohne Bezeichnung.

61—98. Abbildungen von antiken Statuen. Links oben jedesmal die Benennung der dargestellten Statue mit den Chiffren *a—qq.*

61. a) *Marcus Aurelius.* Zugleich Titelkupfer zu dem 2. Buch des 2. Haupttheils der Teutschen Academie. Auf dem Sockel der Statue die Worte: *Der Teutschen Academie | zweyten Theils | zweytes Buch von der Scul | -tura oder Bilderey Kunst. | Cum Gratia et Privilegio Sac. Caes. Majest.* Links unten bezeichnet: *J. De Sandrart del.,* rechts unten: *Richard Collin sculps. Antv. 1677.* Kleinerer ggs. Nachstich nach Lafreri. Speculum Romanae magnificentiae. Daselbst Bezeichnung des Stechers: Nicolaus van Aelst. Brux.

62. b) *L. Ann. Seneca.* Bezeichnet links unten: *J. D. Sandrart delineavit,* rechts unten: *R. Collin sculpsit Antverp. 1676.*

63. c) *Paetus et Aria.* Bezeichnet links unten: *J. D. Sandrart delineavit,* rechts unten: *R. Collin sculpsit Antverpiae 1676.* Profil-Ansicht. — Fr. W. 1413. (cfr. Schreiber, Catalog der Villa Ludovisi Nr. 92, S. 112). Im Kupferstichkabinet zu Dresden ist eine grössere gleichseitige Röthelzeichnung Sandrarts.

64. *d) Cupido.* Bezeichnet links unten: *J. D. Sandrart delineavit,* rechts unten: *R. Collin sculpsit. Antverp. 1676.*

65. *e) Meleager.* Bezeichnet links unten: *J. D. Sandrart del.,* rechts unten: *R. Collin sculpsit Antv. 1676.* Kleinerer ggs. Nachstich nach Galleria Giustiniani I, pl. 135. Daselbst bezeichnet: J. Co. f. — Vergl. Perrier, tab. 51, 52. „Meleager in aedibus Pichinis." Vatican. (s. Aldrovandis Fundnotiz p. 163.) Matz-Duhn I, No. 1104, S. 325.

66. *f) Galathea.* Bezeichnet links unten: *J. D. Sandrart delinearit,* rechts unten: *R. Collin sculpsit Antverp. 1676.*

67. *g) Belisarius.* Bezeichnet links unten: *J. De Sandrart del.,* rechts unten: *R. Collin sculps. Antv.* — Philosophenstatue jetzt im Louvre.

68. *h) Sibylla.* Bezeichnet links unten: *J. D. Sandrart delinearit,* rechts unten: *R. Collin sculpsit Antverp. 1676.* — Im Kupferstichkabinet zu Dresden ist eine gleich grosse gleichseitige Röthelzeichnung Sandrarts mit der Unterschrift: Sibylla in hortis Mediceis.

69. *i) Poesia.* Bezeichnet links unten: *J. D. Sandrart delineavit,* rechts unten: *R. Collin sculpsit Antverp. 1676.* — Die Statue ist ein Apollon. Im Kupferstichkabinet zu Dresden ist eine gleich grosse ggs. Röthelzeichnung Sandrarts, die dem Stich als Vorlage gedient hat.

70. *k) Faunus puerum amplectens.* Bezeichnet links unten: *J. De Sandrart del.,* rechts unten: *R. Collin sculps. 1677.* — Es ist Heracles mit dem Telephoskinde (damals im Pal. Medici, jetzt im Louvre: Replik; s. Fröhner, Catalog des Louvre). Clarac. Descr., no. 450; mus. de sc. pl. 302, 2002 (V, p. 271.).

71. *l) Apollo.* Bezeichnet links unten: *J. De Sandrart del.,* rechts unten: *R. Collin sculps. Antverp.* Kleinerer Nachstich nach Gall. Giust. I, p. 59. Daselbst bezeichnet: Joachino Sandrart del. T. Matham scul. Marmorstatuette jetzt in der Villa Torlonia. (Vergl. Schreibers Ergänzungskatalog zu Visconti.)

72. *m) Marsias.* Bezeichnet rechts unten: *J. G. Waldreich sculp.* Neudruck von Kap. XII, No. 45. Doch ist ausser dem Worte Marsias und dem Zeichen b die Inschrift der Platte wegradiert und das Zeichen m daraufgesetzt. Die Statue ist wohl modern.

73. *n) Satyrus.* Bezeichnet links unten: *J. D. Sandrart delineavit,* *R. Collin sculpsit Antverpiae 1676.*

74. *o) Ceres.* Bezeichnet links unten: *Sandrart del.,* rechts unten: *Waldreich sculp.* Kleinerer Nachstich nach Gall. Giust. I, p. 30. Daselbst bezeichnet: Joachino Sandrart del. C. Blomaert sculp.

75. *p) Mercurius.* Bezeichnet links unten: *Sandrart d.,* rechts unten: *C. G. Amling sculp.* Nachstich nach Gall. Giust. I. p. 84. Daselbst bezeichnet rechts unten: Fran̄ͨ du Quesnoy Brux. sculptor fecit, links unten: C. A. G. inc.

76. *q) Rotator.* Bezeichnet links unten: *Sandrart del.,* rechts unten: *C. G. Amling sculp.* — Auffallend ist der Umstand, dass hier der Schleifer sich auf den linken Fuss stützt, und nicht wie das Original auf den rechten. Der Stich ist wohl ein gegenseitiger Nachstich eines früheren Stiches. — Fr. W. 1414. (s. Dütschke, Katalog der Uffizien No. 549, S. 247).

77. *r) Pan et Natura.* Statuette in Stockholm. Bezeichnet links unten: *J. De Sandrart del.,* rechts unten: *Richard Collin sculps. Antv. 1677.* Im Kupferstichkabinet zu Dresden ist eine gleich grosse gegenseitige Röthelzeichnung von Sandrart, die dem Stich als Vorlage gedient hat.

78. *s) Aurelius et L. Verus.* Bezeichnet links unten: *Amling sc.,* rechts unten: *Sandrart Del.* (s. Schreiber, Katalog der Villa Ludovisi No. 69, S. 89). Gruppe des Menelaus. Orest und Electra.

79. *t) Gladiatores.* Bezeichnet links unten: *J. De Sandrart delin.,* rechts unten: *Richard Collin sculps. Antr. 1677.* (s. Dütschke, Catalog d. Uffizien No. 547, S. 244 f.).

80. *u) Coridon.* Bezeichnet links unten: *J. D. Sandrart delineavit,* rechts unten: *R. Collin sculpsit Antverpiae 1676.* — Fr. W. 215. Dornauszieher. — Im Kupferstichkabinet zu Dresden ist eine gleich grosse gleichs. Röthelzeichnung Sandrarts (cfr. Thode, Die Antiken in den Stichen Marc Antons etc., p. 17, No. 39).

81. *x) Poenitentia.* Doppelblatt. Vordere und hintere Ansicht der Statue eines Knaben. Bezeichnet Mitte unten: *J. D. Sandrart delineavit,* rechts unten: *R. Collin sculpsit Antverpiae 1676.*

82. *y) Leo et equus.* Ergänzt; bei de Cavallieriis I. II, tab. 79 ohne die Ergänzungen. Doppelblatt. Bezeichnet links unten: *J. D. Sandrart del.,* rechts unten: *R. Collin sculps. Antv.* — In Villa Borghese: Relief über Thür.

83. *z) Dirce Zethus et Amphion.* Doppelblatt. Ohne Bezeichnung. cfr. Lafreri, Speculum Romanae Magnificentiae.

84. *aa) Antinous.* Bezeichnet Mitte unten: *Sandrart del.,* darunter auf dem Plattenrand: *H. Thourneyser Helv. Basil. sc. Lugd.* Ohne die Ergänzung abgebildet bei Perrier, Segm. nob. sign. 2. Ausgabe von 1638, No. 53. In dem Index bei Perrier ist Standort und Bezeichnung der Statuen angegeben.

85. *bb) Venus.* Bezeichnet links unten: *H. Thourneyser Helv. Basil sc. Lugd. 1678.* Vergl. Perrier, 2. Ausgabe, pl. 89. Heydemann in den Halleschen Winkelmannsprogrammen.

86. *cc) Endymion.* Relief. Unbezeichnet. Nachstich nach Gall. Giust. II. p. 110. Dort ebenfalls unbezeichnet.

87. *dd) Nympha et Faunus.* Unbezeichnet. (Vergl. betr. der weiblichen Statue Perrier, 2. Ausgabe, pl. 64.) Diese ist die Artemis von Gabii im Louvre (cfr. Fröhners Katalog). Im Hintergrund sind die Ruinen des Soltempels im Palazzo Colonna zu Rom abgebildet (s. Beschreibung Roms von Plathner und Bunsen, den Artikel „Garten Colonna").

88. *ee) Minerva et Paris.* Unbezeichnet. Nach Sandrart befand sich die Statue des „Paris" in Arundel House (vergl. über diese Adolf Michaelis, Ancient Marbles in great Britain, Cambridge, 1882, p. 297, Collection Easton Neston, Northamptonshire, No. 7). — Die Vase im Vordergrunde ist dieselbe, die von Agostino Veneziano gestochen wurde (siehe Bartsch XIV. p. 388, No. 544). Das Relief an der Mauer des Hintergrundes, darstellend Herkules mit dem Löwen kämpfend, ist von der Rückwand des Kasino der Villa Medici entnommen.

89. *ff) Vergo Vestalis.* An der Basis der Statue befindet sich das Wappen von Giustiniani. Bezeichnet links unten: *J. v. Sandrart del.,* rechts unten: *J. A. Boener scul.* — In dem Kupferstichkabinet zu Dresden ist eine gleich grosse ggs. Röthelzeichnung Sandrarts, die dem Stich als Vorlage gedient hat.

90. *gg) Flora.* Unbezeichnet. Nachstich nach Gall. Giust. I, p. 45. Dort bezeichnet: Jo. Thysidius Gnidus del. C. Blomaert sculp.

91. *hh) Hygiaea.* Bezeichnet: *J. Franc. sculp.* Kleinerer ggs. Nachstich nach Gall. Giust. I. p. 22. Dort bezeichnet: Joachi. Sandrart del. M! Natalis F.

92. *ii) Nilus.* Unbezeichnet. Vergl. Fr. W. 1543.

93. *ll) Marphorius sive Rhenus.* Bezeichnet rechts unten: *J.J. Sandrart fecit,* links unten: *Joachimo de Sandrart delin.* Nachstich

nach de Rossi. Die hinter der Statue stehende (moderne) Herme ist identisch mit der einen Herme des Stiches von Ag. Veneziano (B. XIV, No. 302. P. VI, p. 58. No. 70).

94. *mm) Nilus alter.* Bezeichnet wie vorher. Vergl. Perrier, 2. Ausgabe, pl. 97. Im Hintergrunde rechts ist die Rückseite des Kapitols im Gegensinn sichtbar.

95. *nn) Silenus.* Unbezeichnet. Vergl. Perrier, 2. Ausg., pl. 99, desgleichen Schreibers Kat. d. Villa Lud. S. 149, No. 137.

96. *oo) Saturnus et Silenus.* Ohne Bezeichnung.

97. *pp) Atalanta cum Fauno.* Ohne Bezeichnung. (Betr. Atalanta s. Perrier, 2. Ausg., pl. 71. Die Statue ist eine Artemis.) Der Faun stammt aus der Pan- und Olympgruppe. ggs.

98. *qq) Ruina Romae. — Verstoertes Rom.* Auf einem Gebälkstück steht die Inschrift: *Roma quanta fuit, ipsa ruina docet.* Bezeichnet links unten: *Joachim de Sandrart delin.,* Mitte unten: *Cum Privi S. C. M.,* rechts unten: *J. J. Sandrart fecit.*

99. Titelkupfer zum zweiten Theil des zweiten Haupttheils. Ohne Bezeichnung. In reich geschmücktem Rahmen sitzt ein Putto mit Instrumenten unter Bruchstücken der Plastik.

100. *rr.* Musikinstrumente des Alterthums. Nachstiche nach den Abbildungen bei C. Bartholinus, Thom. filius. De tibiis veterum etc. Amst. 1679. 8°. — Ohne Bezeichnung.

101—103. *ss. tt. uu.* Abbildungen von antiken Altären, Sarkophagreliefs, Hermen etc. Ohne Bezeichnung. — Ein Vergleich von tab. ss No. 5 mit der Abbildung bei Athanasius Kircher, Obeliscus Pamphilius, Rom. 1650, fol.. p. 293 lehrt. dass auch diese Abbildungen vollständig ungenau wiedergegeben sind. Die erste und genaueste Abbildung findet sich im theatrum hieroglyphicum Hervartii fig. 38.

104. Antike Skulpturen, in der Mitte eine Heraklesstatue. Neudruck von Kap. XII, No. 91 (T. A. I. 3. S. 76).

105—116. 12 Platten mit den Chiffren *xx. yy. zz. aaa. bbb. ccc. ddd. eee. fff. ggg. hhh. iii.,* von denen nur pl. *yy.* mit Bezeichnung links unten: *Sandrart del.,* Mitte unten: *Cum grat. et Privil S. C. M.,* rechts unten: *G. C. Eimart sculp.* — Abbildungen der Büsten der zwölf ersten römischen Kaiser, frei nach antiken Statuen, umgeben von Abbildungen, zum Theil antiker Gemmen. Die Büsten und Gemmen sind jedenfalls nachgestochen, doch waren die Originalstiche nicht aufzufinden.

117. T. A. 2. 2. S. 70. Schlusskupfer. Abbildung eines Löwen. Ohne Bezeichnung des Stechers.

118. *kkk.* Drei Gemmen. Ohne Bezeichnung. — Zu der mittleren grossen ist im Kupferstichkabinet zu Dresden eine gleich grosse und gleichseitige Röthelzeichnung Sandrarts.

119. Titelkupfer zum 3. Buch des zweiten Haupttheils. *Minerva Sospitatrix.* Neudruck der Platte für das dritte Buch des ersten Theils der Teutschen Academie Kap. XII, No. 87. — In der Umschrift ist das Wort *ersten* ersetzt durch das Wort *zweyten* (Theils).

120. T. A. 2. 3. S. 10. Neudruck des Titelkupfers zum 2. Theil des ersten Buchs der Teutschen Academie Kap. XII, No. 97. Die ephesische Artemis als Sinnbild der Natur. Ohne Bezeichnung.

121. T. A. 2, 3. S. 11. Titelkupfer zum dritten Theil des zweiten Haupttheils der Teutschen Academie. In reichem Rahmen drei Putten mit Emblemen der drei Künste. In der Mitte sitzt thronend der Vertreter der Malerei. Ohne Bezeichnung.

122. *0.* Abbildungen von menschlichen Knochen, darunter die Figur des Strumpfanziehers nach Michel Angelo. Gegens. Wiederholung von Kap. XII, No. 89. Ohne Bezeichnung.

123. Holzschnitt mit einer Darstellung des Pelikan. T. A. 2, 3. S. 22. Sandrarts Wappenbild. Freie Kopie nach Kap. XII. No. 92. Ohne Bezeichnung.

124. 2. a) Cay. *Cesty Sepulchri Forma exterio. C. Cestij Grabmahls äusserliche Gestalt.* b) *Picturae antiquae in illo. Antiche Gemahlte darinnen.* Ohne Bezeichnung. Nachstiche nach Nardini-Falconieri. a) = Falconieri pl. I. b: b) = Falconieri pl. 4 a. Kleinerer ggs. Nachstich.

125. 3. a) C. *Cestij Sepulchri Forma interior. C. Cestij Grabmahls innerliche Gestalt.* b) *Picturae antiquae in illo. Antiche Gemählte darinnen.* Ohne Bezeichnung. Ggs. Nachstiche nach Nardini-Falconieri pl. 2 a, 3 a.

126 -147. *A—Z.* Platten, enthaltend Köpfe nach antiken Gemmen mit Benennung der Dargestellten, meist Nachstiche.

126. *A.* a) *Priamus.* b) *Palamedes.* c) *Dido.* d) *Orithya.* e) *Cleopatra.* f) *Artemisia.* Die Platte ist bezeichnet links unten: *J. de Sandrart del.,* rechts unten: *Rich. Collin. sculp. Antverpiae.*

127. *B.* a) *Tonsura* = Canini. pl. 1. ggs. Bezeichnet: V. F.
b) *Pergamus jun.* = Canini, pl. 5. ggs. c) *Anacreon Tejus* =
Canini, pl. 6. ggs. d) *Hyllus* = Canini, pl. 3. e) *Pergamus
sen.* = Canini, pl. 2. ggs. (Gest. von Picart. f) *Atalanta* =
Canini, pl. 7. — Die Platte B ist bezeichnet rechts unten:
Collin sc.

128. *C.* a) *Regina Amazon* = Canini, pl. 16. ggs. b) *Alexander
magnus* = Canini, pl. 13. ggs. c) *Faemina non ornata* =
Canini, pl. 18. ggs. d) *Antiochus magnus* = Galle, pl. 14.
ggs. e) *Archytas* = Galle. pl. 28. ggs. f) *Phaedra* = Canini,
pl. 22. ggs. — Die Platte C ist bezeichnet rechts unten:
Collin sc.

129. *D.* a) *Virgo Victrix* = Canini, pl. 8. b) *Alexander Magnus* =
Canini, pl. 14. ggs. c) *Philetaerus* = Canini, pl. 9. ggs.
d) *Byzas* = Canini, pl. 35. ggs. e) *Crisamis* = Canini, pl. 10.
ggs. f) *Codrus rex Ate* = Canini, pl. 17. ggs. — Die Platte D
ist bezeichnet rechts unten: *Collin sc.*

130. *E.* a) *Pittacus* = Canini, pl. 19. b) *Antisthenes* = Canini, pl. 20.
c) *Alcaeus* = Galle, pl. 3. d) *Euripylas* = Canini, pl. 23. ggs.
e) *Aratus* = Galle, pl. 26. ggs. f) *Achilles* = Canini, pl. 24.
ggs. — Die Platte E ist bezeichnet rechts unten: *Collin sc.*

131. *F.* a) *Hippocrates* = Canini. pl. 52. ggs. b) *Diogenes.*
c) *Asander* = Canini, pl. 26. ggs. d) *Homerus* = Canini.
pl. 27. ggs. e) *Pindarus* = Canini, pl. 28. ggs. f) *Perseus
Rex Mac.* = Canini, pl. 29. ggs. — Die Platte F ist bezeichnet
rechts unten: *Collin sc.*

132. *G.* a) *Aeschines* = Galle, pl. 2. ggs. b) *Arsinoe regina* =
Galle, pl. 37. ggs. c) *Claudia Vestal.* = Galle, pl. 43. ggs.
d) *Nicodemus* = Canini, pl. 33. ggs. e) *Triphon* = Canini,
pl. 31. ggs. f) *Lacedaemon* = Canini, pl. 30. ggs. — Die
Platte G ist bezeichnet rechts unten: *Collin f.*

133. *H.* a) *Hieron* = Canini, pl. 34. b) *Gelon* = Canini, pl. 38.
c) *Socrates* = Canini, pl. 45. d) *Theatetus et Socrates* = Canini.
pl. 44. e) *Callisthenes* = Galle, pl. 41. f) *L. Cornelius Lentu.* =
Galle, pl. 50. — Die Platte ist bezeichnet rechts unten:
Collin f.

134. *I.* a) *Cleopatra et Antiochus* = Canini, pl. 40. ggs. b) *Cyzicus* =
Canini, pl. 39. ggs. c) *Demetrius* = Canini, pl. 41. ggs.
d) *Poppaea* = Canini, pl. 42. ggs. e) *Plato* = Canini. pl. 48.

178

ggs. f) *Tmolus* = Canini, pl. 49. ggs. — Die Platte ist bezeichnet rechts unten: *Collin f.*

135. *K.* a) *Juba Rex* = Canini, pl. 50. ggs. b) *Juba filius* = Canini, pl. 51. ggs. c) *Demosthene* = Canini, pl. 53. ggs. d) *Rimetalcus* = Canini, pl. 54. ggs. e) *Susernae* = Canini, pl. 55. ggs. f) *Lucianus poe.* — Die Platte ist bezeichnet rechts unten: *Collin f.*

136. *L.* a) *Cleopatra* = Canini, pl. 57. ggs. b) *M. Ant. Cleopat.* = Canini, pl. 59. ggs. c) *M. Antonius* = Canini, pl. 60. ggs. d) *Tit. Tatius* R. S. = Canini, pl. 61. ggs. e) *Brutus* = Canini, pl. 65. ggs. f) *Posidonius* = Galle, pl. 118. ggs. — Die Platte ist bezeichnet rechts unten: *Collin f.*

137. *M.* a) *Numa Pompilius* = Canini, pl. 63. b) *Ancus Martius* = Canini, pl. 64. c) *Philemon* = Galle, pl. 104. ggs. d) *M. Brutus* = Canini, pl. 70. ggs. e) *Ptolomaeus Ap. Rex* = Galle, pl. 121. ggs. f) *Aristippus* = Galle, pl. 33. ggs. — Die Platte ist bezeichnet rechts unten: *Collin f.*

138. *N.* a) *Hala* = Canini, pl. 66. ggs. b) *Rufus* = Canini, pl. 67. ggs. c) *Persius* = Galle, pl. 103. ggs. d) *Claudius Marcellus* = Canini, pl. 72. ggs. e) *Antinous* = Canini, pl. 76. ggs. f) *Pittacus* = Galle, pl. 111. ggs. — Die Platte ist bezeichnet rechts unten: *Collin sc.*

139. *O.* a) *Constantinus Magnus* = Canini, pl. 79. ggs. b) *S. Helena* = Canini, pl. 78. ggs. c) *Omphale* = Canini, pl. 82. ggs. d) *Amyntas* = Canini, pl. 83. ggs. e) *Aventinus* = Canini, pl. 81. ggs. f) *Cecrops* = Canini, pl. 80. ggs. — Die Platte ist ohne Bezeichnung.

140. *P.* a) *Seleucus Nicator* = Canini, pl. 85. ggs. b) *Lucius* = Canini, pl. 90. ggs. c) *Ptolemaeus* = Canini, pl. 86. ggs. d) *Beronice* = Canini, pl. 87. ggs. e) *Euclides Philosoph* = Canini, pl. 89. ggs. f) *Abcarus rex* = Canini, pl. 88. ggs. — Die Platte ist bezeichnet rechts unten: *Collin f.*

141. *Q.* a) *Allion* = Canini, pl. 91. ggs. b) *Aspasia* = Canini, pl. 93. ggs. c) *Aspasia* = Canini, pl. 92. ggs. d) *Philippus* = Canini, pl. 84. e) *Castor et Pollux* = Canini, pl. 97. ggs. f) *Bacchus alias Dionysius* = Canini, pl. 99. ggs. — Die Platte ist bezeichnet links unten: *Sandrart d.*, rechts unten: *Collin sc.*

142. *R.* a) *Bacchus cornutus* = Canini, pl. 100. ggs. b) *Callirhoe* = Canini, pl. 25. c) *Bacchae* = Canini, pl. 101. ggs. d) *Pan* =

Canini. pl. 102. ggs. c) *Ariadna* = Canini, pl. 113. ggs.
f) *Incognita* = Canini. pl. 106. — Die Platte ist bezeichnet
rechts unten: *Collin f.*

143. *S.* a) *Genius Salutis* = Canini, pl. 96. b) *Dux Africanus* =.
Canini. pl. 104. c) *Miles Africanus* = Canini, pl. 112. Daselbst die beiden Köpfe auf zwei verschiedenen Gemmen,
nicht auf einer allein. d) *Africa* = Canini, pl. 95. ggs.
e) *Isocrates* = Galle. pl. 76. ggs. f) *Lysias* = Galle, pl. 85.
-- Die Platte ist bezeichnet links unten: *Sandrart d.*, rechts
unten: *Collin sc.*

144. *T.* a) *C. Marius C. F.* b) *Belysarius.* c) *Hermias* = Canini.
pl. 32. ggs. d) *Sulla* = Canini. pl. 69. ggs. e) *Aristophanes* =
Galle, pl. 34. ggs. f) *Aesopus.* - Die Platte ist ohne Bezeichnung des Zeichners oder Stechers.

145. *V.* a) *Philistis Regina* = Galle, pl. 108. ggs. b) *Sibylla
Tiburtina.* c) *Julia Sabina.* d) *Antonia Major.* e) *Agrippina* =
Canini. pl. 74. ggs. f) *Virgo vestalis* = Canini, pl. 94. ggs.
--- Die Platte ist bezeichnet links unten: *Sandrart d.*, rechts
unten: *Collin sc.*

146. *W.* a) *Agrippa* = Canini, pl. 73. b) *M. C. Marcellus* = Galle.
pl. 44. ggs. c) *Lucius Martinus* = Canini, pl. 11. d) *Titus
Livius.* e) *Euripides* = Galle, pl. 60. f) *Tomus heros* =
Galle, pl. 145. ggs. — Die Platte ist bezeichnet links unten:
Sandrart d., rechts unten: *Collin sc.*

147. *Z.* a) *Vabalatus* = Canini. pl. 77. ggs. b) *Semiramis.* c) *Cae-
sonia Calig. ux.* = Canini. pl. 109. d) *Lucilla.* e) *Incognita.*
f) *Faustina.* — Die Platte ist ohne Bezeichnung.

148. *4.* a) *Mat Grünwald von Aschafenburg. Mahl.* Selbstbildnis
in der Bibliothek zu Erlangen. (Vergl. Woltmann in der
Ztschr. f. b. K. 1, S. 285.) b) *Barthel Beham von Nurnberg
Mahl.* c) *Hubert: Goltz von Wirtzburg Mahl.* Ggs. Kopie
des nach dem Bilde des Antonio Moro gestochenen Blattes von
Melchior Lorch. d) *Lamb. Lombard von Lutig. Mahl.* Ggs.
Kopie nach dem Stiche des Wierix. e) *Jacob Jordaens von
Ant. Mahl.* f) *Domin. Zampieri von Bollog. Mahl.* (cfr. Bellori
p. 289). — Bezeichnet links unten: *Sandrart del.*, rechts
unten: *R. Collin sc.*

149 *5.* a) *Thomas Planschet von Paris Mahl.* b) *J. Jacob Thurneyser von Basel Kupf.* c) *Richard Collin Kupf. von Antorf.*
d) *Benniamin Block. Mahl.* e) *Joh. Rud. Werdmiller von Zurich*

Mahl. f) *Melchior Bart aus Sacsen Mahl.* — Ebenso bezeichnet wie vorher.

150. *6.* a) *Anna Felicit Neubergerin Ma.* b) *Carl Gustav Ambling Kupf.* c) *Lilly oder Lelio Mahl.* d) *Joh. Philip Lembke Mahl.* e) *Bart Flamael Mahl.* f) *Glar. Alb. Serin. Mahl.* — Ohne Bezeichnung.

151. Antiker Reigentanz (T. A. 2. 3. S. 86). — Ohne Bezeichnung.

152—156. Fünf Platten, enthaltend Abbildungen von antiken Gefässen nach Enea Vico (Bartsch XV, p. 349—353, No. 420 bis 433). Das von Sandrart S. 88a citierte Werk ist das folgende: Lazari Bayfii, De vasculis libellus, sive animadversiones in tractatum de auro et argento legato. Abgedruckt in Thesaurus Graecarum antiquitatum volumen nonum. 1701. Lugduni Batavorum contextus et designatus ab Jacobo Gronovio. — Vielleicht sind die Abbildungen von einem hiervon abhängigen Werke entnommen.

152. Platte *8* ist bezeichnet links unten: *J. v. Sandrart del.,* Mitte unten: *Cum gratia et Privil. sac. Caes. Maij.,* rechts unten: *G. C. Eimmert sc.*

153. Platte *9* ist bezeichnet links unten: *Sandrart del.*

154. Platte *10* ist bezeichnet links unten: *Sandrart.*

155. Platte *11* ist bezeichnet links unten: *Sandrart del.,* rechts unten: *Eimmert scul.*

156. Platte *12* ist bezeichnet links unten: *C. Meyer f. Tiguri. 1677.*

157. *13.* In den Ruinen eines Tempels sind Menschen um ein Feuer beschäftigt. — Die Platte ist bezeichnet in der Mitte unten: *C. M. f. Tiguri.*

158. *14.* Abbildung von drei Hörnern. Im Hintergrund Ruinen. — Die Platte ist ohne Bezeichnung. — Die Abbildungen der drei Hörner sind entnommen dem Werke des Olaus Wormius. Danicorum monumentorum libri sex. Hafniae 1643. liber V. Daselbst sind diese in grösserem Massstabe und mit mehr Berücksichtigung des Details abgebildet.

159. *15.* Abbildungen eines Hornes, einer Vase auf Sockel mit Darstellungen aus dem bacchischen Leben und eines Reliefs. Das Horn ist nicht bei Wormius anzutreffen. — Die Platte ist ohne Bezeichnung des Zeichners oder Stechers.

160. *16.* Abbildungen von antiken Gefässen (cfr. T. A. 2, III. S. 91b). — Die Platte ist ohne Bezeichnung des Zeichners oder Stechers.

161. Kupferstich auf dem Titelblatt zu Ovids Metamorphosen (nach Mander „übersetzt und der Sandrartischen Academie einverleibet"). — In einer Kartusche, auf deren Rahmen links der Kopf der Athena nach links gewandt, rechts der Kopf der Hermes nach rechts blickend, ist inmitten einer Landschaft ein (Palm-) Baum zu erblicken. Auf einer über der Kartusche wehenden Bandschleife sind die Worte: „*Der Gemein-nützi-ge"*, sowie auf dem unteren Rande der Kartusche die Worte: „*Ragt weit hervor"* zu lesen. Darunter liegen gekreuzt eine lorbeergekrönte Flöte und ein Merkurstab. — Der Stich ist ohne Bezeichnung.

162. Titelkupfer zu dem ersten Buch der Erklärungen zu Ovids Metamorphosen S. 5. Darstellung einer Versammlung von antiken Göttern. — Die Platte ist bezeichnet rechts unten: *J. Sandrart fecit.*

163. Stich auf S. 136 der Uebersetzung Ovids. Neudruck des Stiches auf S. 24 des ersten Buchs des II. Theils der T. A. (siehe Kap. XII, No. 102).

164. Stich auf S. 151 der Uebersetzung Ovids. Relieffries mit einer Darstellung kämpfender Ungeheuer. — Die Platte ist ohne Bezeichnung.

165. Stich auf S. 168 der Uebersetzung Ovids. Die Feinde des Pelikan, komische und phantastische Gestalten, gegen diesen und seine Jungen von allen Seiten zum Kampfe heranziehend. — Die Platte ist ohne Bezeichnung.

166. Stich auf S. 174 der Uebersetzung Ovids. Schlussvignette. In der Mitte eines Gesimses, auf dessen beiden Eckpfeilern Totenlämpchen brennen, ist ein lorbeergekrönter Totenkopf aufgestellt, von dessen Zähnen ein Tuch herabhängt, das an den Seiten von zwei kleinen auf Voluten lehnenden Putten gehalten wird. Von der Mitte der Voluten nach der Mitte des unteren Saumes des Tuches sind zwei Fruchtgehänge an Rosetten aufgebunden. Das Tuch selbst trägt die Inschrift: „*Finis coronat opus."* — Die Platte ist rechts unten bezeichnet: *J. J. S. fecit.*

XIV.

Verzeichnis der Kupferstiche der lateinischen Ausgabe der Teutschen Academie.

1. Titelbild. Allegorische Darstellung der Malerei. In der Mitte sitzt eine halbnackte Frau von Putten bedient und malt. Hinter ihr stehen zwei Gruppen von Männern und Frauen, die ihr beistehen. Der vorderste der vier männlichen Gestalten rechts hält eine Tafel auf den Oberschenkel gestützt, auf der die Worte: *Delineatio, Proportio, Affectus, Ratio, Pratica, Tinctura, Imitatio Naturae* zu lesen sind. Vor ihnen am Boden liegen verschiedene Messinstrumente und andere Hilfsmittel der Malerei, wobei ein Affe sitzt. Links hinter dem Knaben, der das Bild hält, steht ein Bienenkorb. Dahinter das Standbild der Diana von Ephesus. In der Gruppe links ist Merkur zu sehen. Im Hintergrund eine Palastfassade mit vier durch Statuen geschmückten Nischen. Bezeichnet links unten: *Joachim de Sandrart inventor,* rechts unten: *R. Collin Calc. Reg. sculps. Brux. 1682.*

2. Titelvignette. Der geflügelte Löwe des hl. Markus. In dem aufgeschlagenen Buche stehen die Worte: *Pax tibi Marce, Evangelista meus.*

3. Brustbild Sandrarts. Abdruck von derselben, aber retouchierten Platte wie Kap. XIII. 2. Am oberen Sims des Sockels steht rechts die Beischrift: *R. Collin Calcogr. Regis sculp. Bruxellae.*

4. Randbild über der Praefatio. In der Mitte sitzt Apoll auf einem Thron, an dessen Stufen rechts Athene, links die Baukunst sitzen. Davor zwei Putten mit Lorbeer und

Palmzweig. Links steht die Malerei, rechts die Bildhauerei. Unbezeichnet.

5. Titelkupfer vor der Vorrede: Juventuti, pictoriae artis cultrici. Ein Affe eine Aeffin malend. Unbezeichnet.

6. Titelkupfer auf S. 1. Allegorische Darstellung der Malerei mit Merkur als Zuschauer. Unbezeichnet.

7. *b*. Neudruck der Platte Kap. XIII, No. 122. Der rechts oben stehende Buchstabe *O* ist in *b* umgeändert.

8. *b**. *Marsiyas.* Bezeichnet links unten: *J. De Sandrart del.*, rechts unten: *R. Collin Calcogr. Reg. sculps. Bruxellae.*

9. Schlussvignette auf S. 21. Milon einen Stier tragend. Holzschnitt. Unbezeichnet.

10. Schlussbild auf S. 38. Ansicht des Campo vaccino. Abdruck von der verkleinerten Platte Kap. XIII, No. 9. Ohne die Unterschrift. Der Buchstabe *VII* oben am Rande ist abgeschliffen, doch noch bemerkbar. Vergl. Kap. XII, No. 90.

11. Titelkupfer auf S. 39. Pandora im Olymp vor dem Thron des Jupiter. Bezeichnet rechts unten: *J. J. Sandrart fecit.*

12. *B.* Zwei ähnliche bildliche Darstellungen von der Erfindung der Zeichenkunst wie Kap. XII, No. 99. Bezeichnet links unten: *Jacob de Sandrart Invent.*, rechts unten: *Joh. Jac. de Sandrart sculpsit.*

13. Schlusskupfer auf S. 46. Neudruck von Kap. XIII, No. 151.

14. *b***. *Minerva.* Nach dem gleichen Vorbild gestochen, doch ohne die Ergänzung der Lanze; die Nische und die Umschrift wie Kap. XII, No. 61. — Bezeichnet links unten: *J. de Sandrart del.*, rechts unten: *R. Collin f.*

15. Titelkupfer auf S. 47. Allegorische Darstellung der Bildhauerei. Unbezeichnet.

16. *C.* Miscellantafel. In den vier Eckmedaillons sind die Büsten von *Polygnotus Athen. Pic.*, *Polygnot. Thas. Pic.*, *Phidias Athen. Pic.*, *Zeuxis Heracl. Pic.* Nach denselben Vorbildern gestochen wie Kap. XII, No. 100. In der Mitte die Werkstatt eines antiken Goldschmiedes, rechts davon eine Büste *Jovis Olympii*, links ein Schild *Aegis Palladis.* Die Platte ist bezeichnet rechts unten: *Joach. de Sandrart del.*, links unten: *R. Collin Chalc. Reg. sc. Bruxel.*

17. *C**. Zwei bildliche Darstellungen mit den Beischriften: a) *Composuit Zeuxes Junonem e quinque puellis.* b) *Parrhasius*

relo, volucris ceu fallitur ova. Die Platte ist bezeichnet rechts unten: *Joh. Jac. de Sandrart fecit.*

Die folgenden Bildnistafeln sind mit wenig Ausnahmen Neudrucke der für den ersten Band hergestellten Platten. Die deutschen Namensbeischriften sind jedoch jedesmal durch lateinische ersetzt worden.

18. *D* = Kap. XII. No. 101.
19. *E* = Kap. XII. No. 104.
20. *E*.* Miscellantafel. In der Mitte das Brustbild des *Apelles Pict. Athen.* In den vier Ecken bildliche Darstellungen von Szenen aus seinem Leben mit den Beischriften: *Sic linea prodit Apellem. Haud ultra crepidam sutor. Campaspe praemium Apellis. Hinnitu pictura probatur.* Die Platte ist bezeichnet rechts unten: *Joh. Jac. de Sandrart fecit.*
21. *F* = Kap. XII. No. 105. Am oberen Rande ist die lateinische Aufschrift dazugekommen: *Lucii Scipionis statua.*
22. *G* = Kap. XII. No. 106. Am oberen Rande ist die lateinische Aufschrift hinzugekommen: *Lala virgo vestalis.*
23. *F* = Kap. XII, No. 107.
24. *J* = Kap. XII, No. 108.
25. *JJ.* Doppelblatt. Die rechte Hälfte des antiken Wandgemäldes der sogenannten Aldobrandinischen Hochzeit mit der Unterschrift: *Nova nupta in geniali thalamo.* Bezeichnet links unten: *Cum Privil S. C. M.,* rechts unten: *Susanna Maria Sandrartin fecit.*
26. *KK.* Die linke Hälfte des Bildes mit gleicher Unterschrift und Bezeichnung.
27. Schlusskupfer auf S. 90 = Kap. XII, No. 86.
28. Titelkupfer auf S. 91. Antike Statuen und Reliefs, dazwischen Putten mit Bildhauerwerkzeugen. In der Mitte die Statue der sitzenden Athena. Unbezeichnet.
29. Schlusskupfer auf S. 93. Akanthusfries mit zwei sich umarmenden Putten. Oben die Aufschrift: *Pictura lineas amat.* Unbezeichnet.
30. *K* = Kap. XII. No. 110.
31. *L* = Kap. XII, No. 111.
32. *M* = Kap. XII. No. 112.
33. *N* = Kap. XII. No. 113.
34. *O* = Kap. XII. No. 114.

35. *O**. Raffaels Incendio del borgo. Bezeichnet links unten: *Raphael Urbino pinxit*, rechts unten: *Joh. Jac. de Sandrart delineavit et sculpsit.* Norimb. *1682.* gr. 4°.

36. *P* = Kap. XII. No. 115.

37. *Q* = Kap. XII. No. 116.

38. *R* = Kap. XII. No. 117.

39. *S* = Kap. XII. No. 118.

40. *T* = Kap. XII. No. 119.

41. Schlusskupfer auf S. 198 = Kap. XII, No. 91.

42. Titelkupfer auf S. 199. Im Vordergrund links die Gebrüder van Eyck malend mit Minerva und Merkur als Zuschauer, im Hintergrund rechts die Werkstatt eines Kupferstechers. Dazu oben links die Beischrift: *Colores olei primum temperati, circa A. 1410.* Rechts: *Inventa est Typographia in Germania, circa A. 1440.* Unbezeichnet.

43. *AA* = Kap. XII, No. 120.

44. *BB* = Kap. XII, No. 121.

45. *CC* = Kap. XII, No. 122.

46. *DD* = Kap. XII, No. 123.

47. *EE* = Kap. XII, No. 124.

48. *FF* = Kap. XII, No. 125.

49. *GG* = Kap. XII, No. 126.

50. *HH* = Kap. XII, No. 127.

51. *II* = Kap. XII, No. 128.

52. *KK* = Kap. XII, No. 129.

53. *LL* = Kap. XII, No. 130.

54. *MM* = Kap. XII, No. 131.

55. *NN* = Kap. XII, No. 132.

56. *OO* = Kap. XII, No. 133.

57. *PP* = Kap. XII, No. 134.

58. *QQ* = Kap. XII, No. 135.

59. *4* = Kap. XIII, No. 148.

60. *5* = Kap. XIII, No. 149.

61. *6* = Kap. XIII, No. 150.

62. *7.* a) *P. Ath. Kircher, Mat.* b) *Gal. Galililae, Mat.* c) *Joh. Henric. Roos Pict.* d) *Theodor Roos Pict.* e) *Gerard Laresse Pict.* f) *Bartholome Kilian. scult.* Die Platte ist bezeichnet rechts unten: *B. Kilian sculp.*

63. *8.* a) *Barth. Morillius Pic.* b) *Susanna De Sandrart.* c) *Joh. Zach. Kneller Pic.* d) *Gerard. Kneller Pic.* e) *Jacobus De*

Nies. Pict. f) *Gabriel Grupello. Stat.* Die Platte ist bezeichnet rechts unten: *R. Collin C. R. sculpsit Bruxellae 1683.*

64   *9.* a) *Carolus Patin Med. D. Prof.* Nachstich nach A. Masson. b) *Gabr. Car. Patina.* c) *Tiberio Tinelli Pict. Ven.* d) *Carolus Marattus Pict. Roma.* e) *Sebastianus Pombelli Pict. Ven.* f) *Michael Wilman Pict. Coningsb.* Die Platte ist bezeichnet rechts unten: *Leonhard Heckenauer. sculp. Aug.*

65.   Kupfer am Schlusse des Index. Ansicht von Stockau aus der Vogelperspektive. Unbezeichnet. Der Stich ist nicht identisch mit Kap. XII. No. 146.

66.   Titelkupfer auf Seite I von Sandrarts Biographie. Neudruck von Kap. XIV. No. 6.

67.   Schlusskupfer mit Totenkopf und Inschrift: *Finis coronat opus.* Neudruck von Kap. XIII. No. 164.

www.ingramcontent.com/pod-product-compliance
Lightning Source LLC
Chambersburg PA
CBHW030843270326
41928CB00007B/1194